DER PFAD

Titel der Originalausgabe:
The Path of the Human Being
erschienen bei:
Shambala Publication, Inc. in Boston
www.shambala.com

Dennis Genpo Merzel Roshi:
Der Pfad
© Deutsche Ausgabe:
Aurum in J. Kamphausen Verlag &
Distribution GmbH, Bielefeld 2009
info@j-kamphausen.de
www.weltinnenraum.de

Übersetzung: Inan Polat &
Alexandra Gericke
Lektorat: Ursula Richard
Gestaltung/Satz: Wilfried Klei
Titelfoto: Paul Prescott / fotolia.de
Druck & Verarbeitung:
Westermann Druck Zwickau

1. Auflage 2009
Die Deutsche Bibliothek – CIP-Einheitsaufnahme

Ein Titelsatz für diese Publikation
ist bei der Deutschen Bibliothek erhältlich.

ISBN 978-3-89901-180-7

Dieses Buch wurde auf 100 % Altpapier gedruckt und ist alterungsbeständig.
Weitere Informationen hierzu finden Sie unter www.weltinnenraum.de

Dennis Genpo Merzel Roshi

DER PFAD

Big Mind, Zen & Bodhisattva

Vorwort von Bernie Glassman Roshi

AURUM

Dieses Buch ist, in tiefempfundener Dankbarkeit
für seine profunde Lehre und Anleitung,
meinem verstorbenen Lehrer
Taizan Maezumi Roshi gewidmet;
meiner Ehefrau Stephanie,
für ihre beständige Liebe und Inspiration;
und meinen Kindern,
Tai und Nicole,
einfach dafür, wer sie sind.

DRITTER TEIL
HEIMKEHR: DIE ERKENNTNIS 167

VIERTER TEIL
DEN PFAD BESCHREITEN: DIE BEFREIUNG MANIFESTIEREN 237

Vorwort

IN DEN FRÜHEN 1970ERN gingen Dennis Genpo Merzel und ich sehr gerne zusammen auf eine Müllhalde. Wir praktizierten beide im Zen- Zentrum von Los Angeles unter der Ägide unseres Lehrers Taizan Maezumi Roshi. Zu dieser Zeit expandierte das Zentrum. Gebäude wurden gekauft und renoviert, das Karree insgesamt umgestaltet, Mauern wurden hochgezogen, abgerissen und wieder neu errichtet – die Dinge wurden so richtig umgekrempelt. Genpo und ich mochten es beide, uns die Hände schmutzig zu machen und mitten im Zentrum des Geschehens, des Wachstums und des Wandels zu sein. Wir mochten den Bauschutt. So ergab es sich häufig, dass wir zwei am Ende einer Arbeitsschicht, wenn eine Fahrt zur Müllhalde anstand, diese Aufgabe übernahmen. Wir zündeten unsere Zigarren an, fuhren hinaus zur Halde, luden alles ab, was das Zentrum nicht mehr benötigte, und kehrten mit dem leeren Lastwagen zurück, um die nächste Phase des Abbruchs und Wiederaufbaus zu beginnen.

Der Pfad erscheint zu einem wichtigen Moment der Entwicklung in Amerika, nicht nur für das Soto-Zen, sondern für alle spirituellen Lehren und Praktiken, die auf ein einschneidendes Erlebnis unserer Geschichte antworten. Nach der tiefen Finsternis des 11. September gab es viel Suchen und Herumtasten, nicht nur nach dem Sinn des Lebens oder gar dem Un-Sinn des Lebens, sondern nach einfachen, grundlegenden Lehren darüber, wie man leben, wie man sein könnte. Wo auch immer ich mich aufhalte – in Zendos, Moscheen, Kirchen oder Synagogen, gleichgültig, ob ich in Gesellschaft von Meditierenden, Sozialaktivisten, Geschäftsleuten oder Menschen von der Straße bin – werde ich Zeuge dieses starken Bedürfnisses. Dies bedeutet für alle Lehrenden eine besondere Verpflichtung. Unabhängig von unserer spirituellen Tradition müssen wir unsere Werkzeuge, *Upayas*, ganz genau überprüfen, müssen alle Lehren, Praktiken und Methoden, mit denen wir aufwuchsen und die wir bis heute verwenden, neu bewerten, müssen überlegen, wie hilfreich sie sind, auf die Erfordernisse dieses Momentes zu antworten, und müssen darauf vorbereitet sein, wieder ganz von vorne anzufangen.

Der Pfad ist Genpo Roshis Antwort auf diese Herausforderung, seine vitale Antwort auf das Koan, in der heutigen Zeit ein Mensch zu sein. *Der Pfad* lehrt Zen nicht als Religion und ganz gewiss nicht als Dogma, sondern so, wie es im Kern ist und immer war, als Weg zum Erwachen. Wozu erwachen? Wir sagen, zu unserer Buddha-Natur, unserer wahren Natur – nicht nur zu unserer eigenen, sondern zur wahren Natur von jedem, jeder und allem in diesem Universum. Wie Genpo Roshi schreibt, vermittelt Zen uns die Werkzeuge, um in unser Inneres zu blicken, uns selbst zu studieren, zu erwachen und jene Augenblicke großer Freude und tiefer Trauer wahrhaft zu schätzen und sowohl das Dunkel als auch das Licht zu würdigen. Mein enger Freund und Dharma-Bruder Genpo war von Anfang an dabei, als die Zen-Praxis sich in den Vereinigten Staaten, in West- und Osteuropa zu entfalten begann. Er gründete Zen-Zentren in Maine, Salt Lake City, Paris, Amsterdam, London, Düsseldorf und Warschau. Und im Geist des Nicht-Wissens, mit dem Segen unseres Lehrers Maezumi Roshi, der seinen Nachfolgern ausdrücklich die Erlaubnis erteilte, zu erkunden und anzupassen, erkundet Genpo Roshi und passt seine Art des Unterrichtens an. Während er also weiterhin ganze Trauben von Schülerinnen und Schülern zu seinen traditionelleren *Sesshins* in Europa und den Vereinigten Staaten anzieht, bietet er weltweit auch *Big-Mind*-Trainings an und verhilft Menschen, die niemals zuvor meditiert haben, zu einer Chance, ihr wahres Gesicht zu erblicken und die Einheit des Lebens zu erfahren.

In *Der Pfad* schreibt Genpo Roshi: „Das Selbst, das wir als unser wahres Selbst zu erkennen beginnen, ist ewige Verwandlung und letztendlich unfassbar." Ein großer Lehrer weiß, dass da kein

Ende in Sicht ist. Zen muss sich entfalten, entdecken, verändern und wandeln, denn das Leben verhält sich genauso. Es gibt kein einzelnes Werkzeug, das immer und bei allen Menschen passt. Den Menschen bei ihrem Erwachen zu helfen, ist die Aufgabe und Verpflichtung eines Zen-Lehrers, einer Zen-Lehrerin. Darum baut er oder sie Dinge auf, bricht sie auseinander, reduziert einige auf ihre Essenz und unternimmt gelegentliche Trips zur Müllhalde. Welches Ziel hat er oder sie dabei vor Augen? Das Ziel, uns allen beim Erwachen zu helfen. Das Ziel, uns dabei zu helfen, wahre Menschen, menschlich, zu sein. Das Ziel, das kein Ziel hat, sondern uns nur tiefer und tiefer in das Nicht-Wissen bringt.

Ein anderer großer Meister – nicht des Zen, sondern des Baseball – rief seine Ehefrau vom Auto aus an, während er gerade einige Leute nach Hause fuhr: „Wir haben uns verfahren, aber wir haben dennoch viel Spaß." Genpo mäandert weiterhin freudig auf unbekannten Fährten und Wegen, weiter und immer weiter entfernt vom Wissen und dem Gewussten, sich ständig verfahrend, aber dennoch immer mit viel Spaß. Mögen alle, die ihm auf dem *Pfad* folgen, diese Praxis genauso genießen.

Bernie Glassman
Santa Barbara, Kalifornien

Geleitwort der Herausgeberin

WENN WIR DEN WEG DES BUDDHA BIS ZUM ENDE GEHEN, dann kehren wir heim zu unserer wahren Natur, dem ungeborenen und unsterblichen Selbst, welches weit darüber hinausgeht, was wir üblicherweise unter unserem Selbst verstehen und was dennoch untrennbar mit unserem gewöhnlichen Geist und Leben verbunden ist. Tatsächlich findet das Reifen zur vollen Blüte der Buddha-Natur inmitten unseres täglichen Lebens statt. In dieser Sammlung von Vorträgen, gehalten zwischen 1999 und 2001, präsentiert Dennis Genpo Merzel Roshi den Pfad mit der Tiefe, Einsicht und Herzlichkeit eines Menschen, der ihn selbst beschritten hat und nun anderen eine hilfreiche Hand reichen kann, damit auch sie ihr vollkommenes menschliches Potenzial verwirklichen können.

Diese Vorträge wurden hauptsächlich im Kanzeon-Zen-Zentrum in Salt Lake City in Utah gehalten, und zwar in Form von *Teishos*, spontanen und improvisierten Belehrungen, die aus der Realisation eines Zen-Meisters erwachsen und kleine Funken im Geist und Herzen der Zuhörer entzünden wollen. Es war mein Privileg und meine Herausforderung, die Teishos von Genpo Roshi so zusammenzustellen und zu editieren, dass der Buddha-Dharma so frisch und klar ist wie an dem Tag, als die Worte gesprochen wurden. Dieser Aufgabe bin ich mit großer Sorgfalt nachgekommen, um deren Intention und Bedeutung zu erhalten. Ich entschuldige mich für etwaige Mängel.

Die Leserinnen und Leser werden bemerken, dass die Einführung buddhistischer Begriffe in den meisten Fällen mit einer kurzen Definition einhergeht. Am Ende des Buches findet sich auch ein Glossar mit den wichtigsten Begriffen. Verschiedene Koans werden in diesem Buch vorgestellt, und Interessierte können die vollständigen Texte in diversen Koan-Sammlungen nachlesen. Genpo Roshis Interpretation der Koans aus dem *Mumonkan** hält sich eng an die Übersetzung von Shibayama, *The Gateless Barrier: Zen Comments on the Mumonkan*. Für Koans aus dem *Hekiganroku* verwendete Genpo Roshi ein unveröffentlichtes Manuskript, *Hekigan-Roku*, das 1974 von Yamada Koun und Robert Aitken ins Amerikanische übersetzt wurde.

Eine kleine, enthusiastische Gruppe von Menschen hat mitgeholfen, dieses Buch zu ermöglichen, und ich möchte die Gelegenheit nutzen, ihnen allen meinen Dank auszusprechen. Vor allem bin ich Genpo Roshi für seine mitfühlenden Belehrungen zutiefst dankbar und dafür, dass er mich mit der Aufgabe betraut hat, sie für eine Veröffentlichung zu bearbeiten. Stephanie Young Merzel, Genpo Roshis Ehefrau, wirkte hinter den Kulissen stets als eine geduldige Quelle der Unterstützung. Anton Tenkei Coppens Sensei und Stephen Muho Proskauer ließen mich großzügig an ihrer Inspiration und ihrer Kenntnis teilhaben, vor allem während der gestalterischen Phasen dieses Projekts. Tenkei Sensei, Dharma-Nachfolger von Genpo Roshi, gab viele hilfreiche Ratschläge bezogen auf die feineren Nuancen in der Interpretation und Präsentation der Lehre. George Jisho Robertson transkribierte frohgemut stundenlang Vorträge, und David Dohi Scott verlieh einem frühen Entwurf des Manuskripts seinen professionellen, editierenden Rat. Die Shambala-Lektorinnen Emily Bower und Beth Frankl führten mich geduldig durch die vielen Details einer Publikation, und dieses Werk profitierte sehr von ihrer freundlichen Anleitung. Meine Dankbarkeit gilt auch meinem Mann, Michael Daijo Wright, der dieses Projekt auf vielfältige Weise unterstützt hat, als Leser, Lebensmittel-Einkäufer und als Koch schmackhafter Abendessen.

---

* Anmerkungen und Glossar ab Seite 308

Genpo Roshi lehrt, dass der Dharma in unserem gewöhnlichen, alltäglichen Leben verwirklicht werden muss, damit er zum freien und glücklichen Ausdruck unserer Buddha-Natur wird. In diesem Geiste werden seine Teishos hier vorgestellt. Auf dass wir gemeinsam den Weg des Buddha vollenden.

Wynn Seishin Wright

Einführung in die deutsche Ausgabe von Genpo Merzel Roshi

ALS ICH IM JUNI 2008 NACH DEUTSCHLAND REISTE, berührten mich besonders die Veränderungen, die ich bei den Menschen wahrnahm. Ich unterrichte seit 1983 in Deutschland, doch ich war ungefähr fünf Jahre nicht mehr hier gewesen. Dieses Mal war ich sehr von ihrer Wärme, Offenheit und Empfänglichkeit für die Arbeit an Big Mind und Big Heart bewegt.

Es ist mein intuitiver Eindruck, dass die Ereignisse der letzten Jahre, angefangen mit der Fußballweltmeisterschaft 2006, tatsächlich dazu beigetragen haben, den Menschen ein Gefühl des Stolzes und eine Liebe für die Heimat zurückzubringen, und es ihnen ermöglichten, sich offener, unbefangener und weniger schuldig und beschämt zu fühlen, als ich es in den Jahren zuvor erlebt hatte. Bei meinen Workshops in Deutschland in 2008 (in Berlin, Hamburg, Düsseldorf und Frankfurt) berührten wir gegenseitig eine Saite, die wundersam tief und schön erklang. Daher bin ich sehr erfreut, in dieser Einführung zur deutschen Ausgabe von *Der Pfad* auch noch einmal meine Wertschätzung für den herzlichen Empfang zum Ausdruck zu bringen.

Lassen Sie mich etwas zur Entstehung des Buches sagen. Als ich 1997 mit meiner Frau Stephanie im Süden Utahs war, saßen wir zusammen in Zazen, und bevor ich mich erhob, schaute ich einfach so aus dem Fenster und dachte darüber nach, dass die einzige Wahl, die ich an diesem Punkt in meinem Leben hatte, die bewusste Entscheidung war, ganz Mensch zu sein. In jenem Moment bedeutete das für mich, mich für alle Aspekte meiner Menschlichkeit zu entscheiden, einschließlich dem Leiden, der Angst, Wut und Eifersucht und all den anderen sehr menschlichen Gefühlen und Emotionen.

Im Juni 1994 machte ich eine Erfahrung, die ich als „aus der Gnade fallen“ bezeichne: das Loslassen der Erleuchtung und die

Rückkehr in die Welt. Es gibt eine Redensart im Zen: „Vor der Erleuchtung sind Berge Berge, Täler sind Täler. Mit der Erleuchtung sind Berge nicht länger Berge, Täler nicht länger Täler. Nach der Erleuchtung sind Berge abermals Berge und Täler sind Täler." Der große Zen-Meister Tozan, der im neunten Jahrhundert lebte, bezeichnete den Zustand, in dem wir aus der Gnade herausgefallen sind, als „fortgeschrittene Errungenschaft". Bei mir ähnelte das Gefühl, die Erleuchtung loszulassen, eher dem wieder Zurück-auf-die-Erde-Kommen oder dem Abstieg vom Berg und der Rückkehr dazu, einfach Mensch zu sein. Dies ist auch die Beschreibung eines Bodhisattva, dessen Leben von nun an der Übermittlung des Dharma an alle Lebewesen gewidmet ist.

Zwischen 1994 und 1997 habe ich sehr gelitten, weil ich immer noch Widerstand leistete und dagegen ankämpfte, wieder ein Mensch zu sein – ein Mensch mit allem, was damit einhergeht. Wenn auch subtil, so verspürte ich doch weiterhin das Verlangen, zurück an diesen absoluten, vollkommenen Ort zu gelangen, wo es kein Selbst gibt, das von all diesen menschlichen Emotionen beeinflusst wird, wo sie einfach nur kommen und gehen können, ohne an uns haften zu bleiben. Doch die Erfahrung von 1994 bedeutete die Rückkehr eines Selbst, auch wenn es sehr porös, leer und ohne Inhalt war. Oder zumindest verleugnete ich das Selbst nicht mehr, oder anders gesagt, war es nicht mehr die Erfahrung des Nicht-Selbst. Die bewusste Entscheidung, ein Mensch zu sein, ließ mich meine Menschlichkeit wahrhaft annehmen und umarmen.

So kam ich auf den Titel *Der Pfad,* ganz Mensch zu sein (im Original *The Path of the Human Being*) für dieses Buch. Alle meine Vorträge zwischen 1997 und 2001, auf denen es basiert, habe ich vor dem Hintergrund dieser bewussten Entscheidung für den Pfad gehalten. Aber auch all meine früheren Erfahrungen und Erwachenserlebnisse, angefangen mit meinem ersten Einblick in Big Mind am 6. Februar 1971 bis hin zu meiner Entwicklung des Big-Mind- / Big-Heart-Prozesses[2] im Juni 1999, flossen mit in das Buch ein.

Der Pfad, ganz Mensch zu sein besteht aus fünf Stufen. Er kann als eine Karte der spirituellen Entwicklung oder Evolution betrachtet werden. Keine Karte ist wirklich das beschriebene Gebiet und offensichtlich könnten wir uns für ganz verschiedene Kartierungen entscheiden. Obwohl der Pfad zur Erleuchtung in unterschiedlich viele Stufen unterteilt werden kann – drei, vier, fünf, acht, zehn oder sogar zweiundfünfzig –, entschied ich mich für fünf Stufen des Pfades in Übereinstimmung mit dem, was Meister Tozan als Fünf Ränge bezeichnete. Ähnlich wie bei Tozans Fünf Rängen kommen wir bei der ersten Stufe von unserem dualistischen Verständnis und unserer dualistischen Wahrnehmung der Welt her und sehen uns selbst als abgetrennt und vereinzelt. Von dieser relativen Perspektive aus haben wir einen Einblick in das Absolute – eine *Kensho*-Erfahrung.

Für mich bedeutete diese Erfahrung eine Wendung meines Lebens um 180 Grad. Vor diesem Moment im Februar 1971 raste mein Leben mit Volldampf in Richtung Anhäufung von Wissen, Besitz, Geld und Wohlstand, Diplomen und Zertifikaten, Ruhm und Einfluss, eben all jener Dinge, die wir als menschliche Seite des Lebens betrachten. Ich war sehr konkurrenzbetont, fokussiert und auf die Zukunft ausgerichtet.

Vermittels dieser Erfahrung blickte ich plötzlich in eine völlig andere Richtung, und das Einzige, was wirklich wichtig erschien, war, mich selbst innig zu kennen und die erwachte Erfahrung mit anderen zu teilen.

Nach einer solchen tatsächlich gewaltigen ersten Verschiebung verändert sich unser Leben völlig, doch um die Erfahrung auch wahrlich zu verkörpern und in unser Leben zu integrieren, benötigen wir Zeit.

So beginnt die zweite Stufe, eine Phase der Integration, und spätestens hier sollten wir einen Lehrer, eine Lehrerin finden. Ich begegnete meinem Zen-Meister, Maezumi Roshi, und seinem Meister, Koryu Roshi, im März 1972. Nach weiteren sechs Monaten, im September 1972, war ich dann bereit, die Entscheidung zu treffen, meine eigene Macht völlig aufzugeben, mich Maezumi Roshi zu unterwerfen und mich der beständigen Praxis zu widmen, bis ich seine Dharma-Übertragung erhalten und er mich auffordern würde, fortan unabhängig zu sein. Die zweite Stufe hat zwei Aspekte, Hingabe und Unterwerfung. Sie sind wie das Yin und Yang des Loslassens. Hingabe ist passiver; wir ergeben uns dem Leben, wir ergeben uns der Lehre, der Wirklichkeit, der Wahrheit; wir ergeben uns dem, was wir Buddha-Dharma nennen. Unterwerfung ist zielgerichteter, mehr Yang. Wir fügen uns tatsächlich einem Lehrer, einem Meister. Wie bei einer Bruchrechnung setzen wir uns als Nenner unter den Lehrer, wobei der Zähler den Meister darstellt, der die Lehren verkörpert: das, was wir den erwachten Geist nennen könnten. Indem wir eins werden, werden wir in einem sehr langen Prozesses schließlich zu dem, dem wir uns untergeordnet haben – dem Meister, oder zu dem, was wir das Koan nennen oder die Verkörperung des Buddha-Dharma.

Diese Phase, die für mich im August / September des Jahres 1972 begann, dauert wirklich für immer an. Jedoch gibt es Punkte der Vollendung in dieser zweiten Stufe. Die formale Vollendung ist natürlich die Dharma-Übertragung, welche uns als Buddha-Nachfolger ermächtigt. Für mich geschah dies im September 1980. Aber es gab für mich noch eine weitere Vollendung im Januar 1985, bei einem 30 Tage dauernden Sesshin in Browfoot im englischen Lake Distrikt, wo 23 von uns täglich zehn bis zwölf Stunden in Zazen saßen und wir, wie in einem Reaktor, unglaublich viel Energie aufbauten. Dort erkannte ich, dass mich meinem Zen-Meister Maezumi Roshi zu unterwerfen in gewisser Weise eine Täuschung war. Obwohl der Meister den

Buddha-Dharma verkörpert und wir uns direkt dem Meister ergeben, ergeben wir uns in Wirklichkeit dem inneren Meister, unserem wahren Selbst, und der äußere Meister ist bloß ein Stellvertreter des inneren, wahren Meisters in jedem und jeder von uns. Es scheint also, als ob wir uns einem Anderen ergäben, wo es tatsächlich keinen Anderen gibt. Erst in diesem Retreat erkannte ich dies völlig, und meine Erfahrung war hiermit vollendet.

Aber etwas mehr als ein Jahr später, im März 1986, erlebte ich, was wir ein Großes Erwachen nennen, eine viel tiefer greifende Erfahrung der Unterwerfung, die dem Beginn der dritten Stufe entsprach. Auslöser dafür war eine Periode, die ich den „Großen Zweifel" nenne. Seit November 1985 begann mein Zweifel sich wie ein rollender Schneeball zu verdichten und anzuwachsen. Gleichzeitig verlangte ich wie verzweifelt nach ultimativer Erleuchtung. Ein Gespräch mit meiner damaligen Ehefrau Hobai steigerte meine eigenen Zweifel noch. Sie meinte, dass unser Meister Maezumi Roshi nicht eben glücklich wirke. Worauf ich sagte: „Ich glaube nicht, dass er jemals vollkommen glücklich sein wird", und es dämmerte mir bald, was ich da gesagt hatte. Am nächsten Morgen erlebte ich in Zazen eine große Befreiung, in der Hingabe und Unterwerfung vollständig waren und ich ein Herz und ein Geist mit meinem Zen-Meister wurde. Uns trennte absolut nichts mehr, nicht der leiseste Hauch, wir waren eins. Ich war nicht nur fähig, ihn vollständig zu verkörpern, sondern auch, ihn so zu akzeptieren, wie er war – und daher mich selbst, wie ich bin.

Dies war die Vollendung der zweiten Stufe und zugleich der Beginn der dritten Stufe.

Stufe drei entspricht der Großen Erleuchtung, der Großen Befreiung, dem Großen Erwachen. Es ist die Stufe, auf der wir mit dem Absoluten eins sind oder das Absolute sind. Manchmal nenne ich sie das absolute Absolute. Dies ist erneut der Gipfel des Berges, der Höhepunkt unserer Reise zur Erleuchtung. Allerdings bleiben wir meist hier stecken – in dieser völlig neuen

Erfahrung des Nicht-Selbst. Das Ego versucht natürlich, sich diese Erfahrung zu eigen zu machen, es verleugnet das Ego, als hätten wir kein Selbst oder Ego, was einfach lächerlich ist – außer dass die Erfahrung, dass es kein Ego gibt, wahr ist. Es gibt kein festes, solides Ego. Es ist ein Konstrukt, ein Konzept, und in der Großen Erleuchtung ist dieses Konzept verschwunden.

Doch das Ego kehrt zurück und wir schließen die Augen davor. Dies ist eine sehr gefährliche Erfahrung, aber sie ist auch sehr tief greifend – es ist die Große Befreiung, die Große Erleuchtung. Doch es ist auch das, wovor uns all die großen Meister wie Joshu und Dogen Zenji und der Buddha gewarnt und uns ermutigt haben, uns schnell durch diese Phase hindurchzubewegen. Denn auf der dritten Stufe können wir Karma ignorieren, das Gesetz von Ursache und Wirkung. Es ist wahr, dass es auf dieser Stufe und in dieser Realisation kein Karma und weder Ursache noch Wirkung gibt. In der Realisation ist alles Karma ausgelöscht. Jedoch verleugnen wir damit Ursache und Wirkung, während wir in einer absolut-relativen Welt leben, in der man das Absolute und das Relative nicht voneinander trennen kann, da sie von Anfang an eins sind. Wenn wir also die Hälfte der Wirklichkeit verleugnen, oder mit anderen Worten die relative Hälfte der Wirklichkeit, dann verstoßen wir gegen den Pfad oder den Buddha-Dharma. Und genau das geschieht.

Auf dieser Stufe erscheint uns all das am wichtigsten, was zur Erleuchtung führt. Hier lesen wir über Bokushu, der Ummons Bein durch das Zuschlagen einer massiven Tür tatsächlich bricht, was Ummon zur Erleuchtung bringt, oder über Gutei, der dem Jungen den Finger abschneidet, oder über Tokusan, der seinen Schülern 30 Hiebe versetzt, um sie zur Erleuchtung zu bringen, oder über den großen Schrei von Rinzai, den *Katsu*, der Erleuchtung bringt.

Auf dieser Ebene heiligt der Zweck die Mittel. Alles ist erlaubt, solange es den Schüler, die Schülerin zur Erleuchtung bringt. Aus einer bestimmten Perspektive ist das wahr. Doch das große Problem ist, dass wir hier den Dharma und den Schüler, die Schülerin missbrauchen können. Und es ist ein gefährlicher Ort, da der Lehrer oder die Lehrerin hier ein enormes Potenzial für Machtmissbrauch finden.

Die Große Erleuchtung ist in gewisser Hinsicht eine große Verblendung, und wenn Dogen Zenji sagt: „Erleuchtung ist Verblendung", dann macht er keinen Witz. Vor dieser Stufe erkennen wir schon, dass unsere Verblendung an sich nichts anderes als Erleuchtung ist. Hier verhält es sich anders: In der Erleuchtung ist die Erleuchtung selbst die Verblendung. Doch solange wir auf der dritten Stufe sind, sehen wir das nicht. Doch egal auf welcher Stufe wir sind, immer gilt: Solange wir für unsere eigene Macht blind sind, besteht die Möglichkeit, diese ungewollt zu missbrauchen.

Also muss die dritte Stufe, die wir die Große Erleuchtung oder die Große Befreiung nennen, transzendiert werden. Dies bedeutet nicht, dass wir sie irgendwie loswerden, sondern dass wir sie umfassen und über sie hinausgehen. Für mich geschah dies durch das, was ich als „aus der Gnade fallen" bezeichne. Meine Übung damals, im Mai und Juni 1994, war es, mich völlig auf meine Gefühle einzulassen, mich vor allem der Eifersucht hinzugeben, die Angst und starke Wut entstehen lässt und auf Verblendung und Anhaftung beruht. Durch Visualisierung der allerschlimmsten Möglichkeiten, vertiefte ich mich so vollkommen darin, dass mein Ego schließlich völlig ausgelöscht war und ich zwei Tage lang wie eine Pfütze auf dem Boden lag. Danach machte ich eine Reihe tief greifender Erfahrungen.

Die dritte Stufe ist der Gipfel des Berges, und es ist, als ob wir buchstäblich hinuntergestoßen würden, ohne es vorauszusehen oder planen zu können. Solange wir oben sind, glauben wir, dass es ewig so bleiben wird. Der Sturz ist dann umso schmerzhafter. Mit dieser Erfahrung gelangen wir zurück zu unserem

Menschsein, aber nicht durch eine bewusste Entscheidung, denn niemand würde sich jemals freiwillig dafür entscheiden, in das Reich des Leidens zurückzukehren. Es scheint fast so, als müsste unser Karma uns einholen und von dem Berggipfel stoßen, uns einfach hinunterschmeißen.

Dies ist die vierte Stufe, und für sie brauchen wir Zeit. Wir können sie nur dadurch transzendieren, dass wir sie mit einbeziehen und dann über sie hinausgehen. Wir tun dies, indem wir uns bewusst dafür entscheiden, Mensch zu sein. So bewegen wir uns von der vierten Stufe hin zur fünften.

Die erste Erfahrung, Stufe eins, gewährt uns einen flüchtigen Einblick in die Erleuchtung. Die zweite Stufe beinhaltet immer einen Prozess – mit einem Meister – eine Übung der Hingabe und Unterwerfung. Die dritte Stufe umfasst wieder eine plötzliche Realisation, eine plötzliche Erleuchtung. Und die vierte Stufe beinhaltet wiederum einen Prozess, diesmal einen Prozess, in dem wir uns dem Karma, dem eigenen Leben, der Welt, dem Universum, den anderen und allen Lebewesen ergeben. Hier ist die Unterwerfung nicht mehr auf den Meister beschränkt, sondern auf alles Leben und das eigene Dasein bezogen.

Stufe fünf ist die Integration all dessen. Wir nennen dies endlose Übung. Der traditionelle Name lautet „Einheit erreicht" oder „integriert". Ich nenne es den Pfad, ganz Mensch zu sein, oder die bewusste Entscheidung, ein Mensch zu sein, oder integriertes Frei-Wirken. Denn Sie sind integriert, und an diesem Punkt wirken Sie frei als Mensch, der erwacht ist, doch jetzt auch ein gewöhnliches empfindungsfähiges Wesen, ein alltäglicher Mensch ist.

Daher ist die fünfte Stufe als Identität von Relativem und Absolutem bekannt, dargestellt durch das Yin-Yang-Symbol. Meister Nansen, der Meister Joshus, hat sie als „der alltägliche Geist ist der Weg" bezeichnet. Wenn wir uns dies als ein Dreieck vorstellen, dann befindet sich der alltägliche Geist, das Leben als menschliches Wesen, an der unteren linken Ecke. Am rechten Eckpunkt ist der Weg. Und an der Spitze steht „der alltägliche Geist ist der Weg". Der Pfad ist also nichts anderes als unser alltägliches Leben und unser alltägliches Dasein, unser Handeln mit erleuchteter Weisheit, deren Wirken männliches und weibliches Mitgefühl ist, Liebe und Respekt.

Dennis Genpo Merzel
30. November 2008

Einleitung

DER PFAD, GANZ MENSCH ZU SEIN, ist eine Reise, die in jenem Moment beginnt, in dem wir uns fragen, ob es da nicht noch mehr gibt im Leben. Ganz häufig ist eine schwierige Herausforderung oder ein schmerzliches Trauma Auslöser für solch eine Frage; sie treibt uns an, nach einer tieferen Dimension des Lebens zu suchen. Die Suche selbst wird als das Hervortreten des Bodhi-Geistes, des „erwachten Geistes", bezeichnet – des Geistes, der nach dem Weg strebt.

Wonach suchen und streben wir? Zuallererst suchen wir nach einem Weg, um unser eigenes Leiden zu lindern. Wir suchen nach etwas, das unseren Hunger stillt und dauerhaften Frieden bringt. Wir probieren vielleicht viele unterschiedliche Ansätze aus, geben sie aber jeweils schnell wieder auf, sobald sie darin versagen, unsere grundlegende Sehnsucht zu befriedigen. Manchmal müssen wir erst zutiefst verzweifeln, bevor wir schließlich unsere Suche nach innen richten und mit Meditation beginnen. Die Meditation ist die Fackel, die unsere wahre Natur erhellt – unsere vollständige und ganze Buddha-Natur – und endlich kosten wir von der Erleichterung, nach der wir suchten. Einige spirituelle Pfade lehren, dass wir mit dem Erreichen dieses inneren Friedens die Reise beendet haben. Im Zen ist dies erst der Anfangspunkt.

Erste Einblicke in die Buddha-Natur, Big Mind, sind nur flüchtig, und wir fallen in den strebenden Geist zurück. Wir wünschen uns, Big Mind erneut zu erfahren, und wir wollen, dass die Erfahrung tiefer greifend und länger anhaltend verläuft, wodurch wir vielleicht mit erneuter Motivation in unserer Übung vorangetrieben werden. Doch der strebende Geist wird niemals zufrieden sein. Obwohl wir lernen können, wie wir durch Meditation zu unserer Buddha-Natur zurückkehren können, können wir an dieser Erfahrung niemals festhalten. Wir müssen die

Erfahrung *sein* – wir müssen lernen, Big Mind in allem zu verkörpern, was wir tun, und das braucht viel Übung.

Einer der ersten Schritte ist es, uns mit unserem nichtkonzeptuellen, nichtdualistischen Geist vertraut zu machen. Dies tun wir in der Meditation. Nur dann können wir erkennen, dass unser Suchen und Streben absurd ist und dass es tatsächlich ein Teil des Problems und eine weitere Ursache des Leidens ist. *Shikantaza* („nur sitzen") ist eine reine Form der Meditation, weil wir ohne Absicht oder Ziel sitzen. Shikantaza ist der nicht-strebende Geist selbst. Während wir in der Übung fortfahren, lernen wir, unser Verlangen geschickt einzusetzen, indem wir es auf Bewusstwerdung und Meisterschaft über unsere Sehnsüchte ausrichten. Letzten Endes lassen wir das Bestreben, unser unersättliches Ego zu befriedigen, los und lernen stattdessen, in Big Mind zu ruhen, welcher nichts begehrt, da er erkennt, dass es von Anfang an überhaupt keinen Mangel gibt. Big Mind ist der Geist des Nirwana, die Wahrheit, nach der wir suchten.

Es ist verlockend, am transzendenten Zustand anzuhaften, zu versuchen, mit der Welt und ihrem Leiden auf Distanz zu bleiben. Wenn unsere Erkenntnis mit der Zeit tiefer greift, dann erkennen wir, dass wir nicht wirklich vom Schmerz und dem Leiden anderer getrennt sind. Wir sind alle miteinander verbunden, und das Leiden der Welt ist unser eigenes Leiden. Daher müssen wir die bewusste Entscheidung treffen, in die Welt zurückzukehren, wenn wir helfen wollen, das Leiden aller Lebewesen zu lindern.

Selbstverständlich fühlt sich keiner von uns bei seinen ersten Schritten auf dem spirituellen Pfad dazu bereit oder auch nur fähig, der Welt so selbstlos zu dienen. Wir benötigen Zeit und Übung, um das Selbst, mit dem wir uns identifizieren, zu durchschauen – jenes kleine Selbst, das von den Illusionen des Ichs erschaffen wurde – und Vertrauen in unsere unfassbare und grenzenlose Buddha-Natur zu entwickeln. Die Meditation führt uns wieder und wieder zur Erfahrung des Big Mind, in der es nichts zu suchen gibt, da es an nichts mangelt. Während wir uns immer mehr mit Big Mind identifizieren, erkennen wir jenseits aller Zweifel, dass eben dieser Geist Buddha ist! Wir begreifen, dass wir eins sind mit allen Dingen, da wir uns nicht länger nur mit dem einfachen, begrenzten Selbst identifizieren. Und weil es kein Selbst gibt, existiert auch niemand, der oder die leidet.

Diese grundlegende Befreiung ermöglicht uns, wirklich die Entscheidung zu treffen, in der Welt so, wie sie ist, zu leben. Unsere Erfahrung des Lebens verändert sich. Wir werden freier, sind im Frieden mit der Welt. Wenn wir fähig sind, ohne Widerstand in dieser Welt zu leben, dann können wir die Arbeit eines Bodhisattva aufnehmen – wir können anderen dabei helfen, dieselbe Befreiung zu erleben.

Zen-Praxis ähnelt einer Spirale. Meditation ist das Werkzeug, das wir nutzen, um uns mit unserer grenzenlosen und vollständigen Buddha-Natur zu verbinden. Aber weil diese Erfahrung vollkommen unfassbar ist, finden wir uns früher oder später da wieder, wo wir begannen – in unserem begrenzten, ichbezogenen Geist. Nichtsdestotrotz werden uns die Dinge niemals wieder so erscheinen wie zuvor, weil etwas Bemerkenswertes geschehen ist: Wir haben die Illusion des kleinen Selbst durchschaut, wir *wissen*, dass dieses Selbst nicht beständig und substanziell ist. Womöglich bereisen wir im Laufe der Zeit viele Male diesen Kreislauf und haften dabei immer weniger an uns selbst und unseren Erfahrungen. Weder Nirwana noch Samsara vermögen uns noch so leicht einzufangen, wie sie es einst taten, und wir werden immer flexibler und erholen uns schneller. Das Leben mag uns einen heftigen Stoß versetzen, doch wir kommen sofort wieder auf die Beine. Natürlich durchleben wir weiterhin unsere menschlichen Erfahrungen, inklusive Schmerz, Wut und Frustration, doch scheinen wir einfach nicht mehr so lange darin zu verweilen. Negative Erfahrungen hinterlassen nicht mehr die vertrauten, alten Rückstände. Unser Geist wird zum Spiegel: Die Reflexionen, die darin erscheinen, bleiben nicht. Wenn das

Objekt fort ist, verschwindet auch die Reflexion: Was bleibt, ist reines Gewahrsein. Obwohl wir also Schmerz und emotionale Beeinträchtigung erleben, hallen diese Eindrücke nicht nach, und unser Geist kehrt viel leichter zu seiner natürlichen Klarheit zurück.

Indem wir uns mit unserer wahren Natur vertraut machen, können wir lernen, unsere Sichtweise willentlich zu ändern, so dass wir von der begrenzten Sicht des kleinen Selbst hin zur grenzenlosen Sicht des Big Mind und wieder zurück wechseln können. Wir fangen an, die nichtfixierte, fließende Buddha-Natur zu verkörpern, und so löst sich die scheinbare Trennung zwischen unserem gewöhnlichen Leben und unserer Praxis allmählich auf. Die Praxis verschwindet, und es gibt nur noch Leben, oder mein Leben verschwindet, und es gibt nur Praxis. Wie auch immer, es ist dieselbe Erkenntnis: Leben ist Praxis und Praxis ist Leben. Von diesem Standpunkt aus ist alles der lebendige Dharma. Das Leben selbst wird zu unserem Lehrer: Was auch immer geschieht, es ist schlichtweg das, was wir im Augenblick durchleben müssen. Natürlich können Lehrer, Lehrerinnen uns dabei helfen, diese Perspektive aufrechtzuerhalten, doch es ist ihre Aufgabe, stets auf den wahren *Meister* hinzuweisen – den Meister in unserem Inneren. In diesem fortgeschrittenen Stadium ist die Motivation für die Praxis keine Frage mehr: Wir wissen, dass das Leben von morgens bis abends nichts als Praxis ist! Der Pfad wird auf einmal wesentlich breiter. Der Buddha-Weg öffnet sich mit jedem Schritt, genau unter unseren Füßen.

Meister unseres Lebens zu sein, bedeutet nicht nur, dass wir die Dinge aus der Sicht des Big Mind betrachten, sondern auch, dass wir Verantwortung für unser Leben übernehmen. Obwohl unser ichbezogener Geist gerne der Meister wäre, wissen wir, dass er die Aufgabe niemals bewältigen kann, da er sich nicht mit dem Gesamtbild identifizieren kann. Das Ich entstammt immer einer Sichtweise, einer Perspektive, die sich selbst zum Zentrum hat. Der Meister hingegen ist eins mit allen Dingen; er umfasst alle Lebewesen, alle Perspektiven, alle Erscheinungen, alle Dharmas. Wenn wir die Kontrolle über unser Leben vom Ich zum Meister verschieben, können wir wahrhaft für das Wohl aller Lebewesen arbeiten. Unsere Entscheidung, in der Welt zu sein, ist eine bewusste. Wir können mit den Augen Buddhas das Einssein aller Dinge sehen, und wir können mit den Ohren Kanzeon Bodhisattvas die Klagen der Welt hören. Wahres Mitgefühl entspringt einzig der Identifikation mit allen Wesen und ihrem Leiden. Wenn wir den Berggipfel verlassen und zur Welt zurückkehren, erfüllen wir unser Leben und werden zu einem wahren Menschen.

Dennis Genpo Merzel
Salt Lake City, Utah

ERSTER TEIL

DIE SUCHE NACH DEM WEG: DEN BODHI-GEIST HERVORBRINGEN

Was bringt uns dazu, eine spirituelle Praxis auszuüben? Viele von uns werden durch eine persönliche Krise von Angesicht zu Angesicht mit menschlichem Leid konfrontiert. Vielleicht fühlt sich unser Leben irgendwie hohl oder bedeutungslos an, und wir fragen uns, ob da nicht noch mehr sein müsste. Mag sein, dass wir eine ernsthafte Erkrankung oder eine persönliche Katastrophe durchleben, oder vielleicht ist ein geliebter Mensch gestorben. Gefühle des Verlustes und der Leere lassen uns tiefstes Leid erfahren. Die unausweichliche Wahrheit des Leidens war es, die den Buddha vor 2 500 Jahren dazu antrieb, Erleuchtung zu suchen und zu erlangen, und sie motiviert auch heute noch viele von uns, die spirituelle Suche zu beginnen. Der Geist, der nach der

Wahrheit strebt, wird Bodhi-Geist genannt. Wenn das Leben den Bodhi-Geist in uns erweckt, machen wir uns zu einer Reise auf, um die Wahrheit zu finden. Nachdem wir lang und in der Ferne suchten, ohne unseren Durst löschen zu können, und nachdem wir vielleicht Anleitung von einem Lehrer erhalten haben, begreifen wir schließlich, dass wir unseren Fokus um 180 Grad herumdrehen und das Licht der Erkundung nach innen richten müssen.

1

Der Pfad des Buddha

Der Pfad des Buddha wurde seit nunmehr 2500 Jahren erprobt und getestet. Es war der Pfad des Buddha – es ist unser Pfad.

VOR 2500 JAHREN TAT SHAKYAMUNI BUDDHA ETWAS VERRÜCKTES: Er verließ seine Frau und sein Kind, seinen Palast und sein Königreich, um eine lange Suche zu beginnen. Er muss verrückt gewesen sein, oder verzweifelt – verzweifelt, etwas zu finden. Niemand könnte so eine Suche beginnen, alles hinter sich zurücklassend, ohne fest daran zu glauben, dass irgendetwas ganz furchtbar schiefläuft, dass etwas Essenzielles verloren ist oder einfach fehlt.

Doch hat wirklich etwas gefehlt? Immerhin war er der Buddha! Wie hätte ihm irgendetwas fehlen können? Offensichtlich wusste er noch nicht, wer er in Wirklichkeit war. Er dachte, er wäre Prinz Siddharta Gautama, doch es trieb ihn an, nach etwas anderem zu streben. Er hatte wirklich keine Wahl – er musste zu jener Reise aufbrechen, die sein Leben verändern würde.

Sie und ich haben eine Menge mit Siddhartha Gautama und seiner Situation gemeinsam, doch wir erkennen das vielleicht nicht auf den ersten Blick. Heutzutage scheinen wir weniger offen für diese Suche zu sein als die Menschen des alten Indien, wo es ziemlich normal gewesen war, an einem bestimmten Zeitpunkt im Leben zu einer spirituellen Reise aufzubrechen. In unserer Gesellschaft werden wir als Außenseiter betrachtet, wenn wir nach der Adoleszenz immer noch nicht wissen, wer wir sind. Daher würden die meisten von uns es nie zugeben, dass sie nicht den Hauch einer Ahnung haben, wer sie sind. Wenn wir unsere Zweifel und Fragen zugeben würden, könnte man uns ja für verrückt erklären. Die moderne Gesellschaft hat viele von uns konditioniert, daran zu glauben, dass solche Fragen sinnlos und potenziell gefährlich sind und dass wir uns mit schlichten Antworten zufriedengeben sollen: Du bist natürlich Du! Wir widmen unseren Zweifeln und Fragen also keinerlei Aufmerksamkeit, bis uns etwas wachrüttelt. Vielleicht erhalten wir schlechte Nachrichten oder vielleicht stirbt ein uns Nahestehender, jedenfalls zwingt uns ein kritischer Lebensumstand dazu, unsere tief reichenden Fragen zu betrachten: Wer bin ich? Was ist dieses Leben? Ist da mehr in diesem Leben, als ich bisher entdeckt habe? Wir beginnen die Suche nach einem Etwas, auf das wir uns verlassen können, etwas, das einige von uns Wahrheit oder Buddha nennen.

Wo können Sie diesen Buddha oder diese Wahrheit finden? Nun, eventuell finden Sie einen Lehrer, mit dem Sie eine Weile verbringen, und von der Lehre färbt dann vielleicht auch etwas auf Sie ab. Doch wenn Sie daran glauben, jemanden oder etwas gefunden zu haben, auf den oder das Sie sich stützen können, statt auf sich selbst, dann wird Ihnen das zu guter Letzt auch nicht helfen. Sie müssen ganz für sich allein den Buddha finden. Niemand kann das für Sie tun.

Sobald wir akzeptiert haben, dass wir Buddha nicht außerhalb unserer selbst finden können, bleiben wir für gewöhnlich an dem Gedanken haften, dass wir ihn im Inneren finden werden. Als ob sich da ein kleiner Buddha im Inneren verstecken würde, den wir entdecken könnten, wenn wir nur genau genug hinsehen. Dies ist immer noch dualistisches Denken; und wenn wir nicht Acht geben, können wir hierin jahrelang steckenbleiben.

Entlang des Weges auf unserer spirituellen Reise verirren wir uns leicht, und eine der häufigsten Sackgassen ist es, die ersten zehn Jahre damit zuzubringen, außerhalb unserer selbst nach einem Buddha zu suchen. Wir halten nur allzu gern an dem perfekten Bild eines Menschen fest, vor allem, wenn diese Person bereits gestorben ist und sie unser Bild von ihr weder bestätigen noch demontieren kann. Wenn wir uns vorstellen oder daran glauben, dass jemand perfekt ist – zum Beispiel Shakyamuni Buddha –, dann können wir viele Jahre unseres Lebens dem Vorhaben widmen, so wie diese Person zu werden. Das ist ein legitimer Pfad, doch es ist keineswegs der Pfad des Zen.

Es gibt ein grundlegendes Problem bei dem Streben nach Vollkommenheit: Sie *sind bereits* vollkommen! Auch wenn das nur schwer für Sie zu schlucken ist, bin ich mir sicher, dass Sie das Problem erkennen. Wenn Sie bereits vollkommen sind, aber immer noch danach streben, vollkommen zu werden, was bleibt dann übrig? Das Streben! Das Streben impliziert, dass etwas fehlt; Sie fühlen sich in irgendeiner Weise unvollständig, unzufrieden mit sich selbst. Sie wollen jemand werden, der oder die sich von Ihnen selbst unterscheidet. Wie auch immer: Wenn Sie versuchen, zu Buddha zu werden, oder wenn sie versuchen, sich bewusst zu machen, dass sie bereits Buddha sind, dann stecken Sie immer noch im Streben fest. Diese Ziele beruhen auf irreführendem, dualistischem Denken. Die Erkenntnis des Buddha war sehr klar: Verlangen verursacht Leiden – jedes Verlangen, selbst das Verlangen nach Erkenntnis. Wenn Sie also nach Erkenntnis streben, dann werden Sie mehr Leid für sich selbst verursachen.

Es fällt nicht leicht, zuzugeben, dass wir unser eigenes Leiden verursachen, besonders wenn es um unser spirituelles Verlangen geht. Selbstverständlich ist das Begehren nach Erleuchtung nur eine von vielen Ursachen des Leids, und verglichen mit anderen ist es vielleicht nur eine sehr kleine. Doch versuchen Sie sich einmal vorzustellen, was passiert, wenn Sie all Ihr Verlangen und Suchen zusammenlegen und es vollständig auf Ihr Verlangen nach Erkenntnis und Realisation fokussieren.

Genau das hat Siddhartha Gautama getan. Er verbrachte sechs Jahre damit, den vorherrschenden spirituellen Praktiken seiner Zeit nachzugehen; er probierte verschiedene Arten von Meditation und Yoga, Fasten und anderen asketischen Übungen aus; er erforschte sogar verschiedene okkulte Kräfte. Offensichtlich war er sehr begabt – intelligent, talentiert, gut aussehend und athletisch –, und als er sich mit Leib und Seele in die Ausübung dieser verschiedenen Pfade vertiefte, meisterte er jeden einzelnen von ihnen. Doch am Ende hatte er immer noch keine Antwort auf die grundlegende Frage gefunden, die ihn antrieb – die ihn schier in den Wahnsinn trieb! Nach all diesen Jahren des Strebens und Vervollkommnens stand er immer noch mit leeren Händen da. In diesem Moment verzweifelte er wirklich.

Dieselbe Frage treibt Sie und mich an, auch wenn wir sie in unterschiedlichen Weisen stellen. Einige von uns fragen, wie sich das Leiden beenden ließe. Einige von uns sinnen über den wahren Zweck oder die Bedeutung des Lebens nach. Trotz all seines Ringens mit dieser Frage hatte der Buddha keine Antwort gefunden. Verzweifelt setzte er sich einfach hin. Er gab das Suchen auf und beschloss, so lange sitzen zu bleiben, bis er die Antwort gefunden hatte. Er gelobte, in Zazen zu sitzen, bis er Ursache und Beendigung des Leidens erkannt hatte.

Was für ein Witz! Schauen Sie sich den Typen an. Zuerst gibt er alles einfach auf – seine Familie, seinen Reichtum und seine Macht; dann verbringt er etliche Jahre damit, als Bettler umherzuwandern, eine Frage verfolgend, deren Antwort er niemals finden kann. Schließlich setzt er sich unter einen Baum und weigert sich, wieder aufzustehen. Die Leute müssen ihn für verrückt erklärt haben. Und in gewisser Weise muss er es auch gewesen sein. Er saß einfach da. Am Morgen des achten Tages blickte er auf und sah den Planeten Venus. Er muss in einem veränderten Zustand gewesen sein, nicht in dem, was wir eine rationale Geistesverfassung nennen. Doch was war das für ein irrationaler Bewusstseinszustand? Haben Sie ihn auch? Würden Sie und ich uns in demselben irrationalen Bewusstseinszustand befinden, wenn wir Tag um Tag nur gesessen hätten? Obwohl wir das Potenzial besitzen, denselben Bewusstseinszustand wie der Buddha zu erreichen, werden ihn die meisten von uns niemals erleben. Stattdessen sperren wir ihn weg, tief im Inneren. Wir fürchten uns davor, unseren rationalen Geist loszulassen und den Geist von Shakyamuni Buddha zu erfahren, den Geist, der über Wahnsinn und Vernunft hinausgeht.

Die Gesellschaft hat uns gelehrt, dass wir unseren rationalen Geist niemals loslassen dürfen – dass alles mögliche Schreckliche passieren könnte, wenn wir es täten. Wir könnten die Kontrolle verlieren. Es wäre natürlich dumm, sich an irgendeine Straßenecke zu setzen und einfach die Kontrolle zu verlieren; da gibt es definitiv bessere Plätze, um dies auszuprobieren. Es soll Orte geben, wo die Leute glauben, die Kontrolle loszulassen sei tatsächlich ziemlich gesund. An einem solchen Ort können Sie sich für 30 Minuten hinsetzen, für eine Woche oder so lange, wie Sie es wollen, um die Kontrolle aufzugeben. In einem Zen-Zentrum hält Sie niemand für verrückt, wenn Sie sich hinsetzen und den Geist aus ihrer Kontrolle entlassen. Das ist der Zen-Weg. Tatsächlich werden Sie im Zen sogar ermutigt, sich mit Ihrer Angst, den rationalen Geist loszulassen, auseinanderzusetzen und sie zu durchbrechen, damit der irrationale Bewusstseinszustand des Buddha sich enthüllen kann.

Erst nachdem wir losgelassen haben, entdecken wir, wie verblendet wir waren. Was wir für unser „Ich" hielten, existiert überhaupt nicht! Für das Ego fühlt sich diese Entdeckung wie der Tod an, und deshalb leistet es natürlich Widerstand. Wenn wir den Mut aufbringen wollen, unsere Suche trotzdem weiterzuverfolgen, dann muss das Verlangen nach Wissen größer sein als die Angst vor dem Tod. Wer bin ich? Diese Frage ein für alle mal zu beantworten, geschieht in der Erkenntnis Ihrer wahren Natur, Ihres wahren Geistes. Dieser Geist, den wir suchen, hat weder Grenzen noch Beschränkungen. Dieser Geist ist immer gewesen und wird immer sein, vom ursprungslosen Anfang bis zum endlosen Ende. Ganz offensichtlich ist er mehr als bloß *mein* Geist oder *Ihr* Geist. Sich diesen Geist bewusst zu machen, ist die Befreiung selbst: Wir sind befreit von der Angst, die Kontrolle zu verlieren, unsere Identität zu verlieren und unseren gewöhnlichen Geist zu verlieren. Wir sind von der Angst befreit, überhaupt etwas zu verlieren, einschließlich des Selbst. Wenn wir alles und jeder, jede sind, wie könnten wir da noch Angst vor einem Verlust spüren? Doch glauben Sie mir nicht. Entdecken Sie diesen Geist für sich selbst. Einfach an die Lehre zu glauben, ist wie das Zählen eines Schatzes, der jemand anderem gehört; was nützt Ihnen das denn, solange es nicht Ihr eigener ist? Siddhartha Gautama wurde zum Buddha, als er diesen Geist realisierte. Er wurde augenblicklich befreit, und zur selben Zeit verstand er, wie alle Lebewesen vom Leiden befreit werden können. Er entdeckte den Pfad zur Befreiung. Dies war eine tief greifende Entdeckung, doch es ist kein Mysterium, wie der Buddha dazu gekommen ist. Er kannte den Pfad, weil er ihn selbst gegangen war und ihn verwirklicht hatte. Der Buddha kannte den Pfad aufs Innigste. Aus Mitgefühl widmete er den Rest seines Lebens der Aufgabe, die Landkarte mit uns allen zu teilen.

Siddhartha begann genau so wie Sie und ich: Er war verwirrt. Er wusste nicht, dass er von Anfang an ganz, vollständig und vollkommen gewesen war, und daher begann er, nach etwas zu suchen. Er stellte dieselbe Frage, die ein jeder, eine jede von uns stellt, doch vielleicht wagen wir es noch nicht, sie genauer zu betrachten. Wir können sehen, wo diese Frage uns hinführen wird – zu einer Erkenntnis, die nicht von der Gesellschaft akzeptiert wird. Nichtsdestotrotz können wir die Wahrheit nicht verleugnen: Der Pfad zur Befreiung, Freiheit und Erleuchtung ist für jeden Menschen derselbe. Der Pfad des Buddha wurde seit über 2500 Jahren erprobt und getestet. Es war der Pfad des Buddha – es ist unser Pfad.

Wir haben gute Gründe, uns ermutigt und hoffnungsvoll auf die Reise zu freuen. Es *ist* möglich, wie Siddhartha in Zazen zu sitzen und dieselbe Realisation zu erlangen. Woher können wir wissen, dass dies der Wahrheit entspricht? Es wäre schön, irgendeine Garantie zu haben, dass wir, sobald wir diesen Pfad betreten, am Ende ganz sicher an denselben Ort gelangen wie Siddhartha; aber wenn wir ohne den leisesten Hauch eines Zweifels wissen wollen, dass *mein* Pfad derselbe wie der Pfad des Buddha ist, müssen wir ihn gehen. Nur dann bewegen wir uns jenseits von Hoffen und Vermuten hin zu echtem Wissen, was viel tiefer reicht als jedes Verstehen. Sie werden wissen, weil die Erfahrung des Buddha zu Ihrer eigenen wurde.

Erleuchtung bedeutet, dass Sie Ihre wahre Natur unmittelbar erfahren haben, ihre innewohnende Vollkommenheit und Ganzheit. Doch das bedeutet ganz und gar nicht, dass Sie Ihre Unzulänglichkeiten irgendwie los und zu einem perfekten Lebewesen geworden wären. Die Realisation lässt Sie gleichzeitig Vollkommenheit und Unvollkommenheit wahrnehmen. Wenn Sie Ihre Unvollkommenheit aus dem Wissen Ihrer innewohnenden Vollkommenheit heraus betrachten können, hat sich Ihr Leben für immer verändert. Während Sie dem Pfad weiter folgen und diese Perspektive klarer und direkter erfahren, werden Sie mehr und mehr in Ihrer Vollkommenheit bestätigt. Sie werden erkennen, dass Ihre Vollkommenheit stets gegenwärtig ist, gleichgültig, ob Sie danach streben oder nicht.

Jeder Mensch besitzt das Potenzial, denselben Herz-Geist wie den Herz-Geist des Buddha für sich zu verwirklichen, doch nicht jeder wird sich dafür entscheiden, mit der Suche zu beginnen. Bei manchen ist das Verlangen danach nicht groß genug. Doch nehmen wir mal an, dass Sie sich entschieden haben, den Pfad zu betreten. Es gibt da noch ein kleines Problem, ein Paradox, dem Sie sich stellen müssen: Indem Sie nach Erkenntnis streben, werden Sie sich selbst größeres Leid bereiten. Andererseits wird ein bedeutender Wandel eintreten: Sie sind endlich in der Lage, die Ursache Ihres Leidens dorthin zu verlagern, wo sie hingehört – zu Ihnen selbst. Es gibt wirklich niemand anderen, den Sie beschuldigen könnten. Sie können wählen zu leiden, um den Pfad zu beschreiten. Es ist in Ordnung, wenn Sie ein klein wenig Hoffnung bewahren, dem Leiden zu entkommen; Sie können sich auch selbst einreden: „Wenn ich mich für mein Leiden *entscheide* und aufhöre, Widerstand zu leisten, dann endet damit vielleicht auch das Leiden selbst." Unglücklicherweise funktioniert das so nicht. Wenn Sie sich entscheiden, die Suche aufzunehmen, dann werden Sie auch leiden.

Was ist also mit der Befreiung vom Leiden, von der wir so viel gehört haben? Hat der Buddha nicht gesagt, dass es einen Weg gibt, all das Leiden zu beenden? Wenn man hier mit „Ja" antwortet, dann lässt man das „Nein" aus. Wenn man „Nein" sagt, lässt man „Ja" aus. Was man auch sagt, stets ist es nur die halbe Wahrheit. Für die ganze Wahrheit müssen Sie beide Antworten zugleich geben. Doch nur ein irrationaler Geist sagt, dass „Ja" und „Nein" zur selben Zeit wahr sein können. Eben dieser irrationale Geist ist *Ihr* Geist, der Geist Buddhas. Und genau wie Siddhartha haben wir vergessen, wer wir wirklich sind. Obwohl der Buddha uns den Weg gezeigt hat, werden wir niemals zufrieden sein, bis wir die Antwort selbst entdeckt haben. Ein jeder, eine jede von uns muss den Pfad betreten und suchen, bis wir uns erinnern, wer wir wirklich sind.

2

Die Zen-Erfahrung

Jeder Mensch kann zu jeder Zeit eine direkte Erfahrung seiner wahren Natur erleben.

WAS IST ZEN? Viele Leute haben versucht, diese Frage zu beantworten. Zum einen gibt es sehr kurz gehaltene Antworten, andererseits wurden Tausende von Büchern über dieses Thema verfasst, trotzdem bleibt die Definition des Zen etwas Mysteriöses. Vor einigen Jahren hielt Kapleau Roshi einen Vortrag an der New Yorker Universität, als ein Student ihn fragte: „Was ist Zen?" Im Gegenzug nahm sich der Roshi einfach eine Banane aus dem in der Nähe stehenden Fruchtkorb und begann sie zu schälen. Er sagte kein Wort. Wieder fragte jemand: „Was ist Zen?" Kapleau Roshi fuhr damit fort, die Banane zu verspeisen. Als die Frage ein drittes Mal gestellt wurde, warf er die Schale fort.

Ich musste sehr lachen, als ich diese Geschichte zum ersten Mal gehört habe, obwohl ich sie nicht wirklich witzig fand. Irgendwie kam mir die Antwort von Kapleau Roshi ziemlich prätentiös vor. Doch im Laufe der Zeit lernte ich die Art zu schätzen, mit der er die Frage beantwortet hat. Mittlerweile habe ich erkannt, dass es unmöglich ist, Zen mit bloßen Worten zu beschreiben. Worte sind einfach nicht ausreichend. Wenn wir versuchen, Worte zu benutzen, besteht die Gefahr, dass alles, was wir sagen, zu Verwirrung führt. Eine Banane zu schälen, sie zu essen und die Schale wegzuwerfen, war Kapleau Roshis Art, direkt auf die Antwort hinzuweisen.

Obwohl die Essenz des Zen vielleicht unmöglich in Worte zu fassen ist, heißt das nicht, dass wir nichts über Zen aussagen können. Doch wenn wir über Zen sprechen, müssen wir uns vor Augen halten, dass alles, was wir sagen, das Ziel verfehlen wird; es wird begrenzt und unzureichend sein, nur ein Gesichtspunkt des Ganzen. Nichtsdestotrotz kann es hilfreich sein, Zen zu erörtern – was es ist und was es nicht ist. Zum Beispiel ist Zen keine Religion. Aber dennoch wird Zen fast immer als Teil der buddhistischen Tradition gelehrt, welche oftmals als Religion verstanden und ausgeübt wird. Der Buddha entdeckte Zen, aber er hat es nicht erfunden. In gewisser Weise hat Zen den Buddha erfunden. Das Wort *Zen* bezieht sich auf die unmittelbare Erfahrung der eigenen wahren Natur, und genau dazu ist Siddhartha Gautama erwacht, als er zum Buddha wurde. Also beziehen sich sowohl *Zen* als auch die Begriffe *Realisation*, *Verwirklichung*, *Erleuchtung* und *Erwachen* auf dieselbe Erfahrung. Doch Worte können sie niemals ganz erschließen, sie können lediglich auf die unmittelbare Erfahrung verweisen, die weit über irgendwelche Worte und Namen hinausgeht.

Siddhartha war der erste Mensch, der seine wahre Natur unmittelbar erfahren hat. Als er zu der Wahrheit über sein wahres Selbst erwachte, wurde er zum Buddha Shakyamuni. *Buddha* ist ein Sanskritwort und bedeutet „der Erwachte“, und jeder und jede, der oder die dieses Erwachen erfährt, wird Buddha genannt. Man kann also sagen, dass ein Buddha eine Person ist, die eine Zen-Erfahrung gemacht hat, ein Erwachen zu ihrer wahren Natur. Was die Erfahrung des Buddha so einzigartig macht, ist ihre Tiefe und Klarheit. Alle Lehren des Buddha erwuchsen unmittelbar aus seinem Erwachen. Die Weisheit des Buddha und die Lehren, die aus ihr erwuchsen, hätte Prinz Siddhartha niemals ergründen können, bevor er sich seiner eigenen wahren

Natur bewusst geworden war. Er musste ohne den leisesten Hauch eines Zweifels realisieren, dass er selbst und alle Lebewesen dieselbe Buddha-Natur teilen.

Was genau war es, was Siddhartha Gautama sah? Was erfuhr er? Als Siddhartha aufsah und den Morgenstern erblickte, da erfuhr er, dass keine Trennung zwischen ihm und dem Stern existierte. Nichts trennte den Planeten Venus von dem Meditierenden, denn der Meditierende verschwand aus dem Bild. Siddhartha ließ das Selbst los und übrig blieb nur ein funkelnder Stern. Nicht nur gab es keine Trennung zwischen ihm und dem Stern – der Buddha erkannte auch, dass es zwischen ihm und *allem* Leben keine Trennung gab. Er erkannte, dass alle Lebewesen Buddha sind, Sie und ich eingeschlossen. Aber weil wir dies nicht selbst erkennen, sind wir in der Welt des Leidens gefangen, in Samsara. Wir leiden weiter, weil wir nicht begreifen, was Buddha erkannt hat: Es gibt kein Selbst. Es gibt niemanden, der leidet!

Die Lehre des Buddha mag uns sehr fremdartig erscheinen, doch es ist sehr wichtig zu verstehen, dass der Kern seiner Lehre über Ost und West hinausgeht. Die unmittelbare Erfahrung der eigenen wahren Natur hat nichts mit Ost oder West zu tun, mit Nord oder Süd. Sie reicht weit über jede Form der Unterscheidung hinaus. Es spielt keine Rolle, welcher Nationalität wir sind, ob wir männlich oder weiblich, alt oder jung sind – die Erfahrung ist universell und jedem zugänglich. Die eigene wahre Natur kann von einem kleinen Kind am Anfang des Lebens erfahren werden und sie kann von einem alten Menschen im Augenblick des Todes erkannt werden.

Jeder Mensch kann zu jeder Zeit eine unmittelbare Erfahrung seiner wahren Natur erleben. Irgendwie gelingt es uns jedoch, sie ständig zu verpassen. Siddhartha hätte sie auch verpasst, wenn er sich nicht hingesetzt und seinen Blick nach innen gerichtet hätte. Indem er sich zum Zazen niedersetzte, vermochte er *samadhi* (Versenkung) zu erreichen, was wir im Englischen „the zone“ (die Zone) nennen könnten. Wenn wir eins werden mit dem, was wir tun, dann betreten wir diese „Zone“. Athleten, Musiker und Schauspieler haben gelernt, dies bei ihren Darbietungen zu tun. Durch Samadhi entdeckte Siddhartha die ihm innewohnende Wahrheit und wurde eins mit ihr. Diese Wahrheit war schon immer da, doch sie wurde von dem verschleiert, was er als Wirklichkeit akzeptiert hatte. Als das Selbst, das er für sein Wesen hielt, wegfiel, blieb nur seine grenzenlose, wahre Natur übrig, die wir Big Mind nennen. In diesem Augenblick war er befreit.

Siddhartha wollte die Frage beantworten, die sein ganzes Leben auf den Kopf gestellt hatte: Warum gibt es so viel Leiden auf der Welt? Und diese Frage ist heute für uns im 21. Jahrhundert genauso real, wie sie es für ihn vor über zwei Jahrtausenden war. Die Frage nach unserem Leiden ist wie ein Samenkorn, das, sofern behütet, den Bodhi-Geist erblühen lässt, so dass wir entdecken können, wer wir wirklich sind.

Wenn wir uns die Frage nach dem Leiden genauer ansehen, werden wir augenblicklich mit unserem eigenen Leiden konfrontiert. Schauen wir etwas genauer, dann sehen wir die vielen unterschiedlichen Versuche – und Fehlversuche –, mit denen wir unser Leiden beenden wollten. Wir können uns allmählich mit Siddhartha und seiner Verzweifelung identifizieren. Glücklicherweise müssen wir der Frage des Leidens nicht blindlings nachgehen, da uns die Lehren des Buddha über Generationen hinweg überliefert worden sind. Als Siddhartha die innewohnende Ganzheit und Vollkommenheit aller Dinge erfuhr, war er von allem Leiden befreit. Er erkannte, dass seine wahre Natur nichts anderes als Big Mind selbst war. Der Buddha lehrte dann, dass wir ebenfalls unsere wahre Natur erfahren können, indem wir in Zazen unseren Geist beruhigen und nach innen blicken.

Durch die Übung des Zazen werden wir nach einer Weile kurze Einblicke in unsere wahre Natur erfahren. Doch flüchtige Einblicke sind nicht genug, um uns zu befreien. Wir fallen immer wieder in Täuschung und Leiden zurück, weil unsere Erkenntnis nicht klar genug ist. Es braucht Zeit und Disziplin, um sich in Zazen zu vertiefen. Wenn wir hören, was alles dazugehört, stellt sich uns vielleicht die Frage, ob uns in unserem modernen, geschäftigen Leben eine intensive Zazen-Praxis überhaupt möglich ist. Es erscheint mir offensichtlich, dass die traditionelle japanische Zazen-Praxis für uns im Westen nicht funktioniert. Im 13. Jahrhundert, als Zen in Japan erblühte, war aber der Großteil der Menschen auch zu beschäftigt, um lange Stunden in Zazen zu sitzen. Die meisten Menschen arbeiteten von Sonnenaufgang bis zur Abenddämmerung auf den Feldern. Sie waren wahrscheinlich noch viel beschäftigter, als wir es heute sind. Also beschlossen sie als Gesellschaft, diejenigen zu unterstützen, die bereit und fähig dazu waren, alles andere aufzugeben, um einfach nur zu sitzen. Eine relativ kleine Gruppe von Menschen wurde zu Mönchen und lebte in Klöstern, und der Rest der buddhistischen Gemeinschaft, die Laien-*Sangha*, unterstützte die Mönche, indem sie Verpflegung und Geld spendete.

Dieses Arrangement funktionierte im alten Japan sehr gut, aber es funktioniert in den modernen westlichen Kulturen nicht mehr. Stattdessen bildet sich eine neue Form der Sangha heraus, die nicht mehr vorwiegend auf dem Geben beruht. Die neue westliche Sangha basiert auf der Zazen-Praxis. Westliche Menschen wollen Big Mind selbst erfahren. Wir wollen unser normales Leben führen *und* unsere wahre Natur verwirklichen, also praktizieren wir Zazen, wenn wir Gelegenheit dazu finden. Diese Form der Laienpraxis unterscheidet sich stark von der traditionellen klösterlichen Weise, doch das bedeutet nicht, dass sie eine überlegene oder minderwertige Praxis ist. Selbst zu Buddhas Zeiten praktizierten viele seiner Anhängerinnen und Anhänger Zazen inmitten ihres alltäglichen Lebens und erlangten Realisation. Die Wahrheit, die wir in Zazen entdecken, ist immer gegenwärtig, unabhängig davon, ob wir als Laien oder als Mönche und Nonnen praktizieren.

Der Buddha lehrte, dass Zazen für die Realisation unserer wahren Natur essenziell ist, doch er lehrte ebenso, dass Geben, oder *dana paramita*, tatsächlich der direkteste Pfad zur Befreiung ist. Er sagte, dass wir uns selbst befreien können, wenn wir uns „völlig hingeben". Was genau können wir völlig hingeben? Die Antwort ist offensichtlich: Das Einzige, das wir vollständig geben können, ist uns selbst. Der Buddha entdeckte, dass sich seine gesamte Sicht der Wirklichkeit veränderte, als er sich völlig dem Zazen hingab. Und dasselbe kann für Sie und mich geschehen. Wenn Sie sich völlig dem Samadhi des Zazen hingeben, fällt das Selbst weg und Big Mind wird sichtbar.

Der Buddha wusste, dass die meisten von uns anfangs nicht dazu bereit sein würden, sich vollständig Zazen hinzugeben. Am Anfang war er es ja selbst nicht. Daher lehrte er, dass der Pfad zur Befreiung darin besteht, zu geben, was man geben kann Und so entstand die erste Laien-Sangha. Diese Sangha ähnelte der Laien-Sangha Japans sehr: Sie bestand aus Menschen, die den Weg des Buddha praktizierten, indem sie den Mönchen und Nonnen Almosen und Speisen spendeten. Die Mönche und Nonnen widmeten ihr Leben der Meditation und zogen mit dem Buddha von Ort zu Ort.

Das moderne Leben gestattet es den wenigsten von uns, unsere Tage ganz dem Zazen zu widmen, und klösterliches Leben ist ziemlich selten in westlichen Kulturen. Selbst unter denjenigen von uns, die die Mönchs- oder Nonnengelübde abgelegt haben, führen viele ein ganz normales Leben, mit Rechnungen, die zu zahlen sind, und Familien, die ernährt werden wollen. Wie also können wir den Buddha-Weg unter solchen Bedingungen praktizieren? Wir können das alltägliche Leben zu unserer Praxis machen, indem wir uns vollständig dem hingeben, was wir tun. Unsere Übung besteht einfach darin, fokussiert und konzentriert bei dem zu bleiben, was wir gerade tun.

Sobald Sie Gewahrsein zu Ihrer Übung machen, erkennen Sie, wie unbewusst Sie die meiste Zeit über sind. Zu lernen, wie

Sie Ihren Geist fokussieren können, kostet Zeit und Mühe. Das war für Siddhartha nicht anders. Es ist wichtig, sich daran zu erinnern, dass er sein Erwachen erst erlebte, nachdem er sich völlig dem Zazen hingegeben hatte. Das Erwachen des Buddha dauerte nur einen Augenblick, aber die Jahre, die er anderen Praktiken gewidmet hatte, legten den Grundstein für jenen Moment in Zazen. Und zurückblickend konnte er sehen, welche Übungen hilfreich gewesen und welche Übungen nicht hilfreich gewesen waren, um ihn auf diese Erfahrung vorzubereiten. Der Buddha war nicht nur fähig, sein Leben zu betrachten und zu erkennen, was zu diesem Moment der Realisation beigetragen hatte, er war ebenso in der Lage, seine Einsichten wirksam zu einer Lehre zu verarbeiten. Das war keine leichte Aufgabe, denn was er entdeckt hatte, enthielt ein Paradox: Die Erfahrung des Erwachens ist allgemein erreichbar, doch zugleich ist sie *nicht* erreichbar. Der einzige Weg, über dieses Paradox hinauszugelangen, ist die unmittelbare Erfahrung, das Erwachen zu unserem wahren Selbst.

Die Schule des Zen-Buddhismus konzentriert sich auf die Lehren des Buddha über unmittelbare Realisation. Der Buddha nutzte seine Weisheit, um uns hilfreiche Werkzeuge zu geben, mit denen wir uns selbst befreien können. Zazen ist der direkteste Pfad, doch weil wir alle stets noch andere Verpflichtungen zu erfüllen haben, lehrte uns der Buddha, wie wir jede Sitzpraxis optimieren können: indem wir Gewahrsein in jedem Augenblick des Tages praktizieren. In gewisser Hinsicht ist es Zeitverschwendung, auf dem Kissen zu sitzen, wenn wir nicht auch den Rest des Tages üben, aufmerksam, wach und bewusst zu sein. Indem wir den ganzen Tag über Gewahrsein üben, werden unser Zazen und unser alltägliches Leben den Lohn ernten.

Ich persönlich bin der Meinung, dass die meisten von uns, die in einer westlichen Kultur aufgewachsen sind, nicht mit den Formen des Zen zufrieden sein werden, die sich in China oder Japan entwickelt haben. Unsere ganze Kultur basiert auf dem

Individuum. Wir identifizieren uns nicht so leicht mit einer Gruppe, daher fühlen sich nicht eben viele von einer Praxis inspiriert, die hauptsächlich darin besteht, anderen zu geben. Natürlich kann die Bedeutung, die wir dem Individuum einräumen, selbst zum Hindernis werden. Wir müssen fähig werden, über unsere Anhaftung an unser Selbst und unsere Individualität hinauszuwachsen. Doch hat unsere Ichbezogenheit auch eine positive Seite: Die meisten von uns möchten für sich selbst eine Meditationspraxis. Wir wollen lernen, wie man den Geist fokussiert und konzentriert, so dass wir das Samadhi des Zazen erfahren. Und wir wollen dort nicht aufhören; wir wollen lernen, wie wir unser Samadhi vertiefen können, so dass auch wir Erwachen erleben. Wer bin ich? Was ist mein wahres Selbst? Was ist der Zweck dieses Lebens? Warum bin ich hier? Was ist Gott? Was ist Wahrheit? Wir wollen diese Fragen für uns selbst beantworten. Es gibt keinen Grund, sich mit weniger als der unmittelbaren Realisation zufriedenzugeben.

Solche fundamentalen und tief reichenden Fragen scheinen Teil des Menschseins zu sein. So wie Siddhartha können auch uns diese Fragen zur Verwirklichung unserer wahren Natur führen. Wie könnte es irgendetwas anderes zu verwirklichen geben? Es gibt nur die eine Verwirklichung, den einen Big Mind. Die meisten von uns erfahren diesen Geist durch viele flüchtige Einblicke in den Einen Geist. Verwirklichung ist nicht schwarz-weiß, und Sie und ich sind nicht entweder verwirklicht oder verblendet. Jeder und jede von uns hat einen Grad der Verwirklichung erreicht, und wir befinden uns alle irgendwo auf dem Pfad. Der Pfad existiert nicht dort draußen – er ist in unserem Inneren. Jeder von uns ist sein eigener Pfad. Der grenzenlose und unergründliche Big Mind enthüllt sich nur, wenn wir tief in unseren eigenen Geist blicken.

3

Der Bettler und das Juwel

Um die Wahrheit, wer ich wirklich bin, anzunehmen,
bedarf es nichts weniger als echter Erkenntnis.
Sie müssen den Diamanten selbst erblicken.

DER BUDDHA LEHRTE HÄUFIG DURCH PARABELN, und diese spezielle Geschichte lehrt uns, das zu würdigen, was am allerwertvollsten ist. Eines Tages fuhr ein wohlhabender Beamter in einer Kutsche durch einen Ort, um eine wichtige Angelegenheit zu regeln, als er einen Bettler im Straßengraben liegen sah. Da er Mitleid mit dem Mann hatte, befahl der Beamte seinem Kutscher, die Pferde anzuhalten, so dass er mit dem Bettler sprechen konnte. Es stellte sich heraus, dass der Mann viel zu betrunken war, um sich aufwecken zu lassen. Trotz allem empfand der Beamte Mitgefühl und wollte den armen Schlucker aus seinem Elend befreien. Er griff in seine Börse und zog ein wertvolles Juwel hervor, wobei er bei sich dachte: „Obwohl es mir aufgrund meines Glücks und Reichtums sehr leicht fällt, solch ein Geschenk zu machen, könnte es für diesen armen Mann allen Unterschied der Welt ausmachen. Mit diesem Juwel kann er sich selbst aus diesen schäbigen und miserablen Lebensumständen befreien und ein komfortables, sicheres Leben führen." Um sicherzustellen, dass der Edelstein nicht verloren ging, stopfte der Beamte ihn tief in die Hemdinnentasche des Bettlers. Danach machte er sich wieder auf den Weg.

Die zwei Männer trafen sich Jahre später erneut auf derselben Straße. Der Beamte reiste in seiner Kutsche und erblickte den Mann, der die Straße entlangging und immer noch die Lumpen eines Bettlers trug. Der Beamte hielt die Kutsche an und rief: „Was ist passiert? Als ich dich vor einigen Jahren im Straßengraben liegen sah, schenkte ich dir einen wertvollen Juwel, mit dem du dir leicht einen Weg aus der Armut und dem Elend hättest kaufen können. Warum führst du immer noch das Leben eines Bettlers?“ Der Mann erschrak bei diesen Worten und verwirrt antwortete er: „Wovon redest du da? Ich weiß nichts von so einem Stein.“ Also kletterte der Beamte aus seiner Kutsche und griff in die Hemdtasche des Bettlers. Den Edelstein hervorziehend, sagte er: „Hier ist er. Er war die ganzen Jahre über in deiner Tasche!“ Der Bettler war wie betäubt. Alles, was er kannte, war ein Leben in schrecklicher Armut, bei dem er nie wusste, ob er den nächsten Tag erleben würde. Plötzlich erkannte er, dass er ein komfortables und sicheres Leben hätte führen können, wenn er nur das Juwel in seiner Tasche gefunden hätte.

Wenn wir uns diese Geschichte als Koan ansehen, können wir sie aus vielen verschiedenen Perspektiven betrachten. Was ist das wertvollste Juwel auf der Welt? Sicher ist das Leben an sich wertvoll – die Möglichkeit zu leben ist ein unersetzliches Geschenk –, aber wissen wir dieses Leben wirklich zu wertschätzen? Wenn wir das kostbare Juwel in unserem Leben suchen, wo sollen wir damit anfangen? Wo sollen wir nachsehen? Sollten wir irgendwo außerhalb von uns suchen oder sollten wir in unser Inneres schauen? Und was heißt es, ins Innere zu schauen? Wenn Sie diesen Fragen mit Leib und Seele nachgehen, können Sie die Wahrheit des Dharma für sich entdecken. Auch Sie können verwirklichen, was der Buddha verwirklicht hat.

Der Buddha entdeckte, dass genau dieses Leben der Dharma ist, die Manifestation des Buddha-Geistes. Das einfach nur zu hören, hilft uns allerdings nicht, unser Leben mehr zu würdigen. Daher lehrte der Buddha, dass jeder und jede von uns in seinen oder ihren Geist schauen muss. Zuerst müssen wir den Geist finden, von dem der Buddha gesprochen hat – und der einzige Weg, diesen Geist zu entdecken, besteht darin, Ihr eigenes Licht nach innen zu richten. Niemand kann Sie lehren, wie das geht. Sie lernen es nur, indem Sie es selbst ausprobieren.

Glücklicherweise, vielleicht sogar wunderbarerweise, können wir uns hier auf einige sehr gute Hinweise und Anleitungen verlassen, die uns von Menschen überliefert wurden, die diese Reise schon lange vor uns unternommen haben. Wenn ich an die Tatsache denke, dass die Lehren Shakyamuni Buddhas selbst im 21. Jahrhundert immer noch präsent und für uns zugänglich sind, dann bin ich einfach sprachlos! Mehr als 2 000 Jahre sind seit der Zeit Buddhas vergangen, und in dieser Zeit hätte der Dharma auf viele Arten verloren oder verzerrt werden können. Falls Sie jemals „Stille Post" gespielt haben, ein Spiel, bei dem etwa ein Dutzend Leute sich in eine Reihe stellen und eine Botschaft flüsternd von einem zum anderen weitergeben, dann wissen Sie, wovon ich rede. Gleichgültig, wie viel Mühe Sie sich auch geben: Es gibt keinerlei Garantie dafür, dass die Nachricht am Ende den gleichen Inhalt hat wie am Anfang. Die Lehre des Buddha ist nur deshalb heute noch erhalten, weil Tausende von Menschen ihr Leben dafür gaben, dass der Dharma gelehrt und sorgsam weitergereicht wurde. Und bemerkenswerterweise können wir uns sicher sein, dass die Überlieferung tatsächlich der wahre Dharma ist, denn dieses kostbare Juwel wurde von Generation zu Generation durch die „Geist-zu-Geist-Übertragung" weitergegeben. Der Buddha nannte es das „Geist-Siegel".

Der Buddha war der Erste, der die Wahrheit über dieses Leben durch Zazen entdeckte. Wenn Sie beim Zazen in Ihren eigenen Geist blicken, können Sie zur selben Erkenntnis gelangen: Genau dieser Geist ist *Es*! Doch zu Beginn der Zazen-Praxis sehen wir nur das Chaos unseres Bewusstseins – die endlose Parade von Gedanken, Gefühlen, Sinneseindrücken und Urteilen, die der Buddha als „Affen-Geist" bezeichnete. Das Chaos im Inneren vor Augen ist es nur natürlich, wenn gewaltiger Zweifel aufkommt: „Vielleicht war Buddhas Geist ja *Es*, aber mein Geist ist es ganz bestimmt nicht! Mein Geist schenkt mir überhaupt keinen Frieden." Wenn wir uns in diesem Stadium befinden, müssen wir durchhalten und tiefer blicken. Woher stammt der Zweifel? Sie könnten antworten „aus meinem Geist", aber welcher Geist ist das? Ist es Ihr Big Mind oder Ihr kleiner Geist? Vielleicht denken Sie jetzt fast automatisch: „Das muss mein kleiner Geist sein, der all diese Gedanken und Zweifel erzeugt." Versuchen Sie, den nächsten auftauchenden Gedanken genauer zu betrachten: Er wird ganz sicher eine Art Urteil oder Vorliebe sein, so etwas wie: „Ein nichtdualistischer Geist muss besser sein als ein kleiner, dualistischer Geist, also will das!" Doch bleiben Sie nicht dabei stehen. Wenn der Buddha erkannte, dass alles Ein Geist ist, wie könnte es dann einen Großen Geist oder einen kleinen Geist geben? Das ist bloß dualistisches Denken.

Während wir uns vertraut damit machen, in unseren Geist zu schauen, erkennen wir, was zwei Geister zu sein scheinen, einen dualistischen und einen nichtdualistischen Geist. Wir erfahren diese beiden Wirklichkeiten, doch sind es eigentlich zwei Wirklichkeiten in einer, oder wie man auch sagen könnte, zwei Seiten derselben Wirklichkeit. Es ist nicht notwendig, den dualistischen Geist loszuwerden. Stattdessen können wir ihn dafür einsetzen, was er am besten kann – Nachdenken und Ergründen. Der kleine Geist will alles begreifen, also hört er niemals auf, zu bewerten und zu beurteilen. Warum sollte man ihn also nicht einfach weitermachen und sich beschäftigen lassen? Was kümmert das schon Ihren wahren Geist?

Jahrhunderte lang haben Zen-Meister ihren Schülerinnen und Schülern Fragen gestellt, um den kleinen Geist zu beschäftigen: Wer bin ich? Was ist der Geist? Was ist *Mu*? Was ist Buddha? Obwohl Shakyamuni Buddha wusste, dass solche Fragen nicht vom dualistischen Geist beantwortet werden können, sah er auch die Weisheit darin, sie überhaupt zu stellen. Der Buddha besaß ein tiefes Verständnis der menschlichen Natur. Er wusste, dass es in unserer Natur liegt, zu hinterfragen, daher hat er es ermutigt. Er erklärte seinen Schülern: „Glaubt nicht einfach, was ich euch sage. Geht und findet es für euch selbst heraus. Prüft diese Lehre und findet heraus, ob sie wahr ist."

Warum probieren wir es nicht aus? Stellen Sie sich irgendeine der Fragen und versuchen Sie, die Antwort herauszufinden. Bei diesem Vorgang lernen Sie möglicherweise, Ihren Geist zu fokussieren und sich völlig in eine Frage zu vertiefen. Es macht keinen wirklichen Unterschied, welche Frage Sie dabei verfolgen, solange Sie sich mit aller Kraft bemühen. Erforschen Sie jede Möglichkeit, jede vorstellbare Antwort. Am Ende werden Sie doch mit leeren Händen dastehen – und genau darum geht es! Indem Sie tief in Ihren eigenen Geist schauen, erkennen Sie ganz zweifelsfrei, dass Ihr Geist völlig unfassbar ist. Er kann nicht verstanden werden und er kann nicht festgehalten werden. Entdecken Sie für sich selbst, dass der Geist Buddha ist. Ihr Geist ist *Es*! Es gibt keinen anderen Geist.

Geben Sie nicht mit irgendeinem abstrakten Verständnis zufrieden. *Dieser* Körper und *dieser* Geist, Ihre physische Form und Ihr eigener Geist, sind zusammen nichts anderes als dieses Juwel. Ihr normaler Geist ist *Es* – und doch ist er *Es* auch nicht. Nur ein Konzept von diesem Einssein zu haben, reicht niemals aus. Wir müssen das Absolute, Big Mind, genauso wie den kleinen konventionellen Geist umfassen. Die Lehre des Buddha besagt: nicht zwei und nicht eins.

Wenn Sie in Ihren Geist blicken, erfahren Sie selbst, wovon der Buddha gesprochen hat: Der Geist schließt nichts aus, nicht einmal Ihren physischen Körper und den kleinen Geist. Dieser Geist ist Ihr wahres Selbst, Ihr ursprüngliches Gesicht. Ihr Körper ist der Körper des Buddha – der Buddha schaut diesmal nur zufällig so aus wie Sie. Natürlich rebelliert der kleine Geist: „Das kann nicht wahr sein! Es ist unmöglich, dass *mein* Leben und *mein* Körper das Leben und der Körper des Buddha sind.“ Um die Wahrheit wirklich anzunehmen, ist nichts weniger als echte Erkenntnis notwendig. Sie müssen den Diamanten selbst erblicken.

4

Ihr Leben ist die „Buddha-Schale"

Ihr Leben enthält genau die richtige Menge.

NEULICH STAND ICH, kurz bevor ich zur Meditationshalle ging, mit dem Hündchen meiner Tochter Nicole an einer belebten Straßenecke, damit es erledigen konnte, was ihm die Natur gebot – und ich trug meine Roben. Es berührte mich, wie seltsam es doch sein kann, wenn Ost und West aufeinandertreffen. Die Roben, die viele von uns tragen, müssen auf Neulinge sehr merkwürdig wirken. Unsere Verbeugungen und unser Darbringen von Räucherwerk mögen sogar recht albern erscheinen. Und unser Gesang wirkt eigenartig. Wir rezitieren oft in einer fremden Sprache, meistens Japanisch, aber hier und da streuen wir auch ein wenig Sanskrit mit ein. Eine Person, die zum ersten Mal eine unserer Soto-Zen-Zeremonien besucht, wird sich wohl fragen, warum Menschen aus dem Westen heutzutage beschließen, sich einer so eigentümlichen Praxis mit solch alten Wurzeln zuzuwenden. Versuchen wir einfach, uns wie Buddhisten zu benehmen, oder ist der lebendige Dharma irgendwie immer noch in diesen alten Ritualen enthalten? Das ist eine berechtigte und wichtige Frage.

Zen, wie wir es heute praktizieren, begann, als Dogen Zenji vor 800 Jahren die Lehren der großen chinesischen Zen-Vorfahren nach Japan brachte. Doch Zen selbst hat uralte Wurzeln, die über mehrere Kulturen hinweg reichen. Shakyamuni Buddha lebte und lehrte vor mehr als 2500 Jahren. Zen entwickelte sich aber erst später, als Bodhidharma den Dharma von Indien nach China brachte. Obwohl der Zen-Buddhismus sich in Amerika erst seit den 1960ern etabliert hat, hat die Praxis bereits viele Veränderungen erfahren. Tatsächlich ist die Art, wie wir im Westen Zen praktizieren, für einen Mönch aus Japan kaum als Zen zu erkennen. Selbst unsere Art zu sitzen, wenn wir einem Teisho oder einem Dharma-Vortrag zuhören – dem Redner zugewandt –, wäre in Japan undenkbar, wo man zuhört, während man in Zazen mit dem Gesicht zur Wand sitzt. Die Praxis wäre niemals so informell wie hier. Obwohl westliches Zen noch ganz jung ist, sieht unsere Praxis schon jetzt ziemlich anders aus als im traditionellen Zen.

Zen-Lehrerinnen und -Lehrer im Westen ringen mit der Frage, wie viel Veränderung möglich ist, ohne zu riskieren, dass die lebendige Essenz des Dharma verloren geht. Wir Nachfolger von Maezumi Roshi diskutieren seit 30 Jahren über dieses Thema, aber noch immer ist keiner von uns in der Lage, genauer zu sagen, wie viel Veränderung akzeptabel ist. Jeder und jede von uns muss die Verantwortung akzeptieren, Zen auf eine Weise in unsere Kultur zu bringen, die ihm oder ihr richtig erscheint. So helfen wir dabei, Zen zu transformieren, damit es in unsere Kultur passt. Eine der Schönheiten des Zen war schon immer seine Fähigkeit, sich an neue Situationen anzupassen, jedes Behältnis auszufüllen, in das es gegossen wird. Die westliche Kultur ist der neue Topf, in den Zen gefüllt wird – und für uns alle, egal ob wir Lehrende oder Schüler sind, ist unser Körper das Behältnis unserer Praxis. Zen wird diesen Behälter perfekt ausfüllen.

Wir haben eine wunderbare Zen-Tradition, unser Mahl gemeinsam in meditativer Stille zu uns zu nehmen. Spezielle Schalen werden für diese Mahlzeiten benutzt, und die größte davon nennt sich *Oryoki*. Zur Zeit des Buddha führten Mönche eine große Schale mit sich, wenn sie um Essen bettelten, und das ist die Grundlage der heutigen Oryoki-Schale. *Oryoki* ist Japanisch und bedeutet „enthält genau die richtige Menge". Im tieferen Sinne bedeutet es, dass genau dieser Körper-Geist, *Ihr* Körper-Geist, ebenfalls Oryoki ist, also die Buddha-Schale selbst.

Ihr Leben ist die Buddha-Schale und die Nahrung Ihres Lebens ist all das, was sich ereignet, selbst Dinge, die ihnen nicht bewusst sind. Unser Gewahrsein des Lebens ist sehr begrenzt – wir sehen wirklich nur die Spitze des Eisbergs –, und doch enthält dieses Leben immer genau die richtige Menge. Was sich auch immer in Ihrem Leben ereignet, ist die Lehre, ist Dharma. Wenn wir unser Leben auf diese Weise betrachten, kann nichts von dem, was passiert, als zufällig bezeichnet werden.

Jeder und jede von uns hat einen eigenen Pfad der Entwicklung, und manchmal sieht es aus, als würden wir alle in verschiedene Richtungen gehen. Einige Leute sagen, sie seien auf der Suche nach Frieden oder Geistesfrieden, andere sagen, sie suchten Freiheit oder Befreiung. Einige von uns wollen sich wahrhaft unabhängig, bestätigt oder ermächtigt fühlen. Obwohl wir verschiedene Dinge sagen, suchen oder bemühen wir uns in Wirklichkeit um das Gleiche: Wir wollen frei sein vom Leiden.

Als der Buddha über den Pfad der spirituellen Entwicklung sprach und darüber, wie man bleibenden Frieden finden könne, ermahnte er seine Schülerinnen und Schüler, sich auf die Wurzel des Problems zu konzentrieren und sich nicht von den Blättern und Ästen ablenken zu lassen. Andererseits erzählt uns die westliche Kultur, dass wir uns für viele verschiedene Dinge interessieren sollten, und so vergingen Jahrhunderte, in denen wir uns mit allen möglichen Ablenkungen beschäftigt haben. Tatsächlich ist die Wurzel des Problems nicht leicht zu erkennen. Sie ist einfach zu offensichtlich. Das heißt nicht, dass wir im Westen besonders dumm oder blind wären; selbst Shakyamuni Buddha fand es schwer, die Ursache des Leidens zu erkennen. Der Buddha verbrachte Jahre der Übung und ging durch viele Prüfungen, bevor er seine Entdeckung machte: Die grundlegende

Ursache für unser Leiden ist *Unwissenheit, Ignoranz* – wir betrachten uns selbst als abgetrennt und unvollständig. Dies ist Verblendung, und sie führt zu Verlangen – Wollen, Begehren und Anhaftung. Das Wollen selbst ist die Ursache unseres Leidens.

Mittlerweile verstehen wir vielleicht schon ein wenig, wie Unwissenheit zu unserer Unzufriedenheit und Bedürftigkeit führt. Aber aufgrund unserer Konditionierung werden wir immer noch Widerstand verspüren zu erwachen. Es scheint, als wäre es eigentlich ganz einfach: Wenn meine Unwissenheit daher rührt, dass ich mich im Dunkeln aufhalte, dann muss ich bloß den Kopf heben, die Sichtweise verändern, einfach umkehren. Doch was bedeutet das – umkehren? Der Buddha lehrte, dass wir die Art und Weise, mit der wir die Welt normalerweise betrachten, verändern müssen – die Perspektive, dass ich hier bin und alles andere dort draußen. Wenn ich die Welt niemals anders gesehen habe, glaube ich natürlich daran, dass ich sie sehe, wie sie wirklich ist, dass ich die Wirklichkeit sehe. Es kommt uns ganz einfach nicht in den Sinn, die Art zu verändern, mit der wir wahrnehmen.

Es ist sehr hilfreich, zu einem frühen Zeitpunkt der Praxis einen Einblick in die andere Seite der Wirklichkeit zu erhaschen. Selbst der kleinste Einblick wird einen Riss in unserem Panzer hinterlassen. Doch dafür müssen wir zuerst eine simple Frage stellen: „Gibt es außer meiner Sichtweise noch eine andere?" Man kann unmöglich wissen, welche Lebenserfahrungen jemand gemacht haben muss, damit diese Frage aufkommt. Was brauchte es, dass Sie hier sind, genau jetzt, in diesem Augenblick von Raum und Zeit? Nur von einigen wenigen dieser Kräfte können wir überhaupt wissen, denn Sie sind das karmische Ergebnis von allem, was in der Vergangenheit passierte. Von allem! Es brauchte also genau das, was Ihnen widerfuhr, damit Sie da stehen, wo Sie heute sind. Genau dieser Augenblick ist Dharma: vollkommen und vollständig als das gesamte Karma eines jeden, einer jeden von uns.

Sobald wir anfangen zu fragen, ob es da noch eine andere Weise gibt, die Realität wahrzunehmen, entsteht in uns ein dringendes Verlangen und eine Sehnsucht nach der Wahrheit. Wir wollen die Wahrheit verstehen, sehen, hören und fühlen. Doch wie jedes andere Verlangen auch, wird uns dieses Verlangen nach der Wahrheit leiden lassen. Um unser Leiden wirklich zu beenden, müssen wir unsere zugrunde liegende Krankheit heilen: Wir müssen *alles* Streben, Verlangen und Wollen beenden.

Es kann einen Schock verursachen, nach innen zu blicken und zu erkennen, wie viele Wünsche wir haben, und vielleicht tauchen daraufhin ernsthafte Zweifel in uns auf, ob es überhaupt möglich ist, jemals vom Leiden befreit zu werden. Wie sollen wir bloß unserem Verlangen ein Ende setzen, wenn wir in fast jedem Moment unseres Lebens wollen und begehren? Der Buddha entdeckte den Weg, und wir können es ebenfalls, denn seine Entdeckung wurde uns durch die Traditionslinie der verwirklichten Vorfahren übertragen.

Worin besteht dieser Schatz des Buddha, der so sorgsam bis zum heutigen Tag übertragen wurde? Zazen! Durch Zazen können wir endlich den suchenden, strebenden Geist zur Ruhe bringen. Zazen selbst enthält die Antwort. Wenn wir einfach sitzen, mit geradem Rücken und trotzdem natürlich entspannt, können wir einfach nur sein. Am Anfang wird es ganz sicher weder natürlich noch entspannend sein. Es ist schlicht und einfach eine Menge harter Arbeit. Vielleicht verwechseln wir sogar Anstrengung mit Errungenschaft. Doch Sinn der Sache sind nicht Anstrengung und Kampf, sondern zu üben, bis unser Sitzen wahrlich mühelos ist. Das Ziel unserer Praxis ist es, zu entspannen, uns dem Leben hinzugeben und loszulassen.

Es ist wichtig, sich klarzumachen, was es bedeutet *loszulassen*. Loslassen bedeutet nicht, einfach zu tun, was wir wollen. Loslassen und sich dem Leben hingeben heißt sich von Verlangen und Anhaften befreien. Zazen reicht bis zur Wurzel unseres Anhaftens, indem es uns unser wahres Selbst enthüllt –

unsere vollständige und ganze Buddha-Natur. Was könnten wir wohl noch verlangen oder brauchen, wenn wir erkannt haben, dass es von Anfang an überhaupt keinen Mangel gegeben hat?

Solange wir uns nicht mit unserem wahren Selbst vertraut gemacht haben, mag es uns unwahrscheinlich erscheinen, dass wir selbst wirklich Buddha-Natur haben. Es scheint unmöglich, dass wir durch und durch Buddha-Natur sind – doch es ist die Wahrheit. Es gibt dazu eine wunderschöne Geschichte. Tozan war ein großer chinesischer Zen-Meister und Abt eines Klosters. Auf den Feldern rund um das Kloster wurde Flachs angebaut, und die Stadtbewohner nutzten den Flachs, um Textilien zu weben. Tozan arbeitete mit dem Flachs, wie jeder andere auch. Als er eines Tages ein wenig Flachs abwog, fragte ihn jemand: „Was ist Buddha?" Tozan antwortete: „Drei Pfund Flachs."

Tozan wusste, dass er die Wahrheit verkörpert – das Alltägliche und den Buddha. Tozan und große Lehrer wie er sind nicht die Einzigen, die diese beiden Aspekte verkörpern. Wir alle tun das. Doch weil sich zwei Menschen niemals gleichen, wird sich die Buddha-Natur in jedem Individuum einzigartig manifestieren. Sie und ich verkörpern Buddha und das Alltägliche von Augenblick zu Augenblick, auf unsere je eigene Weise.

Die wahre Natur ist die Buddha-Natur, nicht festgelegt und sich jedem Behältnis anpassend, und daher wird jeder und jede von uns die Buddha-Natur anders ausdrücken. Jede Person ist ein anderes Behältnis; was in einer Schale angemessen ist, mag in einer anderen Schale unangemessen sein. Unser Leben besteht auch aus unterschiedlichen Behältnissen. Ihr Körper-Geist ist ein Behältnis und Ihre Familie ist ein anderes. Ihre Arbeit und Lebensumstände sind Behältnisse und unsere Erde ist ein Behältnis. Für jede Situation ist eine andere Manifestation angemessen. In der Übung geht es darum, zu lernen, wie wir unsere wahre Natur in allem, was wir tun, erkennen und verkörpern können. Um in der Manifestation unserer wahren Natur vertrauensvoll, frei und freudig zu werden, brauchen wir viel Aufmerksamkeit und Übung. Zazen ist der Weg, dies zu erreichen. Durch Zazen lernen wir, zu sein, wer wir wirklich sind.

5

Die Wurzel unserer Unzufriedenheit

Für das Leben ist es natürlich, Höhen und Tiefen zu haben, doch wir beurteilen diese und bilden Vorlieben aus. Wir schaffen einen sehr schmalen Pfad, unsere eigene Messerschneide der Zufriedenheit.

WARUM SIND WIR SO UNZUFRIEDEN? Stellen Sie sich jemals diese Frage? Oberflächlich sagen wir uns vielleicht, unser Unglück entstamme einem Bedürfnis oder Verlangen, das noch nicht erfüllt wurde. Forschen wir nicht tiefer nach, werden wir niemals damit aufhören, unser endloses Verlangen stillen zu wollen. Wenn wir uns wirklich anschauen, was wir zu brauchen glauben, werden wir ein Muster erkennen: Wir schaffen uns einen sehr schmalen Pfad zwischen dem, was wir als gut und akzeptabel beurteilen, und dem, was wir schlecht und inakzeptabel finden. Wir stellen uns vor, dass es irgendwo zwischen der Liebe und dem Hass dafür, wie die Dinge sind, einen netten Ort der Zufriedenheit und des Behagens geben müsse. Also setzen wir uns dieses Ideal zum Ziel, selbst wenn es nur eine hauchdünne Linie ist. Hin und wieder einmal können wir uns zufrieden fühlen, sobald es uns gelingt, dieses Ideal zu streifen, doch dies geschieht selten und hält nie sehr lange. Die meiste Zeit über fühlen wir uns unzufrieden, und wir hoffen und glauben daran, dass die Dinge besser sein könnten.

Das Problem liegt in unserer Wahrnehmung, der Art, wie wir auf unsere Unzufriedenheit blicken. Solange wir denken, dass die Unzufriedenheit existiert, weil irgendetwas fehlt, werden wir natürlich weiter nach einem Weg suchen, diesen Mangel auszugleichen. Wir machen damit weiter, zu suchen und uns das nächste Ding anzueignen, und das nächste Ding, und das nächste Ding, von dem wir hoffen, dass es uns den idealen Zustand der Zufriedenheit beschert. Doch es gibt noch eine andere Möglichkeit, sich unserem Problem anzunähern: Wir brauchen gar nicht erst damit anzufangen, diese dünne Linie zu erschaffen. Anstatt darüber nachzudenken, dass die Dinge, damit sie in Ordnung sind, auf diese oder jene Weise zu sein hätten, wie wäre es, wenn wir die Dinge akzeptierten, wie sie sind? Was wäre, wenn wir es alles umfassten?

Wenn wir lernen könnten, mit allem, was ist, in Frieden zu sein, dann wäre jeder Tag ein guter Tag. Doch rebelliert dabei nicht etwas in uns, wenn wir so etwas hören? Der Verstand wirft ein, dass ein Tag, wenn er ein guter und kein schlechter sein soll, vollständig gut und überhaupt nicht schlecht sein dürfe. Das ist unmöglich! Für das Leben ist es natürlich, Höhen und Tiefen zu haben, und wir sollten damit rechnen, gute Momente und auch schlechte Momente zu erleben. Wenn wir das einfach akzeptieren könnten, würden wir damit aufhören, uns weitere Probleme zu erschaffen. Doch stattdessen schaffen wir unseren sehr schmalen Pfad, unsere eigene Messerschneide der Zufriedenheit.

Der Buddha erkannte, dass unser Grundproblem in dieser Sichtweise des Lebens liegt. Stets sehen wir die Dinge aus einer selbstbezogenen Perspektive. Indem der Buddha das Ego beiseiteließ, war er fähig, das Leben aus der Perspektive des Big Mind zu betrachten, der die Einheit aller Dinge erkennt.

Die Heilung für unser Problem scheint simpel genug zu sein: Wir müssen unsere Sichtweise verändern. Wir müssen unsere Wahrnehmung der Wirklichkeit verändern. Der erste Schritt besteht darin, zuzugeben, dass wir das Leben nicht so wahrnehmen, wie es wirklich ist – und das ist, für sich betrachtet, schon sehr schwer. Es fällt nicht leicht, unsere Perspektive loszulassen, die Art, wie wir die Wirklichkeit sehen, weil all dies damit verknüpft ist, wie wir uns selbst sehen, mit unserer eigenen Identität. Wenn wir unsere Perspektive loslassen, verlieren wir auch unsere Identität – zumindest die Identität, die wir kennen, und darauf sind wir nicht gerade begierig. Falls Sie jemals eine Erfahrung gemacht haben, die sie dazu gebracht hat, Ihre Identität aufzugeben, wissen Sie, wie beängstigend das sein kann. Wenn wir unsere Identität loslassen, ist es so, als ob wir ganz von vorne anfangen müssten. Wir müssen uns der Frage stellen: „Wer bin ich, wenn ich nicht der bin, für den ich mich hielt?"

Der Buddha lehrte, dass wir Frieden und Zufriedenheit finden können, wenn wir dem *Mittleren Weg* folgen. Er bezog sich damit jedoch nicht auf einen mittleren Weg, wie ihn sich der Verstand als irgendeine Strategie vorstellt, die dünne Linie zwischen dem, was wir mögen und nicht mögen, zu begehen. Der Pfad, von dem der Buddha sprach, reicht weit darüber hinaus.

Der Mittlere Weg hängt nicht von Urteilen und Vorlieben ab. Er ist in keiner Weise vom Verstand abhängig. Der Mittlere Weg umfasst das Ganze; er überschreitet „dieses" und „jenes". Es besteht kein Bedürfnis, darüber zu urteilen, was gut und schlecht ist, und es besteht kein Bedürfnis, das eine dem anderen vorzuziehen. Wenn wir versuchen, diejenigen Teile des Lebens auszuschließen, die uns missfallen, werden wir nicht in der Lage sein, jeden Tag als guten Tag zu erfahren. Leben wir den Mittleren Weg, dann schließen wir überhaupt nichts aus, selbst unsere Unzufriedenheit und das Leiden nicht. Wir lernen, wie wir alle Erfahrungen des Lebens umfassen können, auch Trauer, Schmerz, Streben und Bedürftigkeit. All dies sind Aspekte des Lebens. Wieso sollte man das Leben sezieren, in Stücke schneiden und nur bestimmte Teile für gut befinden?

Wir beurteilen aus Gewohnheit alles, was wir sehen, wenn wir die Welt betrachten. Die täglichen Nachrichten erinnern uns regelmäßig daran, dass sich überall auf der Welt schreckliche Dinge ereignen. Wir sind Zeugen von unerträglichem Horror und Tragödien, von Hass und Angst. Wie können wir all dies umfassen? Ist es wirklich möglich, Frieden und Zufriedenheit zu finden, solange es so viel Leiden in der Welt gibt? Unser rationaler, urteilender Geist hat immer eine Meinung: „Die Situation auf der Welt ist nicht akzeptabel! Sie ist furchtbar, und es muss sich etwas ändern!" Doch wie können wir die Situation wirklich verändern? Wo sollen wir anfangen?

In gewisser Weise ist es schön, dass wir so stark auf das Leiden der Welt reagieren. Es bedeutet, dass wir unsere selbstbezogene Sicht abgelegt haben – ganz gleich, wie kurz dies auch sein mag – und unsere Herzen für den Schmerz anderer geöffnet haben. Wenn wir einfach nur bei diesem Schmerz bleiben könnten, anstatt in unsere Gedanken und Urteile zu flüchten, dann bräuchten wir das Leben nicht in akzeptable und inakzeptable Stückchen zu zerlegen. Wir könnten das Ganze umfassen, das Leben, wie es wirklich ist. Stattdessen fühlen sich die meisten von uns von dem Schmerz und dem Leiden anderer überwältigt.

Das Leiden der anderen zu unserem eigenen Leid hinzuzufügen, scheint zu unerträglich, daher bleiben wir nicht sehr lange dabei. Für einen Moment sind wir vielleicht fähig, so mit einem anderen mitzufühlen, dass wir die Welt ein Stück weit mit seinen Augen sehen; aber wir können nicht bei dieser Erfahrung verweilen – es ist einfach zu schmerzhaft, und wir ziehen uns zurück. Weil wir nicht mit Schmerz und Leid in unserem eigenen Leben umzugehen vermögen, wissen wir auch nicht, mit dem Schmerz und Leid im Leben eines anderen umzugehen. Wenn wir den Mut aufbringen, uns selbst zu betrachten, erkennen wir, wie oft diese defensive Reaktion in Begegnungen mit anderen, die leiden, auftaucht. Es kann besonders verstörend sein, wenn wir sehen, dass wir uns sogar von geliebten Menschen zurückziehen, wenn diese leiden. Es kann uns tatsächlich genauso schwer erscheinen, uns dem Schmerz unseres Partners, unserer Partnerin, unserer Kinder, unserer Eltern und unserer Freundinnen und Freunde zu öffnen wie dem Schmerz eines Menschen, den wir kaum kennen. Wir wollen ihren Schmerz einfach nicht erleben, und deshalb verstecken wir uns hinter unseren ichbezogenen Wahrnehmungen und beschützen unsere Herzen. Gleichzeitig verbauen wir uns damit die Möglichkeit, das Leiden eines anderen zu lindern, indem wir wahrhaft präsent und offen sind.

In unseren Leben präsent zu sein und für andere präsent zu sein, erfordert dieselbe Offenheit. Wenn wir unser Selbst loslassen, können wir das Leiden des Lebens mit den Augen eines Buddha sehen. Wir können all den Schmerz und die Freude umfassen, die das Leben bietet, ohne zu urteilen und abzuspalten. Auf der anderen Seite werden wir, wenn wir uns vor Schmerz und Leiden fürchten, nicht gewillt sein, unsere Perspektive eines getrennten Selbst loszulassen. Der Buddha war fähig, diese Illusion der Getrenntheit aufzulösen, indem er in Zazen saß, und wir können das ebenfalls.

Wenn wir in Zazen sitzen, haben wir die Fähigkeit und das Potenzial, uns unseren Ängsten zu stellen. Zazen verleiht uns den Raum und die Freiheit, dies zu tun. Indem wir sitzen und uns einfach mit uns selbst konfrontieren, schaffen wir die Möglichkeit, die Welt zu verändern und sie allmählich zu einem besseren Ort zu machen. Stellen Sie sich vor, dass wir nicht mehr das dringende Bedürfnis verspürten, die Welt beiseitezuschieben, nicht mehr versuchten, abgetrennt zu bleiben und geschützt zu sein. Wir verbrauchen enorm viel Energie damit, die Illusion eines separaten Selbst aufrechtzuerhalten. Diese ganze Energie steht uns zur Verfügung, wenn wir das Selbst loslassen.

Als gutes Beispiel für jemanden, der dies in die Praxis umsetzt, können wir den Dalai Lama betrachten. Er bereist die Welt, ohne jemals seine Anstrengung, den Dharma zu verbreiten, einzustellen, und dennoch scheint ihn niemals die Energie zu verlassen. Wie macht er das? Er zerstreut seine Energie nicht, verschwendet sie nicht daran, mit dem Leben und sich selbst zu hadern. Weil er die völlige Einheit des Lebens erkennt, öffnet sich sein Herz ganz natürlich für alle Dinge. Auch wir können das erreichen, indem wir den Mittleren Weg gehen. Wenn wir unsere Ideen und Vorlieben darüber, wie die Dinge laufen sollten, fallen lassen, können wir unser Herz und unseren Geist dem öffnen, was ist, und wir können damit aufhören, mit dem Leben zu kämpfen. Von den Ketten der Selbstbezogenheit befreit, kann unser Herz-Geist sich zu seinem wahren Potenzial ausdehnen, und wir können unser Leben zum Wohle der Welt leben.

6

Der eine Geschmack

Wenn wir uns langsam wirklich mit Tokusan vertraut fühlen, liegt das nicht so sehr daran, dass wir ihn verstehen können, sondern dass wir denselben Geschmack teilten – wir haben denselben Buddha-Geist berührt.

MANCHMAL, wenn ich das Zendo betrete, habe ich keine Vorstellung, worüber ich reden werde, sondern ich sitze einfach und warte ab, was in mir hochkommt. Vor etwa einem Jahr saß ich so da, als ich auf einmal etwas sehr klar erkannte. Obwohl ich es nicht bemerkt hatte, hatte es mir schon geraume Zeit zugesetzt. Natürlich musste ich es mir erst genauer vor Augen führen, bevor sich etwas verändern und sich eine neue Perspektive eröffnen konnte. Es ist so leicht, die Grundlektion zu vergessen, wie wichtig es ist, im alltäglichen Leben wach und verantwortungsbewusst zu bleiben.

Was mir in den Sinn kam, war, dass ich es nicht mehr genoss zu unterrichten. Die Motivation in meiner Übung und der Antrieb, Lehrer zu werden, schienen verloschen zu sein. Das Lehren machte einfach keinen Spaß mehr. Nachdem ich mich meinen Gefühlen gestellt und einfach mit ihnen gesessen hatte, öffnete sich ein Raum und ermöglichte es mir, mich erneut dafür zu entscheiden, es wieder genießen zu wollen. Verstehen Sie, ich war in die Falle getappt, viel zu viel vor jedem Vortrag nachgedacht zu haben. Ich habe sogar schon mit mir selbst diskutiert: „Wenn ich über dies rede, werden es einige Leute nicht begreifen, weil ihnen der Hintergrund dazu fehlt; aber wenn ich über das andere rede, werden einige der alten Hasen zu Tode gelangweilt sein.“ Wie hätte es in meinem derartig mit Gedanken angefüllten Geist irgendeinen Platz geben können, um das Unterrichten einfach zu genießen? Nachdem ich die ausgefahrenen Gleise erkannt hatte, in denen ich mich bewegte, konnte ich mein Versprechen erneuern, dass ich ganz einfach Spaß haben und mich nicht darum sorgen wollte, irgendjemandem irgendetwas lehren zu wollen. Solange ich selbst das Lehren genieße, scheinen alle anderen es übrigens auch mehr zu genießen.

Vielleicht haben Sie selbst etwas Ähnliches in Ihrem Leben erfahren. Wenn Sie genießen, was Sie tun, fühlen Sie sich nicht festgefahren und eingesperrt in Ihrer Arbeit oder Ihrem Leben. Denken Sie an eine Zeit in Ihrem Leben zurück, in der Sie sich gefangen fühlten. Hatte das, was zu einer Veränderung oder irgendeiner Form der Befreiung führte, viel mit der Situation an sich zu tun? Nach meiner eigenen Erfahrung hat der Wandel immer in mir selbst stattgefunden und nicht in der äußeren Situation. Das Gefühl, in eine Falle getappt zu sein, hatte oft mehr mit einer Einstellung zu tun, einer festgefahrenen Sicht der Dinge. Das ist eine wirklich gute Nachricht: Befreiung kann darin gefunden werden, wie wir Situationen angehen.

Natürlich treten auch wichtige Veränderungen ein, wenn sich die äußeren Umstände verändern. Nichts währt ewig – nur der Wandel ist beständig. Darum müssen wir ständig Anpassungen in unserem Leben vornehmen. Vor über 30 Jahren, als ich zu unterrichten begann, lehrte ich so ziemlich auf dieselbe Art, wie mein Lehrer mich unterwiesen hatte. Meine Unterweisungen wirkten sehr japanisch. Aber ich habe mich allmählich von einigen der traditionellen Wege entfernt. Heute sind die meisten meiner Kurse sehr informell. Die Leute tragen gewöhnliche Kleidung statt Roben, manchmal tragen wir sogar einfach nur

T-Shirts. Die meisten meiner Dharma-Brüder und -Schwestern unterrichten ebenfalls nicht auf die Art, wie Maezumi Roshi es tat. Jeder von uns hat einen Weg gefunden, die Form der Lehre an unsere westliche Kultur anzupassen und gleichzeitig der Essenz dieser großartigen Lehre stets treu zu bleiben.

Manchmal passt ein ganz bestimmter Aspekt der Zen-Tradition nicht wirklich gut in unsere westliche Kultur. Wenn ich das erkenne, frage ich mich, ob ich etwas verändern sollte oder nicht. Worauf ich immer und immer wieder zurückkomme, ist *Vertrauen*, ein grundsätzliches Vertrauen in den Prozess der Veränderung. Es ist wichtig, den Prozess der Veränderung sich natürlich entfalten zu lassen, ohne ihn zu beschleunigen oder in eine bestimmte Richtung zu drängen. Eine der besten Arten, den natürlichen Fluss der Veränderung zu unterstützen, ist es, das Beurteilen zu vermeiden, nicht versuchen herauszufinden, ob etwas gut oder schlecht, richtig oder falsch ist. Ist es beispielsweise gut, manchmal während der Sesshins zu reden, oder sollten Sesshins in völliger Stille durchgeführt werden? Sollten im Zendo immer Roben getragen werden? Was ist mit normaler Kleidung? Es wäre lächerlich, bei unseren Wüsten-Wildnis-Retreats schwarze Roben zu tragen, daher haben wir beschlossen, Shorts und Flip-Flops zu tragen. Diese Veränderung ist einfach sinnvoll in der Wüste. Aber was ist in der Wüste mit dem Zeitplan für das Sitzen? Bei traditionellen Sesshins sitzen wir acht oder mehr Stunden täglich in Zazen. Ist es immer noch Zen, wenn wir nur ein paar Stunden zusammen sitzen und den Rest des Tages damit verbringen, alleine zu sitzen, zu wandern, die Natur zu genießen oder sogar ein Nickerchen zu machen? Wir können uns selbst mit solchen Fragen in den Wahnsinn treiben, den natürlichen Prozess der Veränderung ersticken und unsere eigene Freude und Kreativität abtöten.

Koan-Studien sind eine traditionelle Form des Zen, die von den meisten Nachfolgern Maezumi Roshis beibehalten wurde. Viele Koans beinhalten kurze Geschichten über die großen chinesischen Zen-Vorfahren und ihre Interaktion mit Schülern. Während wir Koans studieren, werden unsere Ideen und Überzeugungen herausgefordert, einschließlich unserer Vorstellungen darüber, wie das Lehren aussehen und klingen sollte. Koans zeigen uns, dass es keine Gussform dafür gibt, wie ein Zen-Lehrer, eine Zen-Lehrerin sein sollte. Die großen Meister waren ein kreativer Haufen Leute, und ihre Größe lag in ihrer Fähigkeit, sich dem Augenblick anzupassen, so dass ihre Lehre sowohl dem Schüler als auch der Situation perfekt entsprach. Indem wir Koans studieren, können wir lernen, offener und flexibler mit Unterweisungen umzugehen, die nicht zwangsläufig unseren Vorstellungen entsprechen.

Bei den Koan-Studien genieße ich besonders die Möglichkeit, etwas über das Leben der großen Vorfahren in Erfahrung zu bringen. Je mehr Koans wir studieren, desto mehr Verständnis entwickeln wir darüber, wer die Vorfahren wirklich gewesen sind. Wir entwickeln das Gefühl, sie zu kennen, und wir identifizieren uns mit ihnen als reale Personen. Nichtsdestotrotz wird unser Verständnis dieser berühmten Charaktere immer begrenzt sein, und wir werden niemals genau wissen, was sie verstanden oder verwirklicht haben. Gleichgültig wie viel wir über eine Person wissen, wir können sie niemals begreifen oder erfassen. Aber trotzdem gehen wir häufig davon aus, dass wir jemanden kennen. Wenn wir in der Art, wie wir eine andere Person wahrnehmen, stecken bleiben, packen wir sie in eine Schublade.

Es gibt ein Koan darüber, wie unsere Annahmen uns blenden können, besonders unsere Annahmen über den Dharma und darüber, wie Lehre und Verwirklichung aussehen sollten. Meister Tokusan hatte den Ruf, der härteste Zen-Meister zu sein, der jemals auf diesem Planeten wandelte. Nun, einige Zen-Lehrer unterweisen mit Worten, andere durch Schreie oder Rufe; doch in seinen frühen Tagen war Tokusan dafür berüchtigt, seinen Stock zu gebrauchen. Seine Art zu lehren wurde als „Tokusans dreißig Schläge“ bekannt. Ganz egal, wer es war oder wie lange er bereits praktizierte hatte, wenn sich ein Mönch Tokusan näherte, erhielt er dreißig Hiebe. Wenn der Mönch etwas sagte, bekam er dreißig Schläge, wenn er überhaupt nichts sagte, bekam er dreißig Schläge. Tokusan zeigte keinerlei Vorlieben. Sein Stock war über Jahre hinweg seine einzige Lehre.

Das folgende Koan erzählt eine meiner Lieblingsgeschichten über Tokusan. Darin ist er bereits sehr alt, so zwischen 80 und 100 Jahren, und zu diesem Zeitpunkt seines Lebens waren seine Lehrmethoden wesentlich subtiler geworden. Tokusan war auf dem Weg zum Speisesaal, seine Essschale mit sich tragend, als Seppo, der Koch, ihn sah. Und da Seppo die Glocke für die Mahlzeiten noch nicht geläutet hatte, rief er aus: „Hey, alter Mann! Wo glaubst du, dass du hingehst? Die Glocke und die Trommel sind noch nicht erklungen.“ Der alte Tokusan drehte sich einfach um und ging zurück zu seinem Zimmer.

Seppo war entzückt. Er hatte den alten Kerl richtig erwischt! Er rannte los, um sofort seinem Kumpel Ganto davon zu erzählen. Ganto war ein wenig jünger als Seppo, doch sein Verständnis war sehr, sehr klar. Seppo hatte bis jetzt noch keine klare Einsicht gehabt. Nachdem Seppo seine Geschichte erzählt hatte, antwortete Ganto: „Der alte Mann hat das letzte Wort des Zen noch nicht erkannt. Wenn er das getan hätte, hättest du ihn nicht so drangekriegt.“

„Der alte Mann hat das letzte Wort des Zen noch nicht erkannt.“ Natürlich schluckte Seppo den Köder. Und wir sind genauso wie Seppo: Wenn wir anfangen, mit diesem Koan zu arbeiten, werden wir dasitzen und herauszufinden versuchen, was das erste Wort des Zen ist. Sobald wir glauben, das erste Wort zu kennen, werden wir versuchen, das letzte Wort herauszufinden. Es ist unsinnig, wirklich, aber erscheint es uns auch unsinnig? Es ist ganz einfach nur unsere übliche Art, mit den Dingen umzugehen. Wir nehmen automatisch an, dass es möglich ist, ein für alle Mal herauszufinden, ob wir in Ordnung sind oder nicht, ob wir Erfolg hatten oder nicht und wer wirklich Recht hat, sie oder wir. Doch wie weit werden uns alle diese Versuche bringen, den Dingen auf die Spur zu kommen? Der Versuch, endgültige Antworten auf derartige Fragen zu finden, ist genau so verrückt wie der Versuch, jenes letzte Wort des Zen zu finden.

Um dieses Koan zu lösen, müssen wir jenseits des dualistischen Denkens gelangen, was bedeutet, dass wir alle starren Ansichten über richtig und falsch, gut und schlecht, erstes und letztes, diesem und jenem loslassen müssen. Warum fällt es uns so schwer, das zu tun? Irgendetwas drängt uns in unsere alten Gewohnheiten zurück, unser Leben, uns selbst und auch andere zu beurteilen. Stets fängt uns dasselbe wieder ein: unsere Konditionierung. Um frei zu sein, müssen wir unsere konditionierten Denkmuster durchbrechen.

Gleichgültig, wer Sie sind oder wo Sie sich auf dem Erdball befinden, wenn Sie ans Meer gehen und eine Handvoll Meerwasser schöpfen, wird das Wasser stets gleich schmecken. Genauso ist es mit der Erfahrung der Realisation, von der die Vorfahren berichten. Wenn wir uns langsam wirklich mit Tokusan vertraut fühlen, liegt das nicht so sehr daran, dass wir ihn verstehen können, sondern daran, dass wir denselben Geschmack teilten – wir haben denselben Buddha-Geist berührt. Jeder von uns kann dieselbe Erfahrung machen – ob jung oder alt, Mann oder Frau, Genie oder nicht. Es gibt keine Ausnahmen. Wie könnte es eine Ausnahme geben, wenn das, was wir erfahren, unser eigener Geist ist?

Doch gibt es etwas, das jemanden davon abhalten kann, diese Erfahrung zu machen: niemals die Reise ans Meer zu unternehmen. Der eine muss vielleicht weiter reisen als ein anderer, und oberflächlich betrachtet scheinen unsere Erfahrungen sich zu unterscheiden, aber der Geschmack des Meeres ist immer gleich. Einige Menschen probieren es nur mit der Zungenspitze, andere nehmen gleich einen kräftigen Schluck. Ein paar trauen sich gar nicht, es auszuprobieren, und bekommen bloß nasse Zehen. Das Meer ist ungezähmt und nicht immer sanft, daher ist nicht jeder dazu bereit, die Hüllen fallen zu lassen und sich der Erfahrung zu öffnen. Doch hat jeder Mensch das Potenzial, diesen Geist zu erfahren, wenn er es wirklich will.

Jedes Individuum muss seinen Blick nach innen wenden, um zu erkennen, ob es die Erfahrung wirklich machen will, denn sie erfordert eine Veränderung in unserer Sicht der Wirklichkeit – und das ist beängstigend. Nehmen wir jetzt jedoch einmal an, wir hätten den Mut gefunden, „Ja" zu dieser Reise zu sagen. Wie können wir dann unsere Wahrnehmung verändern? Wie können wir anfangen, die Welt auf eine neue Art zu betrachten? Es ist wirklich ziemlich einfach: durch *Bewegung*. Eine neue Sichtweise entsteht immer dann, wenn wir unsere Position verändern. Dann können wir im Rückblick leichter erkennen, wo wir feststeckten. Das Schwierige ist, nicht an jeder neuen Sichtweise hängen zu bleiben. Es gibt zwei Möglichkeiten, erneutes Anhaften zu vermeiden: Wir können *alle* Sichtweisen aufgeben, oder wir geben unsere Anhaftung an die *eigene* Sichtweise auf und umfassen dafür alle Sichtweisen.

Wenn wir uns einen Moment Zeit nehmen, diese Möglichkeiten zu erwägen, spüren wir eventuell etwas in uns aufsteigen: Angst. Wir alle fühlen uns sicherer und geborgener, solange wir an einer Sichtweise festhalten. Vielleicht hegen wir sogar den Glauben, dass wir eine bestimmte Sichtweise haben sollten; so haben wir es gelernt. Was könnten wir denn überhaupt wissen und verstehen, wenn wir ohne Standpunkt und von keiner Sichtweise her schauten? Der Buddha-Geist hat keine Sichtweise, keinen Standpunkt. Die Erfahrung des Buddha-Geistes geht über jegliches Wissen und Verstehen hinaus; sie kann nicht erklärt und nicht einmal in Worte gefasst werden. Wir können den Buddha-Geist selbst erfahren, aber wir können ihn niemals irgendjemandem beweisen. Wie soll man jemandem, der nie vom Meer gekostet hat, den durchdringenden Geschmack des Meerwassers erklären?

Zen-Lehrer haben sich im Laufe der Zeitalter der unterschiedlichsten Hilfsmittel bedient, um die Menschen ans Meer zu führen. Doch niemand kann uns zwingen, das Wasser wirklich zu schlucken. Sie kennen das Sprichwort: Man kann das Pferd zur Tränke führen, aber man kann es nicht zwingen zu trinken.

Das bringt mich zurück zu der Geschichte, und ich will Ihnen erzählen, was als Nächstes passierte. Tokusan erfuhr, was Ganto gesagt hatte, und ließ ihn zu sich rufen. Der Meister war ein wenig ungehalten. Als Ganto eintraf, konfrontierte Tokusan ihn: „Was soll das? Du akzeptierst diesen alten Mann und sein Verständnis nicht?“ Ganto ging zu Tokusan und flüsterte ihm etwas ins Ohr – und der Meister war zufrieden.

Also, wo liegt jetzt das Problem? Oder sollte ich besser fragen: *Wer* ist das Problem? Dies ist nur eine hübsche, kleine Geschichte über ein paar Typen, die sich vor langer, langer Zeit ein paar seltsame Späße miteinander erlaubt haben, aber was kommt Ihnen jetzt gerade in den Sinn? „Was hat Ganto dem alten Tokusan zugeflüstert? Was könnte das gewesen sein?“ Es ist ja so einfach, wieder in den Versuch zurückzufallen, alles verstehen und herausfinden zu wollen oder eine Voraussage zu versuchen.

Fast alle, die mit diesem Koan arbeiten, stolpern in dieselbe große Falle: Wir sitzen damit … meditieren damit … und plötzlich *wissen wir es*! „Ich weiß, was Ganto flüsterte!“ Oder zumindest glauben wir, es zu wissen. Und noch ist die Zen-Erfahrung stets: Ich *kann nicht* wissen! Warum also fallen wir dann alle zurück in die Annahme, wir wüssten? Offensichtlich vertrauen wir der Erfahrung nicht. Wir fangen an zu zweifeln und sagen uns: „Vielleicht, nur vielleicht, gibt es etwas, das man wissen kann“ – und verstehen und begreifen und herausfinden kann. Und woran man sich festhalten und worauf man sich verlassen kann. Aber jedes Mal, wenn wir es näher betrachten, entdecken wir dasselbe: Es lässt sich nicht begreifen, nicht erfassen. Der Buddha-Geist geht über jede Sichtweise hinaus. Er umfasst alle

Sichtweisen – wirklich, unwirklich, gut, schlecht, richtig, falsch, bekannt, unbekannt. Jede Perspektive ist bloß ein Teil, niemals das Ganze.

Was würden Sie antworten, wenn Sie jemand fragt: „Existieren Sie?“ Die meisten von uns würden sofort antworten: „Natürlich!“ Wir halten dieses so genannte *Ich* für selbstverständlich. Aber existieren Sie wirklich? Es ist eine gute Frage. Das einzige Problem ist, dass wir die Frage in ein Problem verwandeln. Zuerst stecken wir fest, sind verwirrt: Wir nehmen an, dass wir das sind, was wir zu sein glauben, und dass wir so existieren, wie wir glauben zu existieren. Dann beginnen wir die Frage zu stellen: „Ist das so? Gibt es da mehr, etwas, das erkannt werden kann?“ Irgendwo entlang des Weges hören oder lesen wir: „Ja! Es gibt da etwas zu realisieren, zu schmecken.“ Was tut der Verstand als Nächstes? Der kleine Geist will genau herausfinden, was erfahren wurde, präzise wissen, was realisiert worden ist. Bevor wir es wissen, haben wir mit der Reise zum Meer angefangen. Wenn wir nur eine Kostprobe haben könnten, dann könnten wir uns entspannt zurücklehnen, nicht wahr? Nein! Der kleine Geist ist unersättlich: Wir wollen ständig eine umfangreichere, größere und bessere Kostprobe. Ein Stück Torte ist nie genug, wir wollen die ganze Bäckerei! Unser greifender Geist hält uns beschäftigt und strebt stets nach mehr. Niemand tut mir das an, und niemand tut Ihnen das an. Wir tun es uns selbst an.

Die Praxis des Zen spannt unseren greifenden Geist für seine Arbeit ein. Wir verspüren ein Jucken und werden ermutigt, uns zu kratzen. Wollen Sie die Wahrheit nicht wirklich wissen, sie endlich entdecken und erfassen? Verlockend, nicht wahr? Paradoxerweise müssen wir uns erst bemühen und suchen, um zu entdecken, dass sie nicht greifbar ist. Einfach von der Erfahrung zu hören, ist niemals genug. Wir müssen ans Meer reisen, das Wasser schöpfen und es selbst schmecken. Durch Zen werden wir ermutigt, diese Reise zu unternehmen. Wir benutzen

Feuer, um den Brennstoff zu verbrauchen und somit schließlich das Feuer zu löschen.

Die Zen-Praxis gibt uns einen Rahmen, in dem wir das tun können, was eigentlich völlig widersinnig ist. Ich spreche nicht davon, noch verrückter zu werden, als wir ohnehin schon sind, sondern unseren Wahnsinn einzugestehen und damit im eigentlichen Sinne zu gesunden. Jeder und jede von uns stellt nicht zu beantwortende Fragen: Bin ich ein guter Mensch oder ein schlechter Mensch? Ist mein Leben ein Erfolg? Bin ich auf dem richtigen Pfad? Zen sagt dazu: Leg los! Brenn es nieder!

Wir haben so viele Koans, weil so viel niedergebrannt werden muss. Dennoch dreht sich jedes Koan in Wirklichkeit um dasselbe. Wenn wir auch nur ein einziges Koan vollständig durchdringen, würde das schon genügen. Irgendwie verfehlen wir es aber ständig. Oder wir vertrauen ihm nicht. Tokusan hat die Frage beantwortet. Als er jung war, stellte er genau so viele Fragen wie wir. Schließlich hat er erkannt: „Das ist *Es*!" Er wollte wirklich, dass andere es auch sehen, daher schlug er sie kräftig. Am Ende wurde Tokusan alt und es kümmerte ihn einfach nicht mehr: „Okay, ich bin zu früh dran. Was soll's? Ich gehe eben zurück, trinke etwas Tee und komme später wieder."

7

Die Tasse leeren

Nur unsere Vorstellungen hindern uns daran, unser wahres Selbst zu erkennen und unser Potenzial als Menschen zu erfüllen.

FÜR MANCHE VON UNS DAUERT ES JAHRE, bis sie sich klargemacht haben, warum sie eigentlich Zen praktizieren und worum es ihnen dabei überhaupt geht. Ich sitze nun bereits über 30 Jahre – für diese Praxis ist das eine kurze Zeit –, aber es war lang genug, um zu erkennen, dass dasselbe Problem, dem ich zu Anfang begegnet sind, auch nach einem Vierteljahrhundert der Übung noch bestehen geblieben ist. Das Problem sind immer unsere Ideen. Unsere Ideen und Konzepte sind endlos und dennoch können wir mit ihnen sehr verhaftet sein. Wir würden eher sterben, als ein paar unserer geliebten Ideen aufzugeben.

Vielleicht kennen Sie die Geschichte über einen amerikanischen Professor, der nach Japan reist, um sich dort mit einem Zen-Meister zu treffen. Als er endlich in den Räumlichkeiten des Lehrers empfangen wurde, kündigte der Professor an: „Ich bin hierher gekommen, um Sie zu sehen, und ich würde sehr gerne üben, bis ich die Erleuchtung erfahren habe." Der Lehrer sagte darauf überhaupt nichts. Er fuhr einfach fort, den Tee zu servieren. Er füllte die Tasse bis zum Rand und füllte sie einfach weiter. Der Professor rief aus: „Warten Sie, warten Sie, STOP! Meine Tasse ist voll." Der Meister antwortete: „Dann leeren Sie

Ihre Tasse.“ Das ist die erste Lektion des Zen. Es ist auch die letzte.

In den Sprachen Jiddisch, Holländisch und Polnisch bedeutet das Wort „Tasse“ („cup“ im Original, Anm. d. Übers.) auch „Kopf“. „Leeren Sie Ihre Tasse“ kann also auch „leeren Sie Ihren Kopf“ bedeuten – und darum geht es in dieser Geschichte. Wie können wir unseren Geist leeren, so dass er wie eine leere Tasse wird, offen und aufnahmebereit? Wenn wir den Pfad bewältigen wollen, dann ist dies eine sehr wichtige Frage.

Neulich las ich das Buch eines Theravada-Meisters, der mit asiatischen und westlichen Schülerinnen und Schülern arbeitet. Nach seiner Erfahrung ist es die Anhaftung an Ideen, die seinen Schülern die größten Probleme bereitet, unabhängig davon, woher sie stammen. Den Schülerinnen und Schülern dabei zu helfen, ihr Haften an Vorstellungen aufzugeben, ist womöglich die größte Herausforderung, die uns Lehrern begegnen kann. Die Ideen, die für uns am schwierigsten aufzugeben sind, sind für gewöhnlich die, welche uns am bedeutendsten zu sein scheinen, die uns richtig und gut vorkommen. Diese Ideen treffen vielleicht nicht einmal mehr auf uns zu und trotzdem halten wir sie hoch. Möglicherweise verursachen sie uns oder anderen sogar Leid, aber wir finden bestimmt jemand anderen, dem wir die Schuld dafür geben können. Wir werden so ziemlich alles tun, um zu vermeiden, unsere kostbaren Ideen loszulassen, obwohl sie bereits zu unserem Gefängnis geworden sind.

Meine Mutter war die letzten Jahre vor ihrem Tod sehr krank und manchmal war sie auch verwirrt. Eines Nachts rief sie mich voller Panik an und sagte: „Ich habe mich selbst verloren! Ich kann mich nicht finden!“ Wider mein besseres Wissen gratulierte ich ihr und antwortete: „Es gibt kein Selbst, Mama! Was hast du wirklich verloren?“ Sie schalt mich aus, es nicht so leicht zu nehmen. Und sie hatte Recht, ich hätte es nicht so leicht nehmen sollen. Das Selbst ist unsere schwerste Bürde und zugleich ist es die Bürde, die wir am meisten zu verlieren fürchten.

Wenn wir in Zazen sitzen und das Selbst wirklich loslassen, erfahren wir, was Dogen Zenji als „Körper und Geist fallen gelassen" beschrieben hat – klares Gewahrsein, ungefiltert und ungefärbt von den Vorstellungen und Bedenken des Selbst. Jeder und jede von uns kann sich von der Tyrannei des kleinen Selbst befreien. Nur unsere Ideen halten uns davon ab, unser wahres Selbst zu erkennen und unser Potenzial als Menschen zu erfüllen.

Wir alle hegen Widerstand gegen dieses Loslassen von Ideen, und manchmal verbringen wir Jahre der Übung, ohne jemals unser wahres Selbst zu realisieren. Wir fürchten uns davor, die Ideen loszulassen, die uns beschränken. Wir begreifen vielleicht, dass uns eine Idee begrenzt und einengt, und trotzdem halten wir an ihr fest. Wir sollten uns fragen: „Was muss ich wirklich aufgeben, um den Weg zu vollbringen?" Dabei können uns alle möglichen interessanten Antworten einfallen. Wir müssen uns jedoch vorsehen, denn der Verstand ist sehr scharfsinnig. Auch wenn wir in jedem anderen Aspekt unseres Lebens strohdumm sein sollten: Wenn es darum geht, uns selbst zu täuschen, ist unser Verstand unübertroffen. Unser Verstand kann eine umfangreiche Liste möglicher Antworten erstellen, doch wenn wir sie uns genauer betrachten, erkennen wir, dass es sich nur um Ausreden handelt. Wir müssen unsere Familie oder unseren Job, unseren Lebensstil oder unsere Kultur nicht aufgeben, um den Weg des Buddha zu vollbringen. Wir müssen lediglich das Selbst loslassen.

Die eigentliche Frage ist doch, was uns daran hindert, das Selbst loszulassen. Wenn das Selbst nur aus einem Haufen Vorstellungen besteht, wieso finden wir es dann so schwer, diesen loszulassen? Und wieder fallen uns jede Menge Gründe und Ausreden ein. „Ich bin zu alt. Ich kann gar nicht so sitzen wie die jungen Leute." Oder vielleicht: „Ich schaffe es nicht, weil ich ein Mann bin. Frauen haben einfach bessere Chancen. Sie sind nicht so dickköpfig." Vielleicht lachen wir über so etwas, doch ein

Großteil von uns Männern denkt wirklich so. Ich habe auch einige Frauen gehört, die sich beklagten, weil sie der Meinung waren, dass Männer es leichter hätten, weil sie so entschlossen sind. Wir denken vielleicht, dass wir zu jung sind, dass wir nicht lange genug praktiziert haben, dass uns die Zeit fehlt oder dass unser Leben einfach zu kompliziert ist. Wir sind alle Experten im Erfinden von Ausreden, warum wir das Selbst nicht loslassen können. Aber in Wahrheit hält uns überhaupt gar nichts davon ab, Körper und Geist fallen zu lassen und das Selbst loszulassen.

Wir errichten unsere eigenen Barrieren auf dem Weg, unser wahres Selbst zu verwirklichen. Bassui nannte es den halbherzigen Versuch. Rinzai nannte es den Mangel an Vertrauen. Es fällt schwer zuzugeben, dass wir es uns vielleicht nicht dringend genug wünschen oder dass wir nicht genug Vertrauen aufbringen, um unsere Praxis fortzusetzen. Niemand konfrontiert sich gerne mit diesen Möglichkeiten. Dennoch müssen wir uns fragen, wie weit wir mit unserer Praxis gehen wollen. Um den Pfad wirklich zu vollbringen, bedarf es viel Zeit und Energie, und das bedeutet, diese Zeit von anderen Teilen unseres Lebens abzuziehen. Wir belügen uns nur selbst, wenn wir jemand anderem die Schuld zuweisen. Wir müssen die Verantwortung für uns und unsere Praxis übernehmen. Wir müssen die Verantwortung für unser Leben übernehmen.

Ob wir uns dessen bewusst sind oder nicht: In jedem Moment jedes Tages erschaffen wir unsere Zukunft, unser Schicksal, unser Karma. Was wir erzeugen, erwartet uns im nächsten Augenblick. Wir haben uns dieser Praxis zugewandt, weil wir bewusster werden wollen, und das bedeutet, zu erwachen – zu erkennen, wie wir unser Karma in jedem Augenblick erschaffen, und Verantwortung hierfür zu übernehmen. Ein wunderbarer und grundlegender Wandel tritt ein, sobald wir dies tun: Wir entwickeln eine tiefe Wertschätzung für unser Leben. Unsere Augen öffnen sich der verblüffenden Wahrheit, dass alles der Dharma ist und jeder Moment die Lehre. *Dies ist es!* Nirwana liegt nicht in der Zukunft und das Paradies befindet sich nicht irgendwo anders. Genau hier, in diesem Augenblick, *sind* die Zeit und der Ort. Wie Tai, mein Sohn, oft sagt: „Es wird nicht besser werden als dies!“

Wenn es hier und jetzt ist, wie können wir es wahrhaft wertschätzen? Das Geheimnis besteht darin, mit leichtem Gepäck zu reisen: Wir müssen unser Ego, unsere Ideen und unsere Konzepte fallen lassen. Wir müssen uns ebenso unserer Angst stellen. Wir brauchen die Angst nicht loszuwerden; wir müssen bloß lernen, mit ihr umzugehen. Der beste Weg, mit der Angst umzugehen, ist es sie einfach da sein zu lassen.

Wenn wir mit unserer Angst sitzen und sie uns wirklich anschauen, erkennen wir sie als das, was sie wirklich ist: nur ein weiteres Konzept. Zuerst fürchten wir vielleicht, dass unsere Angst uns überwältigt, doch wenn wir weiter mit ihr sitzen, werden wir erkennen, dass die Angst überhaupt keine Substanz hat. Erst wenn die Angst allmählich die Macht über uns verliert, können wir die Ironie des Ganzen erkennen: Das Konzept der Angst wird vom Ego benutzt, um ein anderes Konzept zu beschützen – unser wertvollstes Konzept – die Idee des Selbst.

Sie und ich müssen unsere eigenen Tassen leeren, das kann niemand für uns erledigen. Es dauert nur einen Augenblick, das Selbst loszulassen, aber es muss ein Augenblick völliger, aufrichtiger Anstrengung sein. Wir müssen uns mit unserer Angst konfrontieren und bereit sein, loszulassen. Um die Motivation und Überzeugung hierfür zu entwickeln, müssen wir erst einmal der Bürde des Selbst überdrüssig werden, uns wirklich nach der Befreiung sehnen. Der Schlüssel, den Pfad zu vollbringen und unser wahres Selbst zu verwirklichen, liegt in unseren eigenen Händen.

ZWEITER TEIL

SICH AUF DEN WEG EINLASSEN: DIE PRAXIS

Falls wir Glück haben, finden wir eine Meditationspraxis, die uns zusagt, und wir finden einen guten Lehrer, der uns auf dem Pfad der Befreiung hilft. Wir erleben zu Beginn der Praxis möglicherweise viele Drehungen und Wendungen. Zuerst erlernen wir die Form des Zazen und die feinfühlige Balance zwischen Anspannung und Entspannung, in der unser Körper ruhen und unsere Atmung ihren natürlichen Rhythmus annehmen kann. Dann lernen wir die Hilfsmittel, die den Geist zur Ruhe bringen. Die Fähigkeiten der Konzentration und Fokussierung werden schrittweise geschärft und wir wachsen in unserem Vermögen, mit Klarheit und Aufmerksamkeit in Zazen zu sitzen. Unsere Anstrengungen werden mit der Vertiefung von Samadhi und Joriki *belohnt, der stabilisierenden Kraft des Zazen. Die Grundlage für die Verwirklichung unseres wahren Selbst wurde gelegt.*

8

Wer fesselt Sie?

Um befreit zu werden, reicht es nicht aus, einfach nur zu erkennen, wie wir unser eigenes Leiden durch Karma verursacht haben. Wir müssen begreifen, dass wir gerade jetzt unser Leiden erzeugen, Moment für Moment, indem wir die Täuschung des Getrenntseins errichten.

DER BUDDHA LEHRTE, dass das Leiden ein unvermeidlicher Aspekt des Lebens ist; dies ist seine erste Edle Wahrheit. Doch wenn Sie hierbei stehen bleiben und nicht tiefer in seine Lehre hineinschauen, werden Sie alles missverstehen. Der Buddha erkannte, dass wir uns der Tatsache des Leidens stellen müssen, bevor wir ihre Ursache verstehen und den Weg der Befreiung entdecken können. Der Schlüssel zur Befreiung liegt in jedem, in jeder von uns.

Auch nur dies bisschen über die Lehre des Buddha zu wissen, kann verändern, wie Sie und ich das Leiden erfahren. Wenn die Befreiung in unseren eigenen Händen liegt, dann fühlen wir uns ermächtigt. Wir können die Konditionierung durchtrennen, die uns zu bloßen Opfern macht.

Es gibt ein Koan dazu, ein kurzer Austausch zwischen einem Schüler und einem Lehrer. Der Schüler kennt bereits die grundlegende Lehre des Buddha, dass die Befreiung vom Leiden nur in einem selbst gefunden werden kann, doch das zu wissen, ist noch nicht genug. Also fragt er seinen Lehrer: „Könnt Ihr mir bitte helfen, mich selbst zu befreien?“ Und der Lehrer antwortet: „Wer fesselt dich?“

Wir müssen uns selbst diese Frage stellen: „Wer fesselt mich und lässt mich leiden?“

Als der Buddha erleuchtet wurde, erkannte er, dass der Geist alles erschafft; er erfuhr diese Wahrheit ganz unmittelbar. Das Verstehen, nach dem er gesucht hatte, konnte niemals gefunden werden – er musste erfahren, Geist zu *sein*. Er musste erfahren, wie es ist, dieses kein Außen, keine Fesseln, keinen Anfang und kein Ende. Diesen Geist zu erfahren, bedeutet, Nicht-Getrenntheit zu erfahren; demzufolge gibt es nichts zu fürchten oder zu begehren. Der Buddha erkannte, dass nichts, nicht einmal das kleinste Staubkorn, neben dem Geist existiert. Und so erkannte er die Ursache des Leidens: Wenn ich alles erschaffe, dann erschaffe ich auch mein Leiden.

Um befreit zu werden, genügt es nicht, einfach nur zu erkennen, wie wir unser eigenes Leiden durch *Karma* verursacht haben, dem Gesetz von Ursache und Wirkung. Wir müssen erkennen, dass wir *jetzt* unser Leiden erschaffen, Augenblick um Augenblick, indem wir die Täuschung der Getrenntheit errichten. Unsere konditionierte Art, die Welt zu sehen, die konventionelle Realität, ist dualistisch. Nur wenn wir direkt erfahren, wie die konventionelle Realität wegfällt, werden wir überzeugt sein, dass unsere Sicht der Dinge auf den Kopf gestellt und unzutreffend war. Wenn wir unsere innewohnende Ganzheit sehen, können wir damit aufhören, die Täuschung der Getrenntheit zu erzeugen. Dann kann unser unaufhörlich strebender Geist endlich ruhen.

Der Buddha entdeckte nicht nur die Ursache des Leidens, sondern auch den Weg, es zu beenden. Von der erleuchteten Perspektive aus war es offensichtlich: Er war der Weg selbst. Man könnte sagen, der Buddha bereitete durch Samadhi den Samen seines Geistes vor, so dass die Blume erblühen und die endgültige Änderung seiner Sichtweise eintreten konnte. In einem kurzen

Augenblick verschob sich seine Art, die Wirklichkeit zu betrachten – von einer dualistischen Sicht hin zum völligen Gegenteil, er sah die Wirklichkeit des Einen. Es war, als würde er endlich nach Süden blicken, nachdem er sein ganzes Leben lang nach Norden geschaut hatte. Bis zu diesem Moment war sich der Buddha einfach nicht der ganzen Landschaft bewusst. Plötzlich eröffnete sich ihm die vollständige Sicht.

Die Lehre des Buddha ist so einfach und offensichtlich: Sein Leben enthält die gesamte Lehre. Trotzdem neigen wir dazu zu vergessen, wie essenziell wichtig es ist, Zazen zu praktizieren. Das moderne Leben scheint immer geschäftiger zu werden. Mit unseren Handys, E-Mails und Faxgeräten können wir überall tätig sein, 24 Stunden am Tag, sieben Tage die Woche. Der Buddha verbrachte sechs Jahre mit asketischen Praktiken und Yoga-Übungen, aber die Erleuchtung erlebte er erst, nachdem er beschlossen hatte, sich sieben Tage und Nächte in Zazen zu üben. Wenn selbst der Buddha sitzen musste, um wie viel mehr müssen Sie und ich dann sitzen?

Doch wir brauchen nicht erst auf die Erleuchtung zu warten, um von der Übung zu profitieren. Kurze Einblicke in die andere Seite der Wirklichkeit können uns auf unserem Weg helfen. Stellen Sie sich vor, wie viel besser wir mit dem Stress im Leben umgehen könnten, wenn wir jeden Tag das Samadhi erlebten, das die wahre Ursache unseres Leidens enthüllt. In Zazen können wir über den kleinen Geist hinausgehen und unsere wahre Natur erneut bestätigen – den ungeborenen und unsterblichen Buddha-Geist. Es genügt, diese Erfahrung jeden Tag zu berühren, egal für wie lange, um unsere Illusionen darüber zu erschüttern, wir seien Opfer der Wogen des Lebens. Wir können uns selbst durch das Wissen erfrischen und ermächtigen, dass wir selbst diejenigen sind, die uns fesseln.

Solange wir nicht wieder und wieder zu unserer ursprünglichen Natur zurückkehren, neigen wir dazu zu vergessen, dass das Problem im kleinen Geist liegt, in der Art, wie wir die

Wirklichkeit wahrnehmen. Wir könnten versucht sein, an einer Erfahrung des Buddha-Geistes festzuhalten, doch das funktioniert niemals wirklich. Wirklichkeit, das Absolute, ist jenseits von Verstehen. Der unveränderliche *Dharmakaya* kann nicht begriffen, aber er kann erfahren werden. In *jijuyu-zanmai*, „freudvollem, selbsterfüllendem Samadhi", können wir ihn berühren, können wir ihn schmecken. In *jijuyu-zanmai* bestätigen wir erneut unser wahres Selbst, den Buddha-Geist, ohne Anfang oder Ende, ohne Innen oder Außen.

Angesichts des Tempos unseres modernen Lebens fragen wir uns vielleicht, ob es uns wirklich möglich ist, auf dieselbe Weise wie Buddha zu erwachen. Daher sollten wir uns daran erinnern, dass der Buddha zwar Jahre damit verbrachte, den Boden vorzubereiten, seine Realisation jedoch eine augenblickliche war. Wir können unseren eigenen Boden inmitten des alltäglichen Lebens vorbereiten, indem wir keinen Unterschied zwischen den Perioden der Übung und allen anderen Aktivitäten machen. Das ist eine wichtige Methode, um unsere dualistische Sichtweise der Dinge aufzuheben. Praxis heißt nicht nur ungefähr eine Stunde Zazen am Tag, sondern jeden Augenblick unseres Tages.

Sitzen ist der beste und leichteste Weg, um die Täuschung zu überwinden; aber je wacher wir werden, desto klarer erkennen wir, dass alles, was wir tun, Praxis ist, und alles, was geschieht, eine Manifestation des Dharma ist. Jeder Moment bietet uns die Möglichkeit, das anzuwenden, was wir auf dem Kissen sitzend lernen: Lass das Selbst los und erkenne dieses Eine. Das Gewahrsein, das wir in Zazen entwickeln, befähigt uns, das ganze Bild zu sehen, die relative und die absolute Wirklichkeit. Wenn wir Zazen zu einem Bestandteil unseres Tages machen, unterscheidet sich das alltägliche Leben nicht mehr vom Pfad zur Befreiung. Dieses Leben wird das Samadhi der selbsterfüllenden Erleuchtung, des völligen Friedens und der Zufriedenheit.

9

Unser wahres Selbst ist Nicht-Selbst

Wir sind so voller Ideen darüber, wer wir sind, dass kein Raum übrig bleibt, unser wahres Selbst zu realisieren. In Zazen fangen wir an, die Tasse zu leeren.

ZEN HAT IM WESTEN einen recht glanzvollen Ruf entwickelt, als sei es beinahe magisch und könne das Banale zum Erhabenen verwandeln. Wir haben alle schon Buchtitel gesehen, die uns diesen Eindruck vermitteln. Sie beginnen mit *Zen und die Kunst des* … und die Leerstelle kann mit allem Möglichen ausgefüllt werden, vom Füttern Ihrer Katze bis hin zu Sex. Die Faszination und der Glanz haben nicht immer einen schlechten Einfluss; einige von uns kommen so zu einem Einführungskurs und werden durch die ersten Jahre hindurchgetragen, bevor dieser Glanz abstumpft. Aber früher oder später werden wir mit der schlichten Wahrheit konfrontiert: Beim Zen geht es um das Sitzen, Stunde um Stunde, Jahr für Jahr.

Was hat Zen also, was uns weitermachen lässt? Was könnte irgendjemanden motivieren, Jahr für Jahr Zen zu praktizieren? Das ist eine gute Frage, aber noch interessanter ist es, ein wenig genauer hinzuschauen, zu schauen, was uns überhaupt zu dieser Frage motiviert hat. Es fällt häufig leichter, diese Motivation bei jemand anderem zu sehen, doch wir werden alle von derselben Sache angetrieben. Wir wollen wissen: „Was ist für mich drin?" Eigennutz kann ein wirksamer Motivator sein; er hilft uns dabei, alle möglichen Ziele im Leben zu erreichen. Doch das Selbst, das diesem Eigennutz zugrunde liegt, kann uns auch alle möglichen Probleme bescheren; und dieses Selbst wird in unserer Zen-Praxis niemals bestätigt werden.

Das Selbst, welches Ziele erreichen und Dinge erwerben will, ist das egoistische Selbst, nicht unser wahres Selbst. Mit dem egoistischen Selbst identifizieren wir uns und betrachten es als unser „Ich". Und tragischerweise leben und sterben viele Menschen, ohne jemals ihr eigenes wahres Selbst kennen gelernt zu haben. Im Zen-Buddhismus ist die Verwirklichung der eigenen wahren Natur der Sinn der Praxis.

Albert Einstein war ein Meister des rationalen Denkens, aber trotzdem verlor er niemals das Mysteriöse und Unfassbare aus den Augen. Er besaß große Einsicht in das Menschsein. Er sagte, dass wir uns, um unserem Menschsein gerecht zu werden, zuerst vom Selbst befreien müssen. Im Zen sagen wir, dass wir die Illusion des Selbst durchbrechen müssen, um zu unserem wahren Selbst zu erwachen. Wie geht das? Zuerst müssen Sie etwas Raum schaffen; Sie müssen zu einer leeren Tasse werden. Das heißt, alles loszulassen, von dem Sie denken, dass es Sie definiert – all Ihre Ideen und Konditionierungen, alles, was Sie wissen, und alles, was Sie benutzt haben, um das Selbst aufzubauen, das Sie für Ihr „Ich" halten. Es ist hilfreich, sich daran zu erinnern, dass dieses „Ich" nur ein Bild ist. Wir haben alle dieses Bild erschaffen; wir wurden nicht damit geboren. Über die Jahre, und mit ein wenig Hilfe von unseren Freunden und Familien, haben wir alle ein Bild davon geschaffen, was dieses „Ich" ausmacht. Wir werden so sehr von diesem Bild ausgefüllt, dass wir nichts anderes mehr wahrnehmen können. Doch weil wir es selbst konstruiert haben, können wir es genauso gut auch wieder einreißen. Bevor wir nicht zur leeren Tasse werden, ist aber einfach nicht genug Raum übrig, um unsere wahre Natur zu realisieren. In Zazen fangen wir an, die Tasse zu leeren.

Zu Beginn unserer Praxis, bevor wir ein paar klare Einblicke in unser wahres Selbst hatten, fällt es uns schwer zu würdigen, wie wichtig Zazen ist. Es fällt schwer, sich den gewaltigen Unterschied vorzustellen, den Zazen in unseren Leben ausmachen kann. Wenn wir ihn sehen könnten, würden wir das Sitzen zur Priorität erklären, etwas, das wir jeden Tag tun. Zazen ist genauso wichtig für unsere Gesundheit und unser Wohlbefinden wie Essen und Schlafen. Zazen ist die Art, mit der wir das große Thema von Leben und Tod angehen.

Jedes Mal wenn wir in Zazen sitzen, befreien wir unseren Geist von einigen der Ideen, die unsere Vorstellung vom Selbst ausmachen. Wir haben die Möglichkeit, den Abfalleimer auszuleeren, Stück für Stück. Indem wir unsere Aufmerksamkeit nach innen auf die Aktivitäten des Geistes richten, gewinnen wir Einsicht in diesen ganzen Abfall. Wir bemerken, wie sehr wir uns an manche Dinge klammern und andere Dinge ablehnen. Wir erkennen all die netten Geschichten, die wir uns über uns selbst erzählen – als ob wir irgendwem etwas vormachen könnten. Indem wir in den Geist blicken, verstehen wir allmählich, was wirklich vor sich geht. Wir beginnen die Illusion zu durchschauen, die wir als Wahrheit über uns selbst und das Leben akzeptierten. Wir bemerken unsere Neigung, die Realität zu verzerren und einzufärben und unsere Meinungen und Urteile auf alles, was wir erleben, zu projizieren.

Zazen ist ein Hilfsmittel, das wir zur Klärung und dem Verstehen darüber verwenden können, wie der Geist operiert. Tatsächlich ähneln Geistesfunktionen sehr einer Drüse. Was tun Drüsen? Sie geben etwas ab! Was tut der Geist? Er gibt Gedanken ab! Sie würden keine Ihrer Drüsen davon abhalten, Hormone abzugeben, warum sollten Sie also Ihren Geist daran hindern, Gedanken abzugeben? Jeder, der eine gewisse Zeit Zazen praktiziert hat, erkennt, dass Gedanken einfach eine ganz natürliche Funktion des Geistes sind. Die Gedanken sind nicht das Problem; das Problem liegt darin, was wir mit den Gedanken anstellen. Was tun wir mit unseren Gedanken? Finden Sie es heraus, indem Sie in Zazen sitzen und aufmerksam sind. Wir beginnen, ein Muster zu erkennen: Sobald ein Gedanke auftaucht, erzeugt er eine Reaktion, fast so, als ob Gedanken mit kleinen Widerhaken oder elektrischen Ladungen versehen wären. Ein Gedanke erzeugt den nächsten und den nächsten und den nächsten, in scheinbar endlosem Geschnatter. Unser Geist ist nicht nur voll, er fließt förmlich über!

Wir sind Sklaven unserer Gedanken. Sobald ein Gedanke auftaucht, bilden wir uns eine Meinung oder ein Urteil darüber: „Den Gedanken mag ich. Tatsächlich liebe ich ihn sogar! Ich werde ihn zu Ende führen und mir eine Geschichte dazu einfallen lassen." Oder aber wir reagieren mit Furcht und Abscheu und geben uns Mühe, an etwas anderes zu denken. Alles, was wir benötigen, ist ein Moment der Wachsamkeit, um einen Gedanken als das zu erkennen, was er ist – bloß ein Gedanke! Aber wir behandeln Gedanken nicht wie bloße Gedanken; wir machen sie zu etwas Wichtigem und Substanziellem. Wir haften an den Gedanken, die wir mögen, und behaupten: „Ich denke dieses und nicht das andere." Wir bauen einen Gedanken auf dem anderen auf, so lange, bis wir eine ganze Geschichte haben, die wir „Ich" nennen. Doch all diesem Müll liegt ein ursprünglich leerer Geist zugrunde, der lediglich einen Gedanken hier und da absondert.

Gedanken sind nicht schlecht, sie helfen uns, im Leben zu handeln. Aber unser Leiden ist mit unseren Gedanken verknüpft, da wir auf sie reagieren. Wenn wir nicht auf Gedanken reagieren würden, würden wir nicht leiden; wir könnten in Frieden sein, mit einem gelegentlichen Gedanken, der wie eine Luftblase an die Oberfläche eines Sees aufsteigt. Dann: Puff – weg ist er.

Achtsamkeitsübungen, wie einfach die Parade der Gedanken im Geist wahrzunehmen oder jede Bewegung beim Gehen zu bemerken, sind Bestandteile des Zen, auch wenn sie nicht immer als solche wahrgenommen werden. Achtsamkeit ist die wichtigste Praxis des *Vipashyana*, aber sie ist auch ein wichtiger Teil des Zen-Trainings. Meiner Meinung nach wurde die Achtsamkeit bei einigen Übermittlungen des Zen in den Westen sehr unterschätzt. Stattdessen wurde die plötzliche oder „Durchbruchserfahrung“ durch Koanstudium oder andere Übungen so sehr betont, dass vielen Leuten gar nicht bewusst ist, dass Zen noch weitere Methoden beinhaltet. Manchmal stellt sich das, was als Koanstudium präsentiert wird, nur als eine weitere Art heraus, dem Denken zu frönen. Wenn wir uns auf Fragen fokussieren, wie beispielsweise: „Was ist der Sinn des Lebens?“, dann versucht der kleine Geist, eine rationale Antwort zu finden, die er verstehen kann. Wir können uns dabei so sehr in unseren Gedanken verfangen, dass wir vergessen, der Hauptaktivität unseres Geistes genügend Aufmerksamkeit zu widmen. Wir täuschen uns selbst, wenn wir glauben, dass Realisation nichts mit der Achtsamkeit dafür zu tun hat, was im Geist auftaucht.

Die Verwirrung über Achtsamkeit als Teil der Zen-Praxis scheint schon vor langer Zeit entstanden zu sein, als viele Varianten entwickelt wurden, Zen zu lehren und zu praktizieren. Seit der Zeit Bodhidharmas war Zen als die Schule der „plötzlichen Erleuchtung“ bekannt. Bodhidharma sagte, dass Zen über Worte und Buchstaben hinausgeht und direkt auf die eigene wahre Natur hinweist. Mit anderen Worten: Schriften und Lehren können niemals die direkte Erfahrung der Erleuchtung ersetzen. Die Zen-Tradition stützt sich auf verschiedene Mittel, die uns dabei helfen, zu erwachen und unser wahres Selbst direkt zu erfahren. Mit Fragen und Koans zu arbeiten, ist eine Möglichkeit, um in den Geist zu blicken, und der Aktivität des Geistes Aufmerksamkeit zu schenken, ist eine andere. Es geht aber immer darum, jenseits der Fragen und Gedanken auf unsere wahre Natur zu blicken.

Da wir Menschen sind, neigen wir dazu, etwas schwer von Begriff zu sein. Die großen Zen-Vorfahren erkannten diese Tatsache und erfanden ein paar hilfreiche Methoden. Wenn wir den

Prozess der inneren Einsicht beschleunigen wollen, dann ermutigen sie uns dazu, uns die Frage zu stellen: „Was ist mein wahres Selbst?“ Mann kann leicht alt werden und niemals auch nur daran zu denken, sich diese Frage zu stellen. Der Tod könnte an unserer Türschwelle stehen, ohne dass wir jemals auch nur den flüchtigsten Einblick darin hatten, wer wir wirklich sind. Aber wenn wir das Glück haben, dieser Frage zu begegnen und mit ihr zu arbeiten, dann lernen wir sofort, dass der Geist einen endlosen Gedankenstrom produziert. Das kann sehr verwirrend und beunruhigend sein. Bin ich wirklich diese unbekümmerte Person, die ich zu sein versuche, oder bin ich vielleicht doch derjenige mit den widerwärtigen Gedanken? Welche Gedanken sind das wahre „Ich“? Was ist mein wahres Selbst?

Zen weist uns an, nach innen zu schauen und allem Aufmerksamkeit zu schenken, den schönen und hässlichen Aspekten unseres Selbst. Die Haltung des Zazen gibt uns die Kraft und die Erdung, die wir benötigen, um uns damit zu konfrontieren. Wir können uns selbst ehrlich betrachten und alles anerkennen, was aufkommt. Und je mehr wir mit den Funktionen unseres Geistes vertraut werden, desto klarer wird uns unsere wahre Natur: „Meine wahre Natur ist dynamisch, sie ist alles und nichts. Mein wahres Selbst ist Nicht-Selbst!“

In Zazen entwickeln wir eine Beziehung zu dem, wer wir wirklich sind. Wir lernen, zu entspannen und einfach das Auftauchen und Verschwinden der Gedanken zu beobachten. Anstatt auf unsere Gedanken zu reagieren, indem wir sie festhalten oder ablehnen, lernen wir, sie einfach loszulassen. Stück für Stück leeren wir unseren Geist von all dem Müll und Lärm. Der Raum zwischen den Gedanken fängt an, sich zu öffnen und auszudehnen, und wir lernen allmählich, wie wir diesen Raum betreten und einfach sitzen können. Unser Geist wird zu einer leeren Tasse mit grenzenlosem Raum und Potenzial – unsere wahre Natur.

10

Über das Scheinbare hinausgehen

Dieses Leben ist nicht, was es zu sein scheint,
und wir sind nicht, wer wir zu sein glauben.

STELLEN SIE SICH VOR, dass Sie heute zum ersten Mal in Zazen sitzen. Was würde Sie zurück auf das Kissen bringen? Wenn es Ihnen wirklich Spaß gemacht hat, möchten Sie vielleicht wieder sitzen; aber manche Menschen genießen ihr erstes Sitzen nicht. Es kann sogar sehr unbequem und unerfreulich sein. Was lässt uns also damit weitermachen? Es gibt jede Menge Aktivitäten, gegen deren Fortsetzung wir uns entscheiden. Wie fällen wir derartige Entscheidungen? Solange wir jung sind, beruhen viele unserer Entscheidungen darauf, was sich gut anfühlt. Je erfahrener und reifer wir werden, desto weniger machen wir unsere Entscheidungen davon abhängig, was uns unmittelbares Vergnügen bereitet, und desto mehr achten wir darauf, was auf lange Sicht gut für uns ist. Und viele von uns beziehen daraus ihre Motivation für die Praxis.

Um uns in der Meditation wohlzufühlen, müssen wir uns erst einmal in unserer eigenen Haut wohlfühlen. Das ist gar nicht so einfach, wie es sich anhört. Wir haben uns daran gewöhnt, beschäftigt, abgelenkt zu sein und unterhalten zu werden – stets etwas unternehmend, beobachtend, zuhörend oder denkend. Wenn wir mit einer Meditationspraxis anfangen, dann kann es uns schwerfallen, einfach nur still zu sitzen. Auf ungewöhnliche

Weise hatte ich bereits zehn Jahre Vorbereitungszeit, als ich mit Zazen anfing. Ich bin Rettungsschwimmer gewesen und manchmal bedeutete das, acht Stunden am Tag in einem kleinen Turm an einem menschenleeren Strand zu sitzen. Es gab Zeiten, wo ich mich so unwohl und gelangweilt fühlte, dass ich alles getan hätte, um meinen Geist zu beschäftigen. Wieder und wieder rechnete ich aus, wie viel Geld ich – pro Sekunde! – verdiente, und ich vergaß mit Absicht das Ergebnis, oder ich versuchte, eine Lohnerhöhung von zehn Cent mit einzuberechnen. Das bloße Wachbleiben war schon schwer! Für manche von uns ist das bereits eine große Leistung zu Beginn unserer Zazen-Übung.

Meditation verschafft uns die Gelegenheit, einfach nur mit uns selbst zu sein – mit unserem eigenen Körper und Geist. Sie ist eine großartige Chance, sich mit all dem auseinanderzusetzen, was das Sitzen so schwer macht. Zu Beginn verspüren wir vielleicht Schmerzen in unserem Körper. Später entdecken wir, dass unser Geist ebenfalls Schmerz leidet. Einfach nur zu sitzen und aufmerksam zu bleiben, kann uns das Gefühl vermitteln, ungeschützt und verwundbar zu sein. Mit der Zeit verringert sich unser Unbehagen, und wir fangen an, uns sehr lebendig, wach und zufrieden zu fühlen. Es wird leichter und leichter zu sitzen.

Alles, was wir brauchen, ist Übung, um uns beim Sitzen und Mit-uns-selbst-Sein wohlzufühlen, daher müssen wir uns entscheiden, ob dieses Behagen es wert ist, dass wir so viel Übung investieren. Es gibt so viele andere Dinge, die man tun kann, so viele Dinge, die in unserem Leben passieren, dass wir uns vielleicht fragen: „Muss ich da wirklich noch eine weitere Sache hinzufügen?“ Um unsere Entscheidung zu fällen, kann es hilfreich sein, sich anzuschauen, wie wir solche Dinge normalerweise entscheiden. Beruhen unsere Prioritäten eher darauf, was unserem gesamten Wohlbefinden zugutekommt, oder basieren sie vor allem darauf, Schmerz zu vermeiden und Vergnügen zu empfinden? Wir können auch unsere Intuition befragen, was das Beste für uns wäre. Mich brachte das Gefühl, nach Hause zu kommen, dazu, weiterhin meditieren zu wollen. Und Sie? Sind Ihnen das Wohlfühlen in Ihrer eigenen Haut und Ihr geistiger Frieden den Aufwand wert?

Die westliche Kultur ermutigt uns zu versuchen, jedes unangenehme Gefühl loszuwerden, eines nach dem anderen. Bereits seit uralten Zeiten hat der Osten eine andere Herangehensweise gewählt: Anstatt jedes einzelne negative Gefühl anzugreifen, wieso nicht lieber zur Wurzel des Übels vordringen? Statt sich auf *meine* Besorgnis, *meine* Depression, *meinen* Zorn, *mein* Dies und Das zu konzentrieren, warum nicht die Wurzel des Problems angehen: das „Ich", das so in Bedrängnis ist? Was genau ist es, das da Schmerz fühlt? Damit Schmerz existiert, muss jemand da sein, der den Schmerz erfährt. Wer ist dieser „Jemand"?

Für uns im Westen ist das eine radikal neue Art, die Ursache unseres Leidens zu untersuchen. Solange wir eine feste Vorstellung davon haben, wer wir sind, wird diese Frage einfach nicht auftauchen. In der Meditation nehmen wir uns die Zeit, in dieses Selbst hineinzuschauen, so dass wir wirklich sehen können, wer diese Arme und Beine bewegt, wer die Entscheidungen trifft, das Geschehen überwacht und all diese Gedanken denkt. Ein Großteil unseres Lebens kann damit verschwendet werden zu glauben, wir wüssten, wer wir sind – um dann zu leiden, weil wir uns nicht vollständig fühlen oder weil wir keinen Frieden in dem Glauben finden, dass wir die Wahrheit kennen. Irgendetwas scheint nicht an seinem Platz oder verschwunden zu sein.

Gewaltiger Mut ist vonnöten, um zu hinterfragen und unseren Blick nach innen zu richten. Doch wenn wir dabei bleiben, erwacht der Mut, den wir brauchen, und der Wunsch, zur Wurzel des Problems vorzudringen, wird immer größer. Wir erkennen, dass wir uns mit uns selbst wohlfühlen müssen, damit wir unseren Frieden mit uns finden und unser Leben wertschätzen. Sie und ich müssen uns mit uns selbst anfreunden, mit unserem Körper und unserem Geist. Doch es braucht mehr als nur Mut, um den Blick nach innen zu richten: Wir müssen die Gewohnheit und Disziplin dazu entwickeln. Das Sitzen muss zu einer Priorität werden; ansonsten können wir es für immer beiseiteschieben, oder zumindest so lange, bis unsere anderen Prioritäten erfüllt sind. Im Endeffekt läuft es auf unsere Lebenseinstellung hinaus. Versuchen wir, bloß durch den nächsten Tag zu kommen oder einfach nur unser nächstes Ziel zu erreichen? Was wir vom Leben zurückbekommen, hängt davon ab, wie viel wir hineinstecken. Und das Wichtigste ist: Wenn wir unser eigenes Leben nicht wertschätzen, dann schätzen wir auch nicht das Leben als solches – jeden Fels, jede Pflanze, jedes Leben. Diese ganze Erde hier ist das Leben!

Das Einzige, was wichtiger ist, als das Leben zu schätzen, ist es zu *leben*. Und um das zu tun, müssen wir uns dem Leben geben, Augenblick für Augenblick. Die meiste Zeit über sind wir gar nicht richtig präsent. Wir leben in unseren Gedanken über die Vergangenheit oder Zukunft und enden schließlich damit, in unseren Köpfen zu leben, dem kleinen, egozentrischen Geist. Irgendwie müssen wir diese Gedanken durchdringen und erkennen: „Ich bin nicht mein Denken!" Wenn wir in der Gegenwart leben, trennt uns kein Gedanke von unserer Erfahrung. Es gibt keine Trennung, kein Subjekt oder Objekt, weil es kein „Ich" gibt. Wo kein Selbst ist, da gibt es nur *sein*.

Wir haben alle schon Momente erlebt, in denen wir wahrhaft präsent waren, in denen wir uns völlig lebendig und bewusst fühlten. Einige Leute fühlen sich deshalb zu Extremsportarten hingezogen. Dafür muss man sich jedoch nicht auf lebensbedrohliche Aktivitäten einlassen. Wir können auch auf unserem Kissen bis an die Grenze gehen. Wir müssen uns nur die Zeit nehmen, den Blick nach innen zu richten und uns zu fragen: „Wer ist es, der diese Erfahrung macht?" Dann beginnen wir zu erkennen, dass wir nicht die Person sind, die wir zu sein glauben. Wir fangen an, unsere Ideen über uns selbst wahrzunehmen, und wir erkennen, dass wir keine dieser Ideen sind. Sicher, ich bin ein Vater, aber das ist nicht mein ganzes Ich. Ich bin nicht nur das.

Ich bin ein Mann, aber ich bin nicht nur das. Wir fangen an zu verstehen, dass wir nicht „nur das“ sind – nichts, das ein beständiges Ding ist. Tatsächlich ist unser Leben eher wie eine Filmprojektion. Ein Film scheint ein kontinuierlicher Fluss der Handlung zu sein, aber wir alle wissen, dass dem nicht so ist. Tausende einzelner Bilder laufen pro Minute ab. Wir lassen uns selbst und unsere Leben auf dieselbe Art kontinuierlich erscheinen, indem wir unsere Erfahrungen in stetem, schnellem Fluss halten. Wir erzählen uns selbst: „DasistmeinLeben – dasistmeinLeben – dasistmeinLeben“, um die Illusion aufrechtzuerhalten, unser Leben sei irgendwie beständig, solide und real. In der Meditation können wir die Dinge verlangsamen. Dann können wir erkennen, dass jeder Moment Geburt und Tod beinhaltet: geboren-sterbend, geboren-sterbend, geboren-sterbend. Die Dinge erscheinen nur deshalb solide, weil sie so schnell geschehen. Dieses Leben ist nicht, was es zu sein scheint, und wir sind nicht, wer wir zu sein glauben.

Viele von uns fangen mit einer Meditationspraxis an, weil wir herausfinden wollen, wer wir *wirklich* sind. Wir wollen Antworten. Das Problem ist, dass jede Antwort nur begrenzt, nur eine Sichtweise des Ganzen ist. Nach vielem Suchen trifft uns die Erkenntnis: Das „Ich“ kann nicht gewusst werden. Obwohl wir den Geist benutzen müssen, um nach innen zu schauen, kann sich der Geist niemals umwenden und sich selbst erkennen. Genau wie das Auge sich nicht selbst sehen kann, kann der Geist niemals den Geist sehen. *Was* also schaut da? Wir können versuchen, es zu benennen, indem wir sagen, „ich“ schaue oder „mein Geist“ schaut; doch das, was sieht, kann nicht erkannt werden. Es ist unfassbar. Was ist es, was nicht fassbar ist? Es wurde Geist genannt und auch wahre Natur, aber die simpelste Antwort ist „Wer ich bin“ – das, was nicht gewusst werden kann, das, was nicht verstanden werden kann.

Um befreit, frei und in Frieden mit uns selbst zu sein, müssen wir den Versuch aufgeben, das wahre Selbst zu erkennen.

Es gibt zwei Wege, dies zu tun. Sobald die Frage auftaucht, können wir sie ignorieren und niemals wieder stellen. Dennoch werden wir leicht geködert; und sobald wir am Haken hängen, bleiben wir so lange dran, bis wir uns darum kümmern. Die Frage wird zu unserer obersten Priorität, denn wenn wir sie nicht bewältigen, scheint alles andere schiefzulaufen. Wir haben die Wahl, die Frage als eine Herausforderung betrachten, so als ob wir eine Sportart oder ein Musikinstrument erlernen und uns in die Übung stürzen. Indem wir der nicht zu beantwortenden Frage nachgehen, lernen wir, das Leben so zu schätzen, wie es wirklich ist.

11

Zazen-Haltung: Sich der eigenen, unbegrenzten Kapazität öffnen

Die Form des Zazen funktioniert wie eine Linse: Sie erlaubt uns, unseren Körper und Geist auf einen Punkt zu fokussieren und so durch die Schichten unseres konstruierten Selbst zu brennen, bis nur noch unsere ungeborene und unsterbliche wahre Natur übrig bleibt.

WIE WÜRDEN SIE DAS MODERNE LEBEN BESCHREIBEN? Welche Unterschiede sind am offensichtlichsten, wenn Sie Ihr Leben mit dem Leben Ihrer Großeltern vergleichen? Vielleicht ist die bemerkenswerteste Eigenschaft des modernen Lebens seine Geschäftigkeit. Manchmal scheint es, als wollten wir prüfen, was wir alles an nur einem einzigen Tag erledigen können. Nichtsdestotrotz hat auch das schnelle Tempo unseres Lebens seine eigenen Vorzüge, wie zum Beispiel die Möglichkeit, eine große Bandbreite von Erfahrungen durchlaufen zu können. Unser Leben kann wunderbar erfüllt und reich sein. Andererseits raubt uns die Geschäftigkeit etwas, was früher ganz normal war: die Möglichkeit, sich vollkommen auf eine vorliegende Aufgabe zu fokussieren.

Versuchen Sie sich an das letzte Mal zu erinnern, als Sie einfach nur das tun konnten, was Sie gerade erledigten. Es könnte alles Mögliche gewesen sein, vom Geschirr spülen bis zur Prüfung Ihres Kontostandes, aber Sie konnten den Luxus genießen, es vollständig zu tun. Teile Ihrer Aufmerksamkeit beschäftigten sich nicht damit, die nächste Aufgabe zu planen, auf die Uhr oder den Fernseher zu gucken oder die Kinder zu beaufsichtigen. Die Freiheit, nur eine Sache gleichzeitig zu erledigen, wird zu einem seltenen Vergnügen, und es kann viel Anstrengung erfordern, genug Raum zu schaffen, um unser Tempo zu verlangsamen und uns auf nur eine Sache zu konzentieren. Sesshins über eine Woche hinweg sind eine Möglichkeit, uns aus unserem geschäftigen Leben zurückzuziehen, aber es ist wichtig, sich zu erinnern, dass Retreats nicht unbedingt sieben Tage dauern müssen. Jedes Mal, wenn wir in Zazen sitzen, können wir ein Mini-Retreat genießen.

Unsere Einstellung kann ebenfalls einen großen Unterschied darin ausmachen, wie wir unsere täglichen Aktivitäten erfahren, einschließlich der Praxis des Zazen. Wenn wir uns Zazen so nähern, wie wir viele andere Dingen angehen – mit der Absicht, es schnell zu erledigen, damit wir zum nächsten Tagesordnungspunkt übergehen können –, dann werden wir Zazen nicht genießen und wir werden auch nicht davon profitieren. Um irgendetwas gut zu erledigen, bedarf es Konzentration und Entschlossenheit, egal, ob es um das Zubereiten einer Mahlzeit oder dem Training im Fitnessstudio geht.

Die Praxis des Zazen funktioniert genauso. Wenn wir jede Sitzung als einzigartige Gelegenheit betrachten, uns völlig dem Zazen hinzugeben, wird unser Zazen immer vollständiger. Wir sollten an Zazen genauso herangehen wie an eine Sportart – mit unserem ganzen Körper und Geist und mit der Absicht, unser Bestes zu geben.

Geduld ist ebenso wichtig, vor allem als Anfänger. Wir müssen bereit sein, uns die Zeit zu nehmen, die Grundlagen des Zazen zu erlernen. Bevor wir ein Musikinstrument oder eine Kampfkunst frei einsetzen können, müssen wir uns erst die Form dieser Disziplinen aneignen. Beim Zazen müssen wir ebenfalls zuerst mit der Form beginnen. Das heißt, wir müssen unserer Körperhaltung, Atmung und Konzentration Aufmerksamkeit widmen.

Bei allen erlernbaren Aktivitäten erreichen wir Meisterschaft und freien Umgang erst durch das Trainieren der Form, bis wir diese mühelos beherrschen. Wir trainieren unseren Körper und Geist, etwas *vollständig* zu tun. Derselbe Prozess gilt für Zazen. Letztendlich sollte Zazen völlig mühelos sein: Wir geben uns so vollständig dem Zazen hin, dass es nur Sitzen ist. Um diese Stufe der Praxis zu erreichen, müssen wir jedoch eine Menge Zeit und Anstrengung investieren. Das mag eine enttäuschende Neuigkeit sein. Einige Menschen fühlen sich zu Zen hingezogen, weil sie Samadhi erfahren wollen, von dem sie gehört haben, aber sie begreifen nicht, wie viel Übung das braucht. Solange sie nicht die Entschlossenheit und Disziplin aufbringen, die Form zu meistern, werden sie womöglich die Übung aufgeben, bevor sie Zazen wirklich erlebt haben. Bis wir nicht tatsächlich selbst erfahren haben, wie machtvoll die Form ist, mögen wir leicht glauben, dass es keinen großen Unterschied macht.

Was also ist die korrekte Form? Wir fangen stets mit der Körperhaltung an – der Grundlage des Zazen. Sobald wir lernen, die richtige Haltung einzunehmen, findet alles andere seinen Platz. Mönche, die in Japan in Zen-Klöstern trainieren, lernen sehr schnell die Bedeutung der richtigen Haltung. Während des Zazen „helfen" Aufseher den Mönchen dabei, mit der richtigen Haltung zu sitzen. Diese Aufseher sind sehr gute Trainer, und die Mönche lernen rasch, dass sie sich nicht allzu oft helfen lassen möchten. Speziell Soto-Zen-Klöster sind exzellente Übungsorte, um die Bedeutung der Form in allem, was wir tun, zu erlernen, vom Zähneputzen bis hin zum Verneigen. Und wenn es um die Form des Zazen geht, ist die Haltung das Wichtigste.

Für die meisten Westler ist es am Anfang ziemlich unbequem, mit einem Kissen auf dem Boden zu sitzen. Bestimmte

Yoga-Dehnübungen sind sehr hilfreich dabei, die benötigte Flexibilität zu entwickeln, um lange Zeitspannen auf dem Boden sitzen zu können. Einige Leute sind aber einfach nicht in der Lage, so zu sitzen, und für sie mag ein Stuhl die bessere Wahl sein, auch wenn das nicht dieselbe Stabilität vermittelt, wie auf dem Boden zu sitzen. Doch unabhängig davon, ob Sie auf einem Stuhl oder Kissen sitzen, Ihr Rücken sollte gerade aufgerichtet sein. In der korrekten Haltung ist Ihr Kopf auf einer Linie mit Ihrem Nabel, Ihre Wirbelsäule ist aufrecht, aber in ihrer natürlichen Krümmung entspannt, und Ihre Hände ruhen in Ihrem Schoß oder in einer Mudra-Haltung.

Nach ein paar Atemzügen können Sie damit aufhören, über Ihre Atmung nachzudenken. Die Atmung atmet sich von selbst und findet ihren eigenen Rhythmus. In der Zazen-Haltung findet der Atem seinen eigenen Weg und dann auch der Geist. Der Körper fügt sich in ein natürliches Gleichgewicht, der Atem findet einen angenehmen Rhythmus, und der Geist kehrt zu einem Ort der Stille zurück. Maezumi Roshi benutzte das Bild eines hölzernen Kreisels, um zu beschreiben, was passiert, wenn Sie in der korrekten Haltung sitzen. Solange der Kreisel aufrecht, völlig senkrecht steht, dreht er sich auf einem Punkt und ist ziemlich ruhig, leise und durchscheinend. Wenn der Kreisel nicht aufrecht steht, dann taumelt er umher. Zazen ist aufrecht sitzen und still sein, überhaupt nichts tun. Körper und Geist fallen weg, und es bleibt nur Sitzen.

Der Versuch, sich dieser Praxis auf intellektuelle Weise anzunähern, wird nicht funktionieren. Der Verstand ist unfähig, Zazen zu verstehen, und er kann uns nicht wirklich helfen, Zazen zu meistern. Dieser Geist versteht sein Handwerk sehr gut: Er stellt Fragen und versucht zu verstehen. Sobald es jedoch um Zazen geht, steht er uns für gewöhnlich im Weg. Wir müssen Zazen auf dieselbe Weise lernen wie eine Kampfkunst. Wenn wir beim Karate lernen wollen zu blocken, geht es nicht darum, die Bewegungen zu verstehen, sondern den Verstand abzuschalten und sich der Technik auf körperliche Weise zu nähern. Wenn der *Sensei* uns zeigt, wie man sich auf eine bestimmte Weise bewegt, dann brauchen wir keine Fragen mehr zu stellen. Wir können uns darauf verlassen, dass diese Bewegung wieder und wieder ausprobiert wurde und dass sie auch für uns in Ordnung sein wird. Anstatt also unseren Geist einzuschalten, versuchen wir einfach, der Form mit unserem Körper zu folgen. Wir ahmen die Bewegungen unseres Lehrers immer wieder nach, bis sie uns ganz natürlich erscheinen.

Die Bewegungen, die wir durchführen, um die richtige Zazen-Haltung einzunehmen, sind nicht besonders schwer zu erlernen, aber das macht sie unglücklicherweise beinahe zu einem unbewussten Vorgang. Wenn das passiert, beginnt unser Zazen erst, nachdem wir uns selbst auf dem Kissen wiedergefunden haben. Üben wir uns stattdessen darin, unseren Bewegungen schon bei der Vorbereitung auf Zazen mehr Aufmerksamkeit zu widmen, dann wird jede Sitzung eine Menge Gelegenheiten bieten, bewusst und präsent zu sein. Und wenn wir am Ende beim Aufstehen ebenfalls aufmerksam sind, dann haben wir mit einem Mal unsere Möglichkeiten verdoppelt, Gewahrsein zu üben. Übt man auf diese Weise, so dauert es nicht lange, bis die korrekte Haltung zur zweiten Natur wird. Das ist der Moment, in dem wir *einfach* Bewegung, *einfach* Haltung, *einfach* Atem werden. Wir geben uns selbst dem Zazen hin.

Aus der Sicht des rationalen Geistes ist es nicht sehr weise, die Aufmerksamkeit während der gesamten Dauer des Zazen auf die Körperhaltung zu richten; es gibt schließlich so viele wichtige Dinge, über die man nachdenken kann. „Wie soll ich bloß gleichzeitig entspannt sein und die Form bewahren?" „Werde ich erleuchtet sein?" „Das führt doch zu nichts, hier einfach herumzusitzen!" Für den rationalen Geist ist diese Praxis einfach absurd. Es gibt keine rationale Erklärung dafür, warum Zazen funktioniert. Aber wir wissen aus Erfahrung, dass Zazen nur funktioniert, wenn wir den rationalen Geist loslassen.

Was passieren kann, wenn wir diesen Geist aufgeben und einfach nur sitzen, davon möchte ich in der folgenden Geschichte erzählen. Sie handelt von der Erleuchtungserfahrung Dogen Zenjis, des Begründers der japanischen Soto-Zen-Schule. Dogen Zenji studierte im Kloster seines Meisters Tendo Nyogo in China. Die Mönche dort praktizierten *shikantaza*, „nur sitzen". Dogen Zenji saß also da, völlig absorbiert vom „nur sitzen". Aber der Mönch neben ihm war völlig absorbiert vom „nur schlafen". Das ist nicht weiter ungewöhnlich. In Soto-Klöstern beginnen die Mönche schon morgens um vier Uhr mit Zazen. Um den Mönchen zu „helfen", geht der Lehrer gelegentlich im Zendo auf und ab. Als Tendo Nyogo also durch die Reihen ging, sah er den armen schnarchenden Kerl. Da er ein sehr freundlicher Lehrer war, nahm er die Sandalen des Mönchs auf und klatschte ihm damit eine. Dann rief er aus: „Zazen ist nicht schlafen. Es ist das Abfallen von Körper und Geist!" Als er diese Worte vernahm, ließ Dogen Zenji Körper und Geist abfallen und wurde erleuchtet.

Glauben Sie nicht, dass Tendo Nyogos Worte irgendwelche besondere Magie enthielten. Dogen Zenji war in der Lage, Körper und Geist loszulassen, weil er völlig damit beschäftigt war, einfach nur zu sitzen. Er befand sich im Samadhi des Zazen. Dogen Zenji wurde zu einem der größten Zen-Lehrer aller Zeiten und seine Lehre ist heute noch so wahr wie im 13. Jahrhundert. Er rät uns, sich Zazen mit dem Körper zu nähern und nicht mit dem Geist. Er betont die Wichtigkeit, die korrekte Haltung einzunehmen und dann einfach zu sitzen und präsent zu sein.

Einfach „nur sitzen" klingt so einfach, dass die meisten von uns von der Entdeckung überrascht werden, dass wir es nicht können. Wir können einen wundervoll stillen und geruhsamen Ort schaffen, um in Zazen zu sitzen, und müssen trotzdem immer noch mit dem rastlosen Geist fertig werden. Wenn wir sehen, wie sehr der Geist umherwandert, ist es für den rationalen Geist offensichtlich, die Kontrolle zu übernehmen, zu versuchen, den Geist irgendwie zu zähmen und einzusperren. In dem Moment, in dem dieser Gedanke aufsteigt, haben wir uns selbst schon ein großes Problem geschaffen: Wir haben uns entzweigeteilt! Jetzt gibt es da jemanden, der sich um die Gedanken kümmert, und die Gedanken selbst – ein Hirte und eine Herde.

Anstatt zu versuchen, irgendetwas mit unseren Gedanken anzufangen, wäre es das Beste, uns einfach wieder auf unsere Haltung zu fokussieren. Wir müssen uns nicht darum sorgen, den Geist zur Ruhe zu bringen. Es gibt keinen Grund, überhaupt irgendetwas zu unternehmen. Wenn wir sitzen, dann merken wir, dass unser Geist sich wieder und wieder auf Wanderschaft begibt. Alles, was wir tun müssen, ist, es zu bemerken, zu unserer Haltung zurückzukehren und den Geist sein lassen. Indem wir auf diese Weise mit dem Geist arbeiten, wird er schließlich aufhören, sich zu widersetzen, und zur Ruhe kommen. Wir sollten nicht zu voreilig unser Zazen beurteilen. Wenn wir einfach nur sitzen und nichts tun, erreichen wir schließlich den Zustand, in dem nichts mehr passiert. Der Geist wird wie ein gut laufender Kreisel sitzen.

Unsere ersten Erfahrungen eines stillen und ruhigen Geistes sind einfach wundervoll. Die Stille ist eine willkommene Erlösung vom endlosen Geschnatter, an das wir uns so sehr gewöhnt haben. So ist es natürlich eine Überraschung, wenn auf einmal Angst in uns aufsteigt. Sie scheint von nirgendwo herzukommen; aber wenn wir uns genauer ansehen, was vor sich geht, wird die Angst verständlicher. Wir saßen friedlich da, als etwas weggefallen ist – oder genauer, als viele Dinge weggefallen sind. Nichts war geschehen. Die Dinge, die sonst unseren Geist beschäftigten, sind auf einmal verschwunden. Aber weil der kleine Geist sich an diese Dinge klammert, um eine Illusion der Solidität zu erzeugen, kann es beunruhigend sein, wenn der Geist anfängt, seine wahre Transparenz zu zeigen.

Diese Erfahrung ist nicht völlig neu für uns. Im Grunde geschieht dasselbe, wenn wir uns irgendetwas vollständig hingeben; wir könnten auch Bahnen schwimmen oder Piano spielen.

Warum scheint es also so eine große Sache zu sein, wenn uns das in Zazen passiert? Einfach gesagt: Wenn wir uns völlig in eine Aktivität vertiefen, dann können wir uns mit der Aktivität selbst identifizieren; aber wenn wir uns vollständig auf das Nichtstun einlassen, gibt es da auch nichts, mit dem wir uns identifizieren könnten. Der kleine Geist kann das gar nicht leiden, daher fängt er an, sich zu beschweren. Wir vergeuden völlig unsere Zeit! Aber ist es nicht schön, hin und wieder etwas auf vollständige Art zu tun? Was wäre besser, als zu lernen, wie man völlig *nichts* tut? Wir sind so getrieben, uns auszuzeichnen, wieso sollten wir uns nicht im Nichtstun auszeichnen?

Bei allem, was wir tun, ist es wichtig, dass wir unser Bestes geben wollen. In gewisser Weise ist es jedoch gut, dass wir so negativ reagieren, wenn dieses „Etwas" Nichtstun ist. Alles hat seine positive und seine negative Seite, auch sein Bestes geben zu wollen. Selbst unsere größten Fähigkeiten und persönlichen Qualitäten haben gute und schlechte Seiten. Wenn wir herausfinden wollen, wo unser persönlicher blinder Fleck oder unsere Achillesferse liegt, müssen wir uns nur unser größtes Talent oder unsere beste Eigenschaft anschauen. Ganz egal, wie wunderbar sie ist, in gewisser Weise ist sie auch immer unsere negativste Fähigkeit oder Eigenschaft, und sie verursacht uns die meisten Probleme. Einige spirituelle Praktiken konzentrieren sich darauf, negative Charakterzüge auszumerzen, aber nicht Zen. In der Zen-Praxis arbeiten wir daran, das Ganze zu umfassen, und das bedeutet *jeden* Aspekt unseres Selbst.

Ein Effekt der Zazen-Praxis ist es, Aspekte von uns selbst zu erkennen, die wir zuvor nicht wahrgenommen haben. Sobald wir mit uns selbst vertrauter werden, können wir langsam mehr von unseren negativen Qualitäten anerkennen. Wir können mit dem Spiel aufhören, uns nur mit unseren positiven Qualitäten zu identifizieren, während wir unsere negativen ignorieren. Es ist wirklich ein grausames Spiel, da wir die Hälfte dessen, was wir wirklich sind, ignorieren. Unseren Kindern würden wir so etwas niemals antun; doch wenn es um uns selbst geht, finden es die meisten von uns sehr schwer, unser ganzes Sein liebevoll zu umarmen. Warum fällt uns das so schwer? Vielleicht fürchten wir uns davor, dass wir im entgegengesetzten Spiel stecken bleiben, uns also nur noch mit unserer negativen Seite identifizieren – für jeden ein erschreckender Gedanke! Aber natürlich wird auch die positive Seite immer präsent sein. Unsere positive und negative Seite sind schlichtweg zwei Hälften desselben Ganzen. Wir müssen beide umfassen, wenn wir uns vollständig fühlen – und vollständig *sein* wollen. Wir werden niemals unser wahres Potenzial entfalten, wenn wir die Hälfte von dem verleugnen, was wir sind.

Die Zen-Methode, uns selbst völlig zu umfassen, beruht auf derselben Weisheit, die auch von Feuerwehrleuten bei Waldbränden entdeckt wurde: Bekämpfe Feuer mit Feuer. Wir nutzen jenen Antrieb, der uns zur Zazen-Praxis führte, und richten ihn zurück auf den Antrieb selbst. Diese Motivation, dieser Hunger, dieses Bedürfnis sind genau das, was niedergebrannt werden muss. Verlangen ist immer die Ursache für Leiden, und der beste Weg, es niederzubrennen, besteht darin, es noch viel heißer anzufachen. Wir können lernen, all unsere Leidenschaften und Wünsche zu bündeln und sie auf unsere Praxis zu konzentrieren. Bei diesem Sammeln all unserer Gedanken, Emotionen und Begierden entsteht immense Energie an einem einzigen Punkt, genauso wie bei einem Vergrößerungsglas, das die Sonnenstrahlen bündelt und konzentriert. Wir können uns durch alles hindurchbrennen!

Vielleicht hat es den Anschein, als widerspräche ich mir selbst. Zuerst sagte ich „Lassen Sie Ihren Geist los“ und jetzt sage ich „Fokussieren Sie Ihren Geist“. Aber wir müssen erst lernen, wie wir den Geist fokussieren, bevor wir ihn loslassen können. In Zazen wirkt die Form selbst wie eine Linse: Sie erlaubt uns, unseren Körper und Geist auf einen Punkt zu fokussieren. Die Ablenkungen durch Gedanken und Sinneseindrücke fallen weg, und wir beginnen die Illusion des Selbst zu durchschauen. Die

Schichten unseres konstruierten Selbst werden niedergebrannt, bis nur noch unsere ungeborene und unsterbliche wahre Natur übrig bleibt.

Das Zeug, das wirklich weggebrannt werden muss, ist dasselbe Zeug, mit dem wir uns am meisten identifizieren. Wir müssen alles niederbrennen, was definiert und limitiert, „wer ich bin“. Das kann ein Angst einflößender Prozess sein, und wir fragen uns vielleicht, warum irgendjemand sich dafür entscheiden sollte, ihn durchzumachen. Wieder einmal kann uns der Verstand nicht besonders gut bei dieser Frage helfen. Vertrauen ist hier eine bessere Ressource oder Zuflucht, und grenzenloses Vertrauen ist unserem wahren Selbst innewohnend – unserer Buddha-Natur. Den größten Teil unseres Lebens sehen wir nur die Illusion des Selbst. Wenn wir dieses konstruierte Selbst völlig niederbrennen, finden wir reines Gold.

12

Die drei essenziellen Aspekte des Zazen

Der Geist des Großen Weisen Indiens wurde
direkt von Westen nach Osten übermittelt.
Eröffnungsvers des Sandokai

SHAKYAMUNI BUDDHAS REALISATION IST NOCH HEUTE LEBENDIG. Der Erwachte Geist wurde durch die Praxis des Zazen von Buddha zu Buddha weiter übermittelt, und das seit über 2 500 Jahren. Um diese Übermittlung für kommende Generationen zu erhalten, bewahrt die Zen-Schule des Buddhismus Zazen als ihre Hauptpraxis. Zazen ist das Herz des Zen. Die Praxis des wahren Zazen wird in Dogen Zenjis Meisterwerk *Shobogenzo* dargelegt, das heißt wörtlich „Schatz des wahren Dharma-Auges". Auf Japanisch bedeutet *sho* „das Wichtigste" oder „Wahre", und *bo* heißt „Dharma". Dogen Zenjis Leben als Lehrer war eine einzige Proklamation: Die Übertragung des wahren Dharma geschieht nur durch Zazen. Der wahre Dharma *ist* Zazen.

Wie können wir Zazen verstehen? Traditionell wird gesagt, dass Zazen drei Aspekte hat: Haltung, Atmung und Geist. Das klingt zunächst vielleicht einfach, aber welcher dieser Aspekte ist der wichtigste, vor allem, wenn wir Erwachen erfahren wollen? Welcher Aspekt von Zazen war der bedeutendste für Buddhas Realisation?

Solche Fragen steigen ganz von allein in uns auf, wenn wir uns einer Meditationspraxis zuwenden. Wir wollen unsere Zeit nicht mit einer Praxis verschwenden, die uns nirgendwo hinführt. Wir wollen die echte Erfahrung, die Lehren, die uns zur selben Realisation führen wie einst den Buddha. In einigen buddhistischen Traditionen muss man zuerst viele Jahre mit den grundlegenden Lehren arbeiten, bevor man die höchsten und geheimsten Lehren erhält. Aber es gibt gute Neuigkeiten: In der Tradition des Zen verraten wir all unsere Geheimnisse, sobald Sie durch die Tür treten. Ob Sie dazu bereit sind oder nicht, diese Lehren zu hören, ist eine ganz andere Sache. Doch unabhängig davon, ob die esoterischen Lehren aufgenommen werden oder nicht: Wir legen sie auf der Stelle auf den Tisch. Außerdem kann jede einzelne dieser geheimen Lehren durch Zazen entdeckt werden.

Einige Zen-Lehrer behaupten, dass die *Haltung* das wichtigste Element des Zazen ist. In gewisser Hinsicht haben sie Recht. Alles ist Haltung! Wenn wir nicht die richtige Haltung einnehmen, wird sich uns die Pforte der Realisation nicht öffnen. Daher ist es sehr verlockend anzunehmen, dass die Realisation schon eintreten wird, solange wir nur hart genug daran arbeiten, die richtige Haltung zu meistern. Wir hoffen, uns Zazen mit derselben Einstellung nähern zu können, die bei den meisten Fähigkeiten im Leben funktioniert – bei denen es nicht notwendig ist, etwas vollständig oder korrekt zu tun, um von den Ergebnissen zu profitieren. „Wenn ich nur annähernd lernen könnte, Zazen zu praktizieren, gerade gut genug, dann kann ich Realisation erlangen." Dummerweise funktioniert das Erwachen nicht auf diese Weise. Es wäre ganz schön, wenn es das täte, denn so würde jeder erleuchtet werden. Doch in Wahrheit müssen wir Zazen *vollständig* ausüben, mit unserem ganzen Körper und Geist. Zazen gleicht einem Zahlenschloss mit drei Ziffern: Haltung, Atmung und Geist. Diese drei Zahlen müssen sich exakt in eine Reihe fügen, sonst wird sich das Schloss nicht öffnen.

Es gibt auch Zen-Lehrer die sagen, dass der *Geist* der eigentliche Schlüssel ist. Und in gewisser Weise haben auch sie Recht. Eines der ersten Dinge die wir erkennen, wenn wir in unseren Geist blicken, ist, dass er sich permanent in Bewegung befindet. Tatsächlich bewegt sich der Geist so schnell, dass er solide zu sein scheint. Solange wir keine Möglichkeit finden, ihn zu verlangsamen, wie sollten wir da auch nur annähernd genug Raum schaffen, und wenn es nur der kleinste Spalt wäre, um einen flüchtigen Blick auf den wahren Geist zu werfen?

Es ist zwar absurd, aber wir wollen gern daran glauben, dass wir bloß intensiv genug, lange genug und klar genug nachdenken müssten, um endlich Zen zu verstehen – dass all die Rätsel plötzlich Sinn ergeben und die Geheimnisse gelüftet werden. Ich kenne Leute, die immer noch versuchen, irgendetwas zu begreifen, obwohl sie Zen schon seit vielen Jahren praktizieren. Sie scheinen die Grundlagen vergessen zu haben, die Kernlehren, die ihnen gegeben wurden, als sie sich das erste Mal in der Zen-Meditationshalle hinsetzten: die drei essenziellen Grundlagen des Zazen – dies ist die höchste und geheimste Lehre!

Vom ersten Tag an wurden wir über die Wichtigkeit eines ruhigen und stillen Geistes belehrt – ein leerer Geist. Wir wurden angeleitet, wie wir den Geist beruhigen, indem wir die richtige Haltung einnehmen; und um uns dabei zu helfen, die korrekte Haltung einzunehmen, wurde uns eine bestimmte Abfolge von Bewegungen beigebracht, als eine Art Aufwärmübung vor der eigentlichen Praxis. Doch hören die meisten von uns schließlich auf, diese Aufwärmübungen durchzuführen. Sie sind doch so langweilig! Es gibt nichts Langweiligeres, als immer und immer wieder dieselben Schritte zu wiederholen, bevor wir mit der „echten" Praxis weitermachen können. Doch wo hört die Vorbereitung auf und wo beginnt Zazen?

Was ist, wenn die Übertragung des Buddha-Geistes eigentlich von jedem einzelnen dieser Schritte abhängt? Wenn wir für jeden einzelnen dieser Schritte und auch jede Geste völlig präsent wären, würde unser Geist dann nicht ruhig werden? Und was würde dann passieren, wenn wir die korrekte Haltung einnähmen? Die Haltung des Zazen wurde über 2500 Jahre hinweg überliefert, weil sie funktioniert! Eine annähernd ähnliche Haltung wird nicht ausreichen. Sollte die erste Ziffer falsch sein, wird sich das Schloss nicht öffnen.

Nur wenn wir die richtige Zazen-Haltung einnehmen, können wir einen tiefen Zazen-Atemzug nehmen. Es reicht nicht, einfach nur irgendwie zu atmen. Zu Beginn des Zazen-Trainings wird uns beigebracht, langsam und tief zu atmen, so dass das Einatmen und Ausatmen ruhig und gleichmäßig verläuft. Wir lernen, jeden Atemzug rund und tief auszuführen. Dann wird uns beigebracht, dem Atem zu folgen. Aber das ist so langweilig! Warum dürfen wir uns nicht entspannen und an das denken, was wir wollen? Die Atmung ist die zweite Ziffer bei dem Schloss; solange wir den Atem nicht gemeistert haben, können wir auch den Geist nicht meistern.

Mit etwas Übung können Sie lernen, eine langsame und tiefe Atmung aufrechtzuerhalten, so dass Sie nur wenige Male pro Minute ein- und ausatmen. Und wenn der Atem sich verlangsamt, verlangsamt sich auch der Geist. Wenn Sie Ihren Körper mit der Haltung in Einklang bringen, dann kann der Geist mit dem Atem in Einklang kommen. Der Atem wird Sie, und Sie werden der Atem. Zwischen den endlosen Gedanken öffnet sich Raum, und es wird Ihnen möglich, in Zazen wirklich zu ruhen. Dies ist Shikantaza, „nur sitzen". Shikantaza ist zutiefst entspannend für Körper und Geist, aber um Entspannung geht es hierbei gar nicht. Unsere Dharma-Vorfahren haben uns etwas viel Bedeutenderes überliefert.

Es geht darum, das Schloss zu öffnen. Das Geheimnis, das der Buddha und die Vorfahren entdeckt haben, ist dasselbe Geheimnis, welches Sie und ich entdecken können: Zazen ist der Schlüssel zu diesem Schloss. Durch Zazen können wir tiefes

Samadhi erfahren, nicht bloß irgendein Samadhi, sondern das einzigartige Samadhi, das Dogen Zenji Jijuyu-zanmai „freudvolles, selbsterfüllendes Samadhi" nannte. Es ist dieses Samadhi, Jijuyu-zanmai, das über so viele Generationen hinweg durch die Praxis des Zazen gepflegt und erhalten wurde. Was ist so besonders an diesem Samadhi? Der Geist des Buddhas wird von Buddha zu Buddha und zwar durch Jijuyu-zanmai übertragen.

Jeder und jede kann dieses Samadhi erfahren, wir alle haben Zugang zum Buddha-Geist. Wenn jeder seine Buddha-Natur erfahren könnte, seine vollständige, erfüllte, wahre Natur, dann würde dies unsere Welt verwandeln! Der Buddha-Geist ist für jeden Menschen zugänglich, dennoch gelingt es nur sehr wenigen, tatsächlich zu ihrer wahren Natur zu erwachen. Obwohl es viele Gründe hierfür gibt, ist der offensichtlichste, dass nur wenige Menschen je dem Dharma begegnen. Ein besonderes Mantra, das in Zen-Zentren rund um die Welt rezitiert wird, drückt es ziemlich direkt aus: „Dem Dharma, unvergleichlich bedeutend und unendlich subtil, wird nur höchst selten begegnet, selbst in Millionen von Jahren." Selbst wenn wir das Glück haben, diesem Dharma zu begegnen und die Praxis des Zazen zu erlernen, kann es immer noch sein, dass wir niemals unsere Buddha-Natur realisieren. Es gilt so viele Hindernisse zu überwinden. Neben unserem Mangel an Disziplin gibt es auch noch unsere Geschäftigkeit. Denken Sie doch einfach mal an all das, was Sie noch erledigen sollten, bevor Sie sich hinsetzen, um Zazen zu praktizieren. Etwas muss weichen – nur was? Zeit mit Ihrer Familie oder Ihren Freundinnen und Freunden verbringen? Den tropfenden Wasserhahn reparieren? Sich auf den nächsten Arbeitstag vorbereiten? Wenn wir zum ersten Mal die Möglichkeit unseres eigenen Erwachens erwägen und uns vorstellen, welche Anstrengungen es erfordert, dann fühlen wir uns vielleicht entmutigt und überwältigt. Einige von uns geben einfach auf.

Verblendung ist ein weiteres Hindernis für unser Erwachen. Wir können uns darüber täuschen, welchen Wert der Dharma wirklich besitzt und ihn unterschätzen. Schauen Sie sich beispielsweise an, wie ihr Geist funktioniert, wenn er das Wort *tief* vernimmt. „Oh, tief ist gut! Ich will unbedingt tiefe Meditation und tiefes Samadhi erleben." Denken Sie nun über die Worte *eng* und *weit* nach. Welches ist gut? „Weit natürlich!" Also ist weit gut und eng ist schlecht. Aber wir haben ja bereits beschlossen, dass tief gut ist; und um in die Tiefe zu gelangen, müssen wir doch eigentlich auch eng vorgehen, oder? Andererseits ist eng aber schlecht. Wer will schon eine enge Sichtweise? Wir haben doch alle gelernt, wie lohnend es sein kann, einen weiten und offenen Geist zu haben. Wenn wir jedoch unsere Aufmerksamkeit verengen, werden wir eher Details erkennen. Die Details von Form und Ritual sind wichtige Bestandteile der Zen-Praxis; sie wurden sorgsam weitergereicht, von Vorfahre zu Vorfahre, als eine Art und Weise, den Dharma zu verkörpern. Wenn Form und Ritual essenzielle Aspekte des Zen sind, welcher ist dann der wichtigste? Welcher macht unser Zazen zu wahrem Zazen?

So viel sollte mittlerweile klar sein: Alle drei Aspekte – Haltung, Atmung und Geist – sind essenzielle Aspekte des Zazen. Wenn wir die Haltung einnehmen und unser Atem tief und langsam wird, kann unser Geist einen Raum der Ruhe und Stille betreten. An diesem Ort können wir unsere innewohnende Ganzheit erfahren. Wir können erleben, in Harmonie zu sein, eins mit unserer wahren Natur.

Das Selbst, das wir durch Zazen kennen lernen, ist Nicht-Selbst. Es ist unsere wahre Natur, unsere Buddha-Natur, nicht festgelegt und völlig unfassbar. Dogen Zenji lehrte, dass Zazen die Manifestation der Buddha-Natur ist, und wir können dies für uns selbst erkennen, indem wir Zazen üben. Unsere wahre Natur wird in der Stille des Geistes zum Ausdruck gebracht, in jenem Raum, der sich öffnet, wenn wir in Harmonie mit unserer Atmung dasitzen. Mit dieser einfachen Übung können wir die grundlegenden Lehren verwirklichen. Je weniger wir versuchen, zu verstehen und zu wissen, desto mehr erkennen wir die Vollständigkeit der grundlegenden Lehren.

Die Zazen-Praxis wird gleichzeitig weiter und tiefer, und wir entdecken die Wahrheit des Dharma im täglichen Leben. Die Buddha-Natur kann in den profanen und einfachen Handlungen des alltäglichen Lebens verwirklicht werden, wenn wir diese vollständig tun. Sich die Zähne putzen und den Müll raustragen sind nichts anderes als Manifestationen der Buddha-Natur. Aber dies intellektuell zu wissen, ist nicht dasselbe, wie es am eigenen Leib zu erfahren. Der Schlüssel, um diese Wahrheit zu verwirklichen, ist simpel: Seien Sie völlig präsent in allem, was sie tun. Aber erledigen wir diese alltäglichen Rituale nicht normalerweise im Autopilotmodus? Es mag so aussehen, als ob wir Geschirr spülend in der Küche stehen, doch unser Geist kann ganz woanders sein.

Behaupte ich, dass es eine richtige und eine falsche Art gibt, das Geschirr zu spülen? Ja, genau das sage ich! Wir müssen fähig sein, die erleuchtete, nichtdualistische Sichtweise loszulassen und zu den Grundlagen zurückzukehren. Es gibt eine richtige Art, die Haltung des Zazen einzunehmen, eine richtige Weise zu atmen und eine richtige Art, in der der Geist sein kann. Unser Bestreben ist es, immer aus dem Zustand des Jijuyu-zanmai heraus zu handeln, gleichgültig, was wir tun, dann manifestiert sich die Buddha-Natur überall und jederzeit. Doch unser Ego will das kein bisschen. Es ist viel leichter, einfach zu tun, was uns gefällt, und uns dabei selbst einzureden, dass wir unsere wahre Natur manifestieren. Das ist eine sehr verführerische Überzeugung. Es ist wirklich verlockend, uns an unsere Erkenntnisse zu klammern, aber es ist auch eine Sackgasse. Alle Vorfahren warnen davor. Meister Mumon fügt sogar am Ende des *Mumonkan* eine Liste von Warnungen bei – wortwörtlich: „Zen-Warnungen". Zuerst sagt Mumon: „Wenn Sie den Regeln und Bestimmungen folgen, dann fesseln Sie sich selbst ganz ohne Seil." Und dann fährt er fort: „Wenn Sie frei und ohne Beschränkung handeln, dann praktizieren Sie den Weg der Häresie." Harsche Worte! Warnungen für Sie und mich. Halten wir uns zu sehr an Regeln und Bestimmungen, dann fesseln wir uns selbst, als würden wir in Ketten liegen. Tun wir aber einfach, was wir wollen, sind wir schlimmer als Häretiker. Mumon bezieht sich auf den Mittleren Weg, den Pfad, den der Buddha als Weg zur Beendigung des Leidens lehrte. Der Mittlere Weg bedeutet nicht, dass wir eine dünne Linie zwischen den Extremen zu befolgen haben, und er bedeutet auch nicht, dass wir von einem Extrem zum anderen schwanken sollen, mal die Regeln und Bestimmungen befolgend und mal alle Gesetze ignorierend. Wir müssen diese Dualität transzendieren.

Wollen wir den Mittleren Weg praktizieren, dann müssen wir erkennen, wo wir feststecken. Wir können darin feststecken, uns einen Teufel um die Regeln zu scheren, und wir können darin feststecken, uns viel zu sehr zu bemühen. Die Gesellschaft sagt uns, dass wir ein „guter" Mensch sind, wenn wir uns allen Regeln und Gesetzen unterwerfen. Wir sind dann aber auch ein Mensch, der festsitzt. Wenn wir jedoch andererseits all unseren Wünschen Folge leisten und das unseren Weg nennen, dann sind wir zwar vielleicht sehr frei, erzeugen aber auch eine Menge Karma. Mumon weist darauf hin, dass die Hälfte des Bildes eben nur die Hälfte des Bildes ist – eine Täuschung. Die Hälfte des Bildes kann niemals das Ganze sein – die erleuchtete Perspektive.

Diese Worte Mumons sollen uns nicht entmutigen. Mumon warnt uns einfach, dass der Pfad Dornen hat und wir besser unsere Augen weit offen halten. Irreführendes, verblendetes Denken verschwindet nicht einfach, weil wir unsere wahre Natur gesehen haben. Im Gegenteil, wir tauschen eine Blindheit gegen eine andere, viel gefährlichere Blindheit. Nachdem wir eine Zeitlang praktiziert haben, können wir uns leicht in der Täuschung der Erleuchtung verfangen, wenn wir versuchen, uns an der Realisation festzuklammern, die wir erlebten. Dogen Zenji fleht uns an: Nach der Realisation, nach der Erleuchtung, selbst nach *dai kensho*, „bitte übe Zazen!“. Ein anderer großer Zen-Meister drückt es folgendermaßen aus: Zu Beginn der Praxis ist das wichtigste Element das Vertrauen. In der Mitte der Praxis ist das wichtigste Element das Vertrauen. Und letztendlich, nach vielen Jahren der Praxis ist das wichtigste Element das Vertrauen. Worauf vertrauen wir? Auf den Dharma-Zazen.

Nun, ich hätte auch sagen können, dass wir auf den Buddha vertrauen. Doch alle Lehren laufen im Endeffekt auf dieselbe Botschaft hinaus: Realisieren Sie, wer Sie wirklich sind! Diese Realisation wird durch Zazen übertragen. Daher kehren wir zur Haltung des Buddha zurück. Wenn wir die Haltung des Buddha einnehmen, sind wir Buddha. Wenn wir Buddha sind, nehmen wir Buddhas Haltung ein.

13

Den Geist zur Ruhe bringen

Wir entdecken wahre Freiheit, wenn wir jene Konditionierung durchbrechen, die unser Verlangen nach Verstehen antreibt.

WANDEL IST ÜBERALL, wo wir auch hinsehen. Jeden Tag werden wir mit Neuigkeiten über die Veränderungen in unserer Welt, Gesellschaft und Lebensweise bombardiert. Es ist anstrengend, mit all dem mitzuhalten, und manchmal ertappen wir uns dabei, die „guten alten Zeiten" herbeizuwünschen, als die Dinge noch viel verlässlicher schienen. Aber in Wirklichkeit gab es diese „guten alten Zeiten" niemals. Wandel ist die einzig unveränderliche Tatsache des Lebens. Selbst Sie und ich sind kontinuierlicher Wandlung unterworfen.

Wir haben ein Problem mit dem Wandel, weil unser konventioneller Geist ihn nicht mag. Der kleine Geist bevorzugt Vorhersehbarkeit und Vertrautheit. Als Schülerinnen und Schüler des Buddhismus versuchen wir, uns mit der Unbeständigkeit auszusöhnen; doch wenn es um Dinge geht, die uns am Herzen liegen, dann leisten wir immer noch Widerstand. Es kann also beunruhigend sein, wenn wir bemerken, dass unsere Motivation zur Praxis sich verändert oder abgeschwächt hat. Dennoch gibt es wirklich keinen Grund, sich zu sorgen; eine Änderung der Motivation und Richtung ist immer zu erwarten, wenn wir, egal wie lange, einer spirituellen Praxis folgen. Unabhängig von der

Zeit und dem unvermeidlichen Wandel kann noch ein subtiler unterschwelliger Antrieb in unserer Übung vorhanden sein – einer, den wir schließlich ganz beseitigen müssen. Es ist der Antrieb, etwas zum Festhalten zu finden, irgendetwas, was uns inmitten von so viel Veränderung das Gefühl der Sicherheit gibt.

Unaufhörliches Suchen ist die eigentliche Natur unseres Geistes. Der kleine Geist ist immer habgierig, suchend, betrachtend und neugierig. Immer. Es ist wirklich eine Ironie. Wir streben nach Antworten, doch die Suche selbst ist das Problem. Wie können wir Frieden finden? Die Antwort ist einfach, aber zugleich das Schwierigste, was man tun kann: Beende das Nachforschen; hör auf, nach einer Lösung zu suchen.

Wir müssen die Hoffnung aufgeben, dass es etwas zu finden gibt. Solange wir auch nur die geringste Hoffnung hegen, dass wir nur vielleicht, eventuell, möglicherweise etwas finden könnten, was unser Verlangen stillt, werden wir auf dem Rad des Leidens bleiben. Doch die Hoffnung aufzugeben, ist eine unserer größten Ängste. Die Gesellschaft, Religion, unsere Freunde und Freundinnen und unsere Familie lehren uns, die Hoffnung mehr als alles andere zu schätzen. Doch in Wahrheit ist die Hoffnung eine Falle. Sie treibt endloses Suchen an. Meister Rinzai war berühmt für seinen Rat an seine Schüler: „Alles, was ihr tun müsst, ist dem unaufhörlich suchenden, strebenden Geist ein Ende zu setzen." Dann fügte er hinzu: „Die einzige Krankheit auf der Welt ist der Mangel an Glauben." Um das Suchen zu beenden, müssen wir enormen Glauben besitzen. Zuerst mag das widersprüchlich erscheinen, aber das ist es nicht. Wenn wir die Hoffnung aufgegeben haben, „dort draußen" Antworten zu finden, bleibt wahrer Glauben übrig – der Glauben, dass es dort wirklich nichts zu finden gibt.

Um Befreiung und Freiheit zu finden, müssen wir gegen unsere Konditionierung, unsere Ideen und gegen alles andere angehen, was uns gelehrt wurde. Was uns gefangen hält, ist niemals wirklich „dort draußen". Wir fesseln uns selbst. Solange wir uns nicht selbst von unseren persönlichen Ketten befreien, können wir nur Illusionen der Freiheit haben. Der kleine Geist hält uns mit endlosen Wünschen, Urteilen und Vorlieben gefangen – gut, schlecht, richtig, falsch, ich, du, wir, sie. Wie können wir diesen lärmenden Geist zur Ruhe bringen? Wenn wir herausfinden, wie wir das anstellen, dann haben wir den Schlüssel zu dauerhaftem Frieden gefunden.

Wir müssen in uns hineinschauen, um die Quelle unseres Unbehagens mit dem Leben zu finden, doch dazu brauchen wir ausreichend Zeit der Stille. In der Zen-Tradition richten wir in der Meditationshalle, im Zendo, in dem die gewohnten Regeln des höflichen Miteinanderseins fallen gelassen werden, unseren Blick nach innen. Wir können, so lange wir möchten, still dasitzen, und niemand wird uns dabei stören. Niemand wird uns beurteilen oder kritisieren. Wir können einfach bei uns selbst sein. Wenn wir in Zazen sitzen, betreten wir einen sehr persönlichen Raum, in dem wir Befreiung finden können.

Es gibt ein Koan, welches einen Einblick in die Art dieser Befreiung gibt. Nagarjuna war einer der größten Philosophen des Ostens. Er war dafür bekannt, jeden anderen Philosophen durch seinen Gebrauch der Logik zu bezwingen. Nagarjuna hatte eine Vorahnung, dass ihn ein großartiges Wesen schon bald besuchen werde. Also nahm er eine Schale voller Wasser, ließ eine Nadel in die Schale fallen und stellte sie an den Haupteingang. Dann beobachtete er, was passierte. Nach kurzer Zeit näherte sich ein Mann dem Tor und sah die Schale voller Wasser. Er zögerte nicht, er hob einfach die Schale auf und trug sie zu Nagarjuna. Dieses Koan stellt ein ziemliches Rätsel dar: Warum ließ Nagarjuna eine Nadel ins Wasser fallen und stellte dann die Schale ans Haupttor? Das war ein sehr merkwürdiges Verhalten, besonders für den größten Philosophen des Ostens. Er hat nicht darüber nachgedacht, und er hat überhaupt nichts gesagt; er ließ einfach eine Nadel in eine Schale voller Wasser fallen, stellte sie raus ans Tor und beobachtete. Wir könnten uns auch fragen: Warum brachte der Besucher die Schale zurück zu Nagarjuna? Dieser Mann wurde am Ende Nagarjunas Nachfolger.

Was bedeutet die Geschichte? Vielleicht gehen Ihnen gerade allerlei Möglichkeiten durch den Kopf. Ganz egal, wie zutreffend diese Möglichkeiten erscheinen, so sind es doch alles nur Vermutungen. Wir müssen zurück zu den Grundlagen: Was ist die Ursache unserer Unzufriedenheit? Suchen und Streben. Unsere Versuche, alles herauszufinden. Unsere Versuche, zu verstehen. Wir fallen so leicht in diese Gewohnheit zurück! Koans sind wie Bälle, die nach uns geworfen werden, um zu sehen, nach was wir greifen werden. Die Lösung des Koans hat nichts mit Verstehen zu tun. Anstatt das Koan verstehen zu wollen, ist der Schlüssel, es zu *sein*.

Viele von uns fühlen sich von spiritueller Praxis angezogen, weil wir das Leben besser verstehen wollen. Durch das Leben zu gehen, ohne es verstehen zu wollen, mag ziemlich sinnlos erscheinen. Wenn wir schließlich zugeben, dass wir keinen Schimmer davon haben, was das Leben wirklich ist, quellen automatisch Angst und Unsicherheit hervor. Unser kleiner Geist mag keine Mysterien. Er will die Dinge begreifen. Das ist sein Job. Der kleine Geist glaubt ebenfalls, dass er in der Lage sein *sollte*, das Leben zu verstehen, wenn er sich nur genug Mühe gibt. Es bedarf eines starken Vertrauens, um endlich die Hoffnung des Verstehens aufzugeben.

Was ich an der Zen-Praxis liebe, ist Folgendes: Das Mittel, das die ursprüngliche Krankheit behandelt, ist auch sein eigenes Gegenmittel. Wir können uns nicht auf eine nur oberflächliche oder kurzzeitige Heilung verlassen, daher ist dem Heilmittel selbst ein Selbstzerstörungsmechanismus eingebaut. Der Zen-Weg besteht darin zu versuchen, das Unlösbare zu lösen – zu fragen und wirklich nach der Antwort zu suchen, von der wir wissen, dass sie nicht existiert.

In Wahrheit gibt es gar kein Problem. Es hat nie eines gegeben! Warum sollte uns also ein Zen-Lehrer, eine Zen-Lehrerin dazu ermutigen, nach der Antwort zu suchen? Das wirkt wie eine abgekartete Sache, die zum Fehlschlag führen muss, und vielleicht ist sie das auch. Doch allein das Wissen darüber, dass die von uns eingeschlagene Richtung eventuell in die Irre führt, löst das Problem noch nicht. Dieser Juckreiz muss trotzdem gestillt werden. Wenn wir nicht völlig davon überzeugt sind, dass es da nichts zu finden, nichts zu realisieren und nichts zu verstehen gibt, dann werden uns Frieden und Befreiung entgehen. Wir werden weiterhin von dem Verlangen nach Verstehen versklavt sein, werden die ganze Welt untersuchen und jede Idee und Vorstellung ergreifen, die uns begegnet. Ganz gleich, was wir finden, der kleine Geist wird niemals zufrieden sein. Was wir schließlich erkennen ist, dass je mehr wir besitzen und unser Eigen nennen, umso mehr besessen und selbst Eigentum sind.

Der einzige Weg, diese endlose Suche zu beenden, liegt darin, sich umzuwenden und anzufangen, innen nach der Antwort zu suchen. Indem wir das tun, geraten wir in der Tat gleich in die nächste Tretmühle, aber solange wir nicht in unser Inneres blicken und gründlich suchen, werden wir niemals erkennen, dass es wirklich nichts gibt, was man bekommen oder verstehen könnte. Diese Entdeckung nur ein einziges Mal zu machen, genügt normalerweise nicht, um den suchenden, strebenden Geist zur Ruhe zu bringen. An einem gewissen Punkt taucht der Zweifel wieder auf: „Vielleicht habe ich nichts gefunden, weil ich nicht intensiv genug gesucht habe." Wie viele Male müssen wir diesen Kreislauf des Suchens durchmachen, um zuletzt mit leeren Händen dazustehen? Ich vermute, dass die Antwort so lauten muss: bis wir die Sache erledigen, bis wir nicht länger suchen müssen.

Zazen ist der Weg, ins Innere zu blicken, und es ist auch der Weg, um Frieden mit unserem rastlosen kleinen Geist zu schließen. Mit Zazen können wir jene Konditionierung durchbrechen, die uns an die Tretmühle des Verstehen-Wollens fesselt. Wir können jenseits des Verstehens zu einem tieferen Wissen gelangen, und dies ist der einzige Weg, um wahre Freiheit zu erreichen. Tatsächlich werden wir nicht befreit; wir entdecken, dass wir niemals gebunden waren. Unser wahres Selbst – unbegreifbar, unfassbar und sich ewig verändernd – fließt mühelos durch jede Veränderung des Lebens.

14

Tanzen Sie mit dem Leben

Befreiung heißt, jeden Tag zu leben, ohne einen Standpunkt oder eine Idee, wer wir sind, einzunehmen. Dann erst können wir mit dem Leben tanzen.

SIE UND ICH haben unsere jeweiligen Sichtweisen, die Welt zu betrachten, aber wir neigen dazu zu vergessen, dass es bloß Sichtweisen sind. Sie haben Ihre Perspektive und ich habe meine, doch wir gehen durchs tägliche Leben und denken, das, was wir sehen, sei die Wirklichkeit, und wir verhalten uns so, als ob alles „dort draußen" fest und solide wäre. Tatsächlich deuten alle Beweise auf das Gegenteil hin. Wir müssen bloß die Augen öffnen, um zu sehen, dass sich alles in einem fortwährenden Zustand des Wandels befindet. Nichts ist fest. Von drei Kennzeichen, die Buddhas Lehre charakterisieren, ist das erste die *Vergänglichkeit*. Die Wahrheit der Vergänglichkeit zu erkennen ist das Fundament, die restliche Lehre des Buddha zu verstehen; sie ist ebenso die Morgendämmerung des erleuchteten Lebens.

Es fällt uns nicht leicht, die Tatsache zu akzeptieren, dass alle Dinge vergänglich sind, aber sobald wir das getan haben, wird unser Leben transformiert. Woher stammt unser Widerstand? Wir können das für uns selbst entdecken, indem wir für einen Moment die Aussage reflektieren: „Alles ist vergänglich." Es dauert nicht lange, um zu erkennen, dass eben diese Idee der

Vergänglichkeit Angst hervorbringt. Wir fürchten den Verlust unseres Heims, unserer Besitztümer, unserer Gesundheit und unserer geliebten Menschen; aber die grundlegende Angst ist der Verlust des Selbst. Wir halten unser Selbst für die Wirklichkeit, für etwas Festes und Solides, obwohl es nicht so ist. Wir können die absolute Wahrheit über uns durch Zazen erkennen. Dann können wir frei leben, ohne uns an die Illusion des Selbst zu klammern.

Wir fangen an, die Illusion des Selbst zu durchschauen, indem wir dem Aufmerksamkeit schenken, wie wir dieses „Ich" definieren und es substanziell erscheinen lassen. Wir stecken voller Ideen, Überzeugungen und Gewohnheiten, welche dazu dienen, unser Bild des Selbst aufzubauen und zu beschützen. Aber welche entsprechen am meisten der Wahrheit? Sind die positiven Ideen über uns selbst der Wahrheit am nächsten, oder sind das bloß die Ideen, die uns am akzeptabelsten vorkommen? Was ist mit der Vorstellung, die unsere Eltern von uns haben? Sehen sie uns, wie wir wirklich sind? Und welche unserer Gewohnheiten ergeben das zutreffendste Bild unserer Person? Wenn wir eine Bestandsaufnahme all dieser Ideen, Vorstellungen und Gewohnheiten durchführen, erkennen wir sie als das, was sie sind: Konstrukte, Erfindungen unserer Einbildung! Indem wir erkennen, dass diese Dinge keinerlei Substanz haben, schaffen wir den nötigen Freiraum, um zu entdecken, wer wir wirklich sind.

Unser wahres Selbst kennen zu lernen, erfordert eingehende Selbstbetrachtung. Bedenken Sie einfach all die verschiedenen Sichtweisen und Perspektiven, die wir einnehmen können. Betrachten Sie zum Beispiel die unterschiedlichen Antworten, die wir geben könnten, wenn wir einer ärgerlichen Person gegenüberstehen. Die Art, wie wir den Ärger selbst sehen, wird von der Situation abhängen. Unsere Perspektive wird dann beeinflussen, wie wir antworten. Dasselbe passiert in unserem Inneren: Wir machen unsere Antwort davon abhängig, wie wir die gesamte Situation einschätzen, und diese Sichtweise mag sich mit der Zeit verändern. Der Ärger, der uns heute so berechtigt vorkommt, erscheint uns morgen vielleicht schon übertrieben. Das liegt daran, dass unsere Perspektive sich andauernd verändert, selbst wenn es sich um denselben Vorfall handelt.

Je vertrauter wir mit unserer ständig wechselnden Perspektive werden, desto schwerer und schwerer fällt es uns, an irgendwelche Selbstbilder zu glauben, die wir einst als „Ich" akzeptierten. Das Selbst, mit dem wir uns identifizierten, ist nichts weiter als ein Bündel Perspektiven, und diese Perspektiven sind in konstantem Fluss. Versuchen wir auszusprechen, wer wir sind, dann hinken wir ständig unserer letzten Perspektive einen Schritt hinterher. Natürlich könnten wir beschließen, alle unsere Ideen loszulassen und ohne irgendeine eindeutige Perspektive zu leben; aber dieser Entschluss bringt eine Menge Angst hervor. Wer wären wir dann? Was würde mit unserer so genannten Identität geschehen? Es vermittelt uns das Gefühl großer Unsicherheit, wenn wir erkennen, dass es da nichts gibt, was „Ich" genannt wird, kein Selbst. Die ganze Welt ist auf einmal unvorhersehbar. Es gibt kein festgelegtes Ich, kein festgelegtes Sie und keine festgelegte Welt. Obwohl diese Einsicht Unsicherheit mit sich bringt, ist es die Wahrheit. Wenn wir versuchen, in Verleugnung dieser Realität zu leben, verursachen wir bloß mehr Leiden für uns.

Stellen Sie sich vor, was geschehen würde, wenn wir aufhörten, uns der Vergänglichkeit zu widersetzen, und uns stattdessen einfach nur mit dem beschäftigten, was von Moment zu Moment auf uns zukommt. Wir würden ganz gewiss viel freier leben. Anstatt auf der Basis von Ideen, Gewohnheiten und eindeutigen Perspektiven auf alles zu reagieren, was passiert, würden unsere Reaktionen im Hier und Jetzt begründet sein. Ein gewaltiger Raum würde sich in unseren Beziehungen eröffnen, wenn wir uns stets daran erinnerten: „Nicht nur ich bin nicht festgelegt, sondern jeder andere auch!" Wir würden niemals wieder annehmen, jemanden wirklich zu kennen, und wir müssten uns viel mehr Mühe geben, präsent zu sein und dem anderen wahrhaft zuzuhören. Des Weiteren könnten wir, da Sie und ich uns permanent verändern, nicht wirklich voneinander erwarten, unseren Ansprüchen zu genügen. Wenn ich nicht weiß, was ich von mir selbst erwarten soll, wie könnte ich dann überhaupt wissen, was ich von Ihnen erwarten soll? Würden wir andere auf diese Weise behandeln, könnten wir verhindern, weiterhin so viel Ärger und Missgunst zu schaffen. Wenn wir dazu fähig sind, uns als dynamische und sich stetig verändernde Wesen zu akzeptieren, dann schaffen wir Raum, um uns selbst in diesem Moment mit mehr Ehrlichkeit und Integrität auszudrücken. Das verwandelt nicht nur unsere Beziehungen, sondern auch das Karma, das wir erzeugen.

An und für sich ist Karma weder positiv noch negativ. Es ist einfach das Gesetz von Ursache und Wirkung. Von der relativen Perspektive aus betrachtet, können wir jedoch von beidem, von positivem und negativem Karma, sprechen. Das negative Karma entsteht, wenn wir dem Widerstand leisten, was ist; wenn wir die Tatsache ignorieren, dass sich alles verändert und nichts existiert, an dem man festhalten kann. Indem wir zur Unbeständigkeit erwachen, die uns überall umgibt, können wir mit unserer Gewohnheit brechen, die Menschen und Dinge wie festgelegte Objekte zu behandeln. Sollten wir das vergessen, wird uns das Karma sicherlich wieder wachrütteln

Dadurch dass wir der Vergänglichkeit gegenüber wachsam bleiben, können wir viel unnötiges Leid und viele Schmerzen für uns selbst und andere vermeiden. Aber weil der fortwährende Wandel beunruhigend ist – er lässt uns erkennen, wie unsicher und verletzlich wir in Wirklichkeit sind –, fallen wir ständig in die Verleugnung zurück und versuchen etwas zu finden, an das wir uns klammern können. Diese Bemühungen sind von Anfang an zum Scheitern verurteilt; wir werden immer loslassen müssen. Wir können uns selbst dabei behilflich sein, wach zu bleiben, indem wir einige grundlegende Fragen betrachten: Können wir es uns wirklich leisten, in der Verleugnung zu leben? Welche

Konsequenzen verursachen wir für uns selbst und andere, wenn wir anhaften und versuchen uns festzuklammern? Welches Karma schaffen wir, wenn wir gegen den Fluss der Veränderung anzukämpfen versuchen? Wir können uns auch die Vorzüge anschauen, wenn wir Vergänglichkeit anerkennen, das positive Karma, welches wir erzeugen würden, wenn wir ohne Anhaftung lebten. Stellen Sie sich vor, wie viel Freiheit sich eröffnen würde, wenn wir mit dem Versuch aufhörten, uns selbst und die Menschen um uns herum festzulegen! Und indem wir uns nicht mehr an unsere Ideen und Vorlieben klammern, könnten wir unser Bedauern und den Groll über die Vergangenheit loslassen und uns der Zukunft öffnen, ohne Angst und Sorge zu verspüren.

Wir praktizieren Meditation, um uns selbst und das Leben, wie es wirklich ist, zu erkennen. Wenn wir leiden, können wir nach innen blicken, um die Ursache herauszufinden – sie wird immer eine Form der Anhaftung sein. Indem wir wahrnehmen, wie schnell wir uns an neue Ideen und Perspektiven klammern, lernen wir, uns diese Verhaltensweise abzugewöhnen. Eine Möglichkeit dazu besteht beispielsweise darin, nach jenen Momenten Ausschau zu halten, in denen wir das Bedürfnis verspüren, uns oder unsere Sichtweise zu verteidigen. Verteidigungsbereitschaft ist immer wie ein rotes Tuch; sie zeigt uns, dass wir wieder einmal in einem Standpunkt feststecken und von anderen erwarten, dass sie sich damit abfinden. Mit ein wenig Aufrichtigkeit und Mühe können wir erkennen, wo wir feststecken, und uns dann dafür entscheiden, loszulassen. Allmählich werden wir flexibler und es wird für uns leichter, unsere Perspektiven loszulassen. Wir nehmen dieses „Ich" weniger ernst und schätzen stattdessen unser dynamisches und nicht festgelegtes Selbst.

Wir beginnen, die Welt aus der Perspektive des Big Mind zu betrachten, der alle Perspektiven sehen kann, sich aber an keiner festklammert. Wir erfahren, dass es möglich ist, zur Sichtweise des Big Mind zurückzukehren, sobald wir feststecken.

Am besten nehmen wir ganz einfach an, dass wir irgendwo feststecken – dann müssen wir nur noch herausfinden, wo, und loslassen. Befreiung vom Selbst heißt, jeden Tag zu leben, ohne einen Standpunkt einzunehmen und Ideen darüber zu entwickeln, wer wir sind. Dann können wir mit dem Leben tanzen.

15

Das größte Geschenk

Gewahrsein ist das Fundament, um das Leben wertzuschätzen – und wir sind am meisten gewahr, wenn wir im Augenblick leben.

WAS IST DAS GRÖSSTE GESCHENK, das Sie jemals erhalten haben? Die Antwort, die mir selbst in den Sinn kommt, ist: mein Leben. Ohne dieses Leben könnte ich kein anderes Geschenk wertschätzen. Nun, das Leben ist zugleich Segen und Fluch. Jede Geburt geht mit ihrem eigenen Todesurteil einher und die Jahre zwischen Geburt und Tod enthalten jede Menge leid- und schmerzvoller Erfahrungen. Vergnügen und Schmerz, gute und schlechte Zeiten, das alles gehört einfach zum Leben dazu. Wie können wir dem Leben und allem, was es beinhaltet, mit Gleichmut entgegentreten? Es gibt ein berühmtes Sprichwort: Im Zen geht es darum, die große Sache von Leben und Tod zu lösen. Das bedeutet, mit unserem eigenen Leben und eigenen Tod ins Reine zu kommen. Wenn wir ehrlich die Tatsache akzeptieren, dass wir sterben werden, können wir unseren Widerstand gegen das Leben aufgeben. Dann können wir echte Wertschätzung für dieses Leben entdecken.

Die meisten von uns nehmen das Leben als gegeben hin; wir betrachten unser eigenes Leben nicht als zerbrechlich und vergänglich. Doch irgendwann wird uns ein Weckruf daran erinnern, dass das Leben auch etwas Begrenztes ist. Er erreicht uns vielleicht, wenn ein uns Nahestehender plötzlich verstirbt, wir krank werden und unsere körperlichen Fähigkeiten schwinden. Solche Weckrufe können uns die Augen für die Wunder des Lebens öffnen. Vielleicht können wir dann zum ersten Mal auch einige der schlichten Dinge wertschätzen, wie zu atmen oder das Gesicht eines geliebten Menschen zu sehen. Aber warum darauf warten, bis wir so schmerzhaft daran erinnert werden? Wir müssen uns bloß daran erinnern, dass alles, das Leben mit eingeschlossen, in jedem Augenblick vorbei sein könnte.

Am liebsten würde ich mein Leben so wie der Mann in der folgenden Geschichte verbringen. Dieser Mann wohnt am Fuße eines Berges, wandert gerne und erforscht die Gegend. So wandert er eines Tages glücklich einher, als er stolpert und über den Rand einer Klippe fällt. Wunderbarerweise gelingt es ihm, seinen Sturz zu bremsen, indem er sich mit den Zähnen in den Ast eines dürren Baumes verbeißt. Er weiß, dass er dem Untergang geweiht ist. Entweder der Ast oder seine Kraft wird jeden Augenblick nachgeben. Der Kerl hängt also einfach da, als er eine saftige, rote Erdbeere auf dem Kliff wachsen sieht. Er greift danach, pflückt die Erdbeere und stopft sie sich in den Mund!

Können wir auch jeden Moment so würdigen, wie es der Wanderer getan hat? Das Leben ist wirklich immer gefährlich, ob wir uns dessen bewusst sind oder nicht. Wenn wir uns umschauen, können wir überall um uns herum Tod und Verlust erkennen. Aber sind wir auch dazu fähig, in diesem Bewusstsein zu leben? Ich erinnere mich daran, vor Jahren einer bemerkenswerten Frau begegnet zu sein. Sie hatte lange Zeit unter Yasutani Roshi und Yamada Roshi studiert, und sie war viel erfahrener im Zen-Training als ich. Sie sprach darüber, wie es war, Krebs zu haben, und sagte etwas für mich sehr Überraschendes: „Diese Krankheit lehrt mich viele Dinge. Obwohl ich erkenne, dass mich einige Methoden der Zen-Praxis befähigen, mich mit dem Krebs auseinanderzusetzen, sehe ich auch, dass mir der Krebs viel mehr darüber beibringt, mich mit meiner Praxis auseinanderzusetzen."

Sie hatte seit über 30 Jahre Zen praktiziert und doch die ganze Zeit über die Tatsache ihrer eigenen Sterblichkeit verleugnet. Sicher half ihr die Praxis dabei, eine Grundlage für die Anerkennung ihrer Krankheit zu schaffen und für alles, was sie von ihr lernen konnte. Aber es war der Krebs, der sie dazu brachte, sich direkt mit dem Tod auseinanderzusetzen. Genau da wurde ihre Praxis echt.

In der Zen-Praxis geht darum zu erkennen, was ist, und dann diese Wahrheit auch anzuerkennen. Ein unvermeidlicher Teil dieses Prozesses ist es, immer wieder zum Anfang zurückzukehren. Selbst nach vielen Jahren der Übung entdecken wir, dass wir gerade erst anfangen. Dieser Pfad ist ein unendlicher Prozess; wir entdecken und entdecken wieder und immer wieder, was Praxis ist. Zum Anfang zurückzukehren, bedeutet nicht, dass unsere Praxis unreif oder irgendwie unvollständig wäre. Zum Anfang zurückzukehren, ist absolut fundamental für Zen. Anfänger-Geist *ist* Zen-Geist[3] , sagte Suzuki Roshi. Wir kehren wieder und wieder zum Geist eines Anfängers zurück, weil diese Praxis über alles Verstehen hinausgeht. Niemand kann uns sagen, was Zen ist, und es gibt nichts in dieser Praxis, an das wir uns klammern oder an dem wir festhalten können. Stattdessen müssen wir die Praxis immer wieder für uns selbst neu entdecken. Es wird natürlich verschiedene Phasen geben, Zeiten des Fortschritts wie auch Zeiten der Stagnation. Solange wir weitermachen, werden wir immer wieder Zeiten der Erneuerung erleben, in denen wir die Praxis neu für uns entdecken. Und in diesen Zeiten der Wiederentdeckung finden wir immer auch neue Wertschätzung für das Leben.

Was bedeutet es, unser Leben wertzuschätzen? Betrachten Sie diese Frage zum ersten Mal, dann sehen Sie die Konzepte, Ideen und Überzeugungen, die Sie darüber hegen, was das Leben schätzenswert macht. Und wenn Sie genauer hinsehen, dann werden Sie womöglich erkennen, dass viele dieser Ideen eigentlich falsch sind. Da wir in einer materialistischen Kultur aufwuchsen, schnappten wir viele märchenhafte Vorstellungen über das Leben auf: dass es voller Vergnügen sein sollte, dass unsere Träume wahr werden, wenn wir nur hart genug dafür arbeiten, dass es ein Happy End geben wird. Shakyamuni Buddha erkannte, dass Leiden ein unausweichlicher Bestandteil des Lebens ist und es nur zu mehr Leiden führt, wenn man sich dagegen wehrt. Aus diesem Grund lehrte er als erste Edle Wahrheit: Das Leben ist Leiden.

Wenn wir uns vom Leiden befreien wollen, dann müssen wir damit anfangen, die Wahrheit des Leidens anzuerkennen. Jedes Leben enthält Schmerz, Krankheit und Tod, und Happy Ends sind selten. Für die meisten Menschen sind hohes Alter und der Tod ein sehr trauriges Ende. Bei meiner eigenen Mutter war ich Zeuge des Leidens, das allzu oft mit hohem Alter einhergeht. Sie verbrachte ihre letzten Jahre in einem Pflegeheim und ich besuchte sie beinahe täglich. Viele der Menschen, die im Pflegeheim lebten, litten sehr. Und doch glaube ich, dass sie, wenn sie die Wahl gehabt hätten, ihr Leben freiwillig zu beenden, sich trotzdem dafür entschieden hätten, weiterzuleben. Natürlich würde die Angst vor dem Tod und Unbekannten ihre Entscheidung beeinflussen, aber genauso bedeutend wäre die Tatsache, dass das Leben selbst so ein gewaltiges Geschenk ist. Die Fähigkeit, zu sehen, hören, berühren und zu atmen, ist ein echtes Wunder – selbst wenn wir nicht mehr so gut hören und sehen können. Selbst am Ende unseres Lebens können wir einfach wertschätzen, bewusst und gewahr zu sein, einfach zu leben.

Es ist seltsam aber wahr, dass wir oftmals das Leben nicht wertschätzen, wenn es am Erfülltesten ist, sondern es dann für selbstverständlich halten. Vielleicht erklärt das, wie eine ernsthafte Krankheit oder Verletzung so plötzlich unsere Augen für eine neue und tief reichende Wertschätzung des Lebens öffnen kann. Doch wie können wir das Leben würdigen, unabhängig davon, ob wir gute oder schlechte Zeiten erleben? Wir können uns einer Sache sicher sein: Um das Leben mit all seinen Höhen und Tiefen wertzuschätzen, müssen wir seine Gaben erkennen, auch die ganz grundlegenden.

Immer ist Gewahrsein das Fundament, um das Leben wertzuschätzen – und wir sind am meisten gewahr, wenn wir im Augenblick leben.

Wenn uns keine Gedanken über Vergangenheit und Zukunft ablenken, dann können wir erkennen, was *ist*, genau hier und jetzt. In Zazen zu sitzen ist die beste Methode, um unser Gewahrsein des Augenblicks zu kultivieren. Indem wir einfach nur sitzen, können wir es genießen, wahrhaft gegenwärtig zu sein. Die Gedanken verlangsamen sich und der Geist wird still. Es ist, als ob man ein Glas Wasser aus einem schlammigen Teich schöpft und es auf einen Tisch stellt: Nach 15 oder 20 Minuten setzen sich die Sedimente am Boden ab, und das Wasser wird klar und transparent. Zazen erlaubt es der Geschäftigkeit des Geistes, zur Ruhe zu kommen. Dann kann der Geist einfach reflektieren, was auch immer in unser Bewusstsein tritt, so wie eine glatte Wasseroberfläche.

Das Gewahrsein, das wir in Zazen kultivieren, erlaubt uns, einfach mit dem zu sein, was im Augenblick ist. Und weil wir den auftauchenden Gedanken weder folgen noch ihnen anhaften, können wir die fließende Qualität erfahren, die unser wahrer Geist ist. Gedanken kommen und gehen, Sinneseindrücke kommen und gehen, Dinge kommen und gehen. Wir üben, uns an nichts festzuhalten, weder an Freude noch an Schmerz. Auf diese Weise trainieren wir, damit aufzuhören, dem Leben Widerstand zu leisten. Und wir lernen etwas Wunderbares: Der Geist kann ganz entspannt sein, unabhängig von dem, was sich ereignet. Schließlich sind wir befreit, frei, das größte Geschenk von allen zu schätzen und zu genießen – dieses Leben.

16

Die Suche nach Bestätigung

Unsere Fähigkeiten und Kenntnisse sind nicht besonders hilfreich, wenn es darum geht, das Selbst zu erforschen. Obgleich es etwas seltsam erscheint, im Außen nach jemandem zu suchen, der uns hilft, ins Innere zu blicken, ist es dennoch sinnvoll.

IMMER WENN EIN EINFÜHRUNGSKURS im Kanzeon Zen Center beginnt, stelle ich denen, die kommen, gerne die Frage, was sie sich von der Teilnahme erhoffen. Es ist interessant, sich diese Frage anzuschauen, weil die Leute für gewöhnlich nicht kommen, um mehr über Zen zu lernen, sondern eher deshalb, weil sie mehr über sich selbst lernen wollen. Sie sind an den richtigen Ort gekommen. Dogen Zenji fasste Zen sehr gut mit folgenden Worten zusammen: „Den Buddha-Weg zu studieren, bedeutet, das Selbst zu studieren."

Menschen mit den unterschiedlichsten Lebensstilen melden sich zu den Einführungskursen an. Viele von ihnen sind gut ausgebildet und bereits sehr etabliert, mit Karriere, Familie und Zuhause. Oberflächlich betrachtet könnte man meinen, sie fühlten sich zufrieden und erfüllt. In ihrem Leben scheint es wirklich an nichts zu mangeln. Und trotzdem kommen sie zu uns, darauf hoffend, mehr über sich zu erfahren und erfüllter und zufriedener mit sich zu leben. Es ist erstaunlich, wie sehr dieses Verlangen dem Verlangen von Siddhartha Gautama ähnelt, das ihn dazu veranlasste, alles andere loszulassen und seine Reise ins Innere zu beginnen. So wie er müssen auch einige von uns erst ein gewisses Maß an Erfolg im Leben haben, bevor sie erkennen, dass weltlicher Gewinn niemals wahre Zufriedenheit bringt.

An diesen Weggabelungen, an denen wir uns fragen, ob es nicht mehr im Leben gibt, erkennen viele von uns, dass sie nicht mehr weiterwissen: Uns fehlen die nötigen Werkzeuge, um nach innen zu blicken. Die Fähigkeiten und Kenntnisse, die wir uns angeeignet haben, sind nicht besonders hilfreich, wenn es darum geht, das Selbst zu erforschen. Obgleich es etwas seltsam erscheint, im Außen nach jemandem zu suchen, der uns hilft, ins Innere zu blicken, ist es dennoch sinnvoll. Natürlich wollen wir uns nicht einfach an irgendjemanden wenden; wir wollen jemanden finden, der eine Lehrerlaubnis hat, jemand, der qualifiziert ist, uns den Weg zur Wahrheit über uns selbst zu weisen. In der Zen-Tradition halten wir uns an die Traditionslinie der Zen-Vorfahren, die seit der Zeit des Buddha von Lehrer zu Nachfolger bestätigt wurde. Wir vertrauen auf die Tradition. Doch wissen wir anfangs, wenn wir dem Lehrer, der Lehrerin das erste Mal begegnen, nicht, ob er oder sie unser Vertrauen auch verdient. Wir sollten also nicht nur auf die jeweilige Lehrerlaubnis schauen, sondern auch auf uns selbst hören und unseren Instinkten vertrauen. Mit etwas Glück finden wir einen Lehrer, mit dem wir uns verbunden fühlen.

Letztendlich können nur Sie die Wahrheit über sich selbst bestätigen, genau wie nur ich die Wahrheit über mich selbst bestätigen kann. Doch wir können uns natürlich sehr leicht selbst täuschen und irreführen, besonders wenn es um Aspekte unserer selbst geht, die wir nicht mögen. Wenn wir uns also auf die Reise der Selbsterfahrung machen, müssen wir fragen: „Woher soll ich wissen, dass ich, wenn ich nach innen blicke, die Wahrheit sehe und nicht bloß eine Selbsttäuschung?“ Genau hierbei kann ein qualifizierter Lehrer sehr hilfreich sein. Eine gute Lehrerin hilft

Ihnen bei der Beurteilung, ob Sie mit Klarheit und Weisheit sehen. Um dazu fähig zu sein, muss sie diesen Grad des Verständnisses bereits erreicht haben. Sie muss einen persönlichen Prozess der Selbstentdeckung durchlaufen haben und die Klarheit ihrer Vision muss von einem Lehrer bestätigt worden sein. Und natürlich muss diese Person, bevor sie lehren darf, beweisen, dass sie die Fähigkeit besitzt, andere anzuleiten. Die Bestätigung innerhalb der Zen-Traditionslinie gleicht einem „Siegel der Anerkennung", dass der Lehrende diesen Standards entspricht.

Die Zen-Tradition besteht inzwischen lange genug, so dass wir sicher sein können, dass etwas an diesem Prozess funktioniert. Wir treffen mit dem Lehrer eine Übereinkunft, die ihm die Autorität verleiht, das Verständnis, welches wir über uns selbst gewonnen haben, zu beurteilen und zu bestätigen. Aber wir wissen beide, dass die Bestätigung letztendlich aus unserem eigenen Inneren stammt. Wir schaffen bloß zeitweise eine äußere Autorität, einen Buddha, an den wir uns zur Anleitung wenden können.

Vielleicht wundern Sie sich darüber, wie das Wort „Buddha" im Zen verstanden wird. Gewiss wird Ihr eigenes Verständnis von Buddha einen entscheidenden Unterschied in Ihrer Praxis ausmachen. Shakyamuni Buddha ist der historische Buddha, der als Erster zu seinem wahren Selbst erwacht ist. Aber wenn ich mein Verständnis von Buddha auf Shakyamuni beschränke, an wen soll ich mich dann heutzutage wenden, um Rat und Anleitung zu erhalten? Eine Möglichkeit wäre, sich an Buddhas aufgezeichnete Lehre, an die Sutras, zu halten, die uns dabei helfen, unser Verständnis zu klären und zu bestätigen. Das ist der Pfad der Theravada-Schule des Buddhismus. Daher ähnelt die Theravada-Tradition der Überlieferung des Christentums, die auf der Bibel basiert, und der Tradition des Islam, die auf dem Koran beruht. Wenn wir uns vergewissern wollen, ob wir dem Pfad Shakyamuni Buddhas folgen, können wir uns an die Sutras halten. Die Theravada-Tradition ist stark und wohl begründet, aber sie ist auch auf den Dharma begrenzt, wie er vor über 2 000 Jahren in schriftlicher Form konserviert wurde. Und von diesem Standpunkt aus betrachtet kann die Lehre heute gar nicht lebendig sein, weil Shakyamuni Buddha bereits tot ist.

Der Zen-Buddhismus hat eine andere Sicht der Lehre Buddhas. Wir meinen, dass die aufgezeichneten Lehren des Buddha nicht die einzigen Sutras sind – der Dharma wird auch heute von lebendigen Buddhas erläutert. Diese Zen-Sichtweise wurde von Hannyatara, Bodhidharmas Lehrer, wunderschön formuliert. Als Hannyatara vom König aufgefordert wurde, ein Sutra als Segensspruch vor dem gemeinsamen Mahl zu rezitieren, tat er etwas Verblüffendes. Vor dem König und dessen Gästen stehend sagte Hannyatara: „Jedes Mal, wenn ich einatme, rezitiere ich die 84 000 Sutras. Jedes Mal wenn ich ausatme, rezitiere ich die 84 000 Sutras.“ Er wusste durch seine eigene Realisation, dass der Dharma tatsächlich in seinem Atem weilte. Hannyatara erzählte den Gästen des Königs – und er erzählt es Ihnen und mir – etwas sehr Grundlegendes und zugleich Schlichtes: Wenn wir Buddhas Lehre verstehen und die Wahrheit über unsere Natur erfahren wollen, dann brauchen wir nicht weiter als bis zu unserem eigenen Atem zu schauen. Einatmend, ausatmend drücken wir den Dharma vollkommen aus. Und wenn wir in Zazen unseren Geist auf den Atem konzentrieren und eins mit ihm werden, werden wir eins mit Buddha.

Im Samadhi des Zazen erhalten wir die Weisheit des Buddha. Wir erhalten sie direkt vom Buddha-Geist, von Big Mind, dem Ungeborenen. Und wenn wir zu diesem Herz-Geist zurückkehren, wird unser Verständnis bestätigt. Sich an einen Lehrer zu wenden, ist also im Grunde etwas Ironisches. Erst bestätigen Sie sich selbst, indem Sie Ihren eigenen Buddha-Geist realisieren. Dann wenden Sie sich an einen Lehrer zur Bestätigung dessen, was Sie realisiert haben. Wenn Ihre Realisation klar ist, ist die Anerkennung des Lehrers wie Zuckerguss auf einem Kuchen.

Sie wissen es und die Lehrerin weiß es. Da gibt es nicht viel zu diskutieren. Sie haben einfach beide zusammen daran gearbeitet, sich selbst zu bestätigen. Sie haben Ihre Autorität weggegeben, damit Sie diese zurückerhalten können. Wenn Sie sich lediglich selbst bestätigen, könnten Sie verblendet sein.

Mit einem Lehrer zu arbeiten, ähnelt sehr einem Arztbesuch: Sie gehen zur Ärztin, um Ihre Krankheit diagnostizieren zu lassen und herauszufinden, was sich dagegen unternehmen lässt. Vielleicht sind Sie sich nicht sicher, ob es überhaupt ein Problem gibt, aber Sie gehen trotzdem hin, weil Sie die Wahrheit erfahren wollen. Dann wird es zur Aufgabe der Ärztin, die Diagnose zu stellen und sie Ihnen mitzuteilen. Sie wird die Wahrheit sagen, doch Sie müssen nicht glauben, was sie sagt. Sie können sich entscheiden, die Diagnose zu akzeptieren und die Therapie durchzuführen, oder Sie können beschließen, die Diagnose zu ignorieren oder zu leugnen, und nichts tun. Ganz ähnlich ist es, wenn wir einen Zen-Lehrer aufsuchen, um die Wahrheit zu erfahren. Vielleicht haben wir eine Ahnung, dass irgendetwas nicht ganz in Ordnung ist. Der Lehrer akzeptiert seine Rolle und erklärt sich bereit, die Wahrheit zu sagen. Wir können zu diesem Zeitpunkt entweder fortgehen oder uns dafür entscheiden, mit der Behandlung anzufangen. Falls wir bleiben, wird die Lehrerin zu unserer Autorität, bis wir beide wissen, dass die Krankheit geheilt wurde.

Wenn ein Schüler und ein Lehrer sich geeinigt haben, zusammenzuarbeiten, ist die erste Aufgabe weder einfach noch erfreulich. Wer hört schon gerne, dass er für seine eigenen Probleme verantwortlich ist? Wir fühlen uns wesentlich wohler, wenn wir die Schuld auf jemand anderen abwälzen können. So widerstehen wir vielleicht der Diagnose: „Ich bin das Problem." Aber diese Diagnose ist eigentlich eine gute Nachricht. Wenn wir selbst das Problem sind, dann sind wir auch die Heilung! Wir müssen dies akzeptieren, damit wir aufhören, das Problem „da draußen" lösen zu wollen.

Was ist das Problem? Dieses „Ich". Das Selbst, das wir erschaffen haben, verursacht unsere Schwierigkeiten. Nachdem wir die Diagnose akzeptiert haben, hoffen wir womöglich, dass der Verlauf der Heilung ganz einfach sei. „Wenn das Selbst das Problem ist, dann muss ich bloß aufhören, es zu erzeugen." Aber wenn wir das probieren, finden wir heraus, dass wir nicht dazu in der Lage sind. Das Leben hat uns konditioniert, das Selbst zu erschaffen und zu beschützen, und diese Gewohnheit lässt sich nicht so leicht aufgeben. Dennoch können wir damit anfangen, diese Konditionierung loszulassen, indem wir den Verhaltensmustern Aufmerksamkeit widmen, die das Selbst aufrechterhalten. Mit etwas Übung können wir uns der konditionierten Reaktionen bewusst werden, bevor wir sie einfach ausagieren. Im Buddhismus gilt dies als der Moment der Befreiung. In dem Augenblick, in dem ein Gedanke oder Wunsch auftaucht, können wir beschließen, auf eine Weise zu reagieren, die sich von unserer gewohnten, eigennützigen Haltung unterscheidet. Unsere Achtsamkeit erlaubt uns, den Moment zwischen dem Impuls zum Handeln und der Handlung selbst zu erfassen. Wir können uns entscheiden, auf neue und kreative Weise zu reagieren, oder wir entscheiden uns einfach dafür, den Impuls vergehen zu lassen. In beiden Fällen haben wir unsere Freiheit in Anspruch genommen.

Es kostet Zeit und Übung, sich von Konditionierungen zu befreien, und der beste Ort, um Achtsamkeit zu praktizieren, ist auf dem Kissen. Aber natürlich können wir Achtsamkeit 24 Stunden am Tag praktizieren, indem wir einfach allem, was wir tun, Aufmerksamkeit widmen. Wenn wir uns einer regelmäßigen Praxis unterziehen, wird es nicht lange dauern, bis wir einige unserer Gewohnheiten und Muster erkennen. Am Anfang bemerken wir die Muster erst, nachdem wir wieder in das alte Verhalten zurückgefallen sind. Manchmal merken wir nicht, dass wir in unsere Gewohnheiten zurückgefallen sind, bis wir uns aufs Kissen setzen oder uns zum Schlafen hinlegen. Vielleicht vergehen ein oder zwei Tage, bis wir begreifen: „Jawohl, ich habe es schon wieder getan." Doch jedes Mal, wenn wir ein Muster erkennen, haben wir die Gelegenheit, die Details zu studieren. Wir lernen, diese Gewohnheit immer schneller zu bemerken und uns selbst im Augenblick des Handelns zu erwischen. Allmählich erweitert sich der Abstand zwischen dem Impuls und der Reaktion, und in diesem Zeitraum sind wir befreit – frei zu wählen, wie wir antworten werden.

Indem wir uns von Konditionierungen befreien, werden wir immer spontaner. Womöglich werden wir uns selbst überraschen, genauso wie diejenigen, die glaubten, uns zu kennen. Das Selbst, welches so festgelegt und vorhersehbar erschien, fängt an zu schmelzen, und wir fühlen uns immer mehr in unserem wahren Selbst zu Hause, das fließend und ungebunden ist. Unsere eigene Erfahrung bestätigt, dass unser wahres Selbst Nicht-Selbst ist, unsere wahre Natur ist Nicht-Natur. Wir sind völlig frei.

17

Die Arbeit mit einem Lehrer

Ein Lehrer verliert niemals unser wahres Selbst aus den Augen. Und weil der Lehrer sich weder vom Ego täuschen noch sich im Geringsten von dessen Manipulationen und dessen Selbstsucht beunruhigen lässt, bringen wir den Mut auf, neugierig zu sein, uns zu fragen, was unterhalb unserer Fassade liegt.

ZEN HAT DEN RUF, ein besonders herausfordernder Pfad zu sein. Dies wissend fühlen sich einige von uns aus Neugier zu dieser Praxis hingezogen oder um ihren Eifer zu erproben. Sollten wir aber dann von der Härte des Zen tatsächlich auf die Probe gestellt werden, stellen wir vielleicht fest, wie schlecht wir darauf vorbereitet sind. Meine erste Zen-Erfahrung war auch beinahe meine letzte. Wären da nicht die wenigen Worte von dem Mann gewesen, der zu meinem Lehrer wurde, dann wäre ich heute nicht mehr dabei. Bevor ich mein erstes Sesshin besuchte, las ich einige Bücher von D. T. Suzuki und Alan Watts, und ich glaubte zu wissen, was Zen ist. Aber wirklich in die Zen-Praxis eingeführt wurde ich durch ein einwöchiges Sesshin im Frühling 1972. Koryu Roshi leitete das Sesshin und Maezumi Roshi assistierte dabei. Am Morgen des dritten Tages ging ich zu Maezumi Roshi und sagte ihm, dass ich abreisen werde. Er fragte mich, warum, und ich gab ihm eine Antwort, aber mittlerweile begreife ich, dass ich weder ihm noch mir selbst gegenüber völlig ehrlich war. Der wahre Grund war, dass dieses Sesshin so verdammt schwer war. Ich hatte eine Menge physischer Schmerzen, vor allem in den Beinen. Aber die psychischen Schmerzen waren noch viel schwieriger zu ertragen.

Sesshins sind intensive Trainings-Retreats, die Zazen besonders betonen und oft ein acht- oder mehrstündiges Sitzen beinhalten, und das Tag für Tag. Sie beinhalten auch Phasen, in denen Achtsamkeit bei der Arbeit praktiziert wird. Ich war dazu eingeteilt, Maezumi Roshi dabei zu helfen, einen Steingarten im Hinterhof des Zendo zu errichten. Mein sportliches Training prädestinierte mich geradezu dafür, schwere Felsbrocken dahin zu schieben, wo er sie hinhaben wollte, und das hieß, sie „genau so" zu platzieren. Das Problem war, dass ich schon einiges gelesen hatte und ich wusste, was es hieß, Dinge „genau so" zu platzieren: Nachdem Sie das Laub gekehrt haben, schütteln Sie kräftig den Baum, damit ein paar Blätter ganz natürlich an ihren Platz fallen können. Doch Maezumi Roshi hatte seine eigenen Vorstellungen, und das ärgerte mich ungemein. Der Typ verschwendete eine Menge von meiner Zeit damit, die Felsen „genau so" zu arrangieren.

Diese blöden Felsen umherzuschieben, war nur eins der Dinge, die mich an diesem Sesshin nervten. Ein weiteres Problem war das Ritual. Sobald ich mich auch nur einmal umdrehte, erschien es mir, als würden wir uns schon wieder verbeugen, zuerst vor dem Altar, dann vor dem Kissen, dann vor dem Lehrer. Meine Familie war jüdisch, und ich hatte zumindest eins von dieser Tradition gelernt: Bete keine Götzen an! Aber genau so kam mir das ganze Verbeugen vor. Verbeugen hatte sowieso nichts mit Zen-Training zu tun – zumindest nicht in meiner Vorstellung. D. T. Suzuki war bei solchen Themen immer sehr nachdrücklich, und er sagte, dass es beim Zen keine Rituale oder Götzendienste gäbe. Ich war viel zu grün hinter den Ohren, um die verschiedenen Formen des Zen-Trainings zu kennen. Ich begriff nicht, dass D. T. Suzuki einen strikten Rinzai-Hintergrund besaß. Ich aber nahm an einem Sesshin der Soto-Tradition teil. Ich war 26 Jahre alt, und ich hatte gerade ein Jahr damit zugebracht, in den Bergen zu lesen und zu meditieren. Ich wusste genau, wie Zen auszusehen hatte.

Als Maezumi Roshi mich fragte, warum ich abreisen wollte, erklärte ich ihm, dass sie hier einfach kein Zen praktizieren würden. Plötzlich stinksauer brüllte er: „Was ist Zen?“ Es erschien mir, die perfekte Möglichkeit gekommen zu zeigen, was ich alles wusste. Ich rammte die Schaufel, die ich in der Hand hielt, in den Gartenboden und sagte: „Einfach dies!“ Er antwortete darauf: „Dein Zen-Auge ist nur teilweise geöffnet.“ Dieser erste Stich reichte tief, aber er war noch nicht fertig: „Wo hast du gelernt?“ „Nirgendwo, ich habe keinen Lehrer.“ Ich fuhr damit fort, ihm von den Büchern zu erzählen, die ich von D. T. Suzuki und Alan Watts gelesen hatte. Maezumi Roshi: „Alan Watts? Er ist nicht Zen!“ Der Boden, auf dem ich gestanden hatte, fing an sich aufzulösen, und ich wusste nichts mehr zu sagen. Ich war überrumpelt, völlig unvorbereitet auf seinen finalen Schlag: „Ich will nicht, dass du gehst.“ Er schaute mir in die Augen und wiederholte: „Ich will nicht, dass du gehst.“ Es fühlte sich an, als ob er mein Herz in seinen Händen hielt und es fest drückte. Ein drittes Mal: „Ich will nicht, dass du gehst.“ Seine Aufrichtigkeit und Verletzlichkeit schnitten durch mich hindurch, und ich blieb.

Ich erzähle diese Geschichte, weil sie typisch für das erste Zusammentreffen mit einem Lehrer ist. Wir kommen mit einer ganzen Menge Ideen zum Lehrer, Ideen darüber, wie man sich verhalten sollte und was man zu erwarten hat. Aber wir können dem Lehrer nicht wirklich begegnen, bis wir diese Ideen völlig zerfetzt haben und unser Herz und unser Geist offen und verletzlich daliegen. Zu Beginn fürchten wir diese Offenlegung und das, was da vielleicht enthüllt wird. Aber etwas in unserem Innern sagt uns, dass wir genau das geschehen lassen wollen. Wir gehen zu einer Lehrerin, um durchschaut zu werden. Das Selbst ist zu schwer geworden, um weiter getragen zu werden; es ist zu unserem Gefängnis geworden. Wir hoffen darauf, dass die Lehrerin uns helfen kann, diese Täuschung einzureißen, so dass wir auf das stoßen, was wahr ist.

Zu Beginn ist es Angst einflößend, mit einem Lehrer zu arbeiten, aber wenn das Leiden groß genug wird, finden wir den Mut, die Angst endlich zu überwinden. Ich will die Heilung, also akzeptiere ich die Behandlung. Diese Offenheit erlaubt es dem Lehrer zu enthüllen, wie sehr wir an dieser Vorstellung vom Selbst anhaften. Unser Leben drehte sich um dieses „Ich", wir bauten eine Identität auf und erhielten diese aufrecht; und wir werden unser „Ich" definitiv nicht loslassen, bis wir selbst erkannt haben, dass es die Ursache unseres Leidens ist. Also wird der Lehrer zum Spiegel, der wiedergibt, wie sehr wir uns am Selbst festklammern. Wir sind besessen vom Selbst; alles, was wir tun, bezieht sich auf *ich*, *mein* und *mich*. Selbst wenn wir altruistisch zu sein versuchen, wollen wir im Hinterkopf immer wissen, was wir davon haben werden. Der verblendete kleine Geist kann auf keine andere Weise handeln, da er sich stets unzulänglich fühlt. Das Verlangen will einfach nicht aufhören.

Von Anfang an war es unser Hauptproblem, nach etwas zu suchen, das dem kleinen Selbst das Gefühl der Vollständigkeit vermittelt. Das Ego versucht, sich selbst auszufüllen, indem es größer und massiver wird; es nimmt für sich neue Fähigkeiten, Kenntnisse und Besitztümer in Anspruch. Aber das Ego ist unersättlich; es kann niemals genug erreichen, um sich vollständig zu fühlen. Der einzige Weg aus dieser Falle ist es, den kleinen Geist zu transzendieren und ihn aus der Perspektive unseres wahren Selbst, des Buddha-Geistes, zu beobachten. Von dort aus können wir sehen, wie das Ego vorgeht und wie viel Leiden es verursacht. Wir sitzen in Zazen, damit wir einen Schritt vom Ich zurücktreten und es ohne Anhaftung betrachten können. Wir lernen, wie wir die Gedanken, Emotionen und Sinneseindrücke bei ihrem Auftauchen beobachten können, ohne das Ego mit einzubeziehen. Wenn das Ego nicht involviert ist, verspüren wir kein Bedürfnis zu beurteilen, was uns durch den Geist geht. Der Buddha-Geist kennt keine Vorlieben, und so können wir einfach mit dem sein, was ist.

Mit der Zeit schwindet unsere Identifikation mit dem Ego und wir identifizieren uns mehr mit unserer wahren Natur, dem Herz-Geist. Vorlieben und Urteile tauchen auch weiterhin während des Zazen auf, aber nachdem wir erkannt haben, dass das Ego nicht unser wahres Selbst ist, fesseln uns die Täuschungen des Ego weniger. Und wir brauchen keine Vorliebe für „keine Vorlieben" zu entwickeln; wenn sie auftauchen, bemerken wir einfach nur, was vorgeht: „Ah, schon wieder urteilen" oder „Ich mag das zwar nicht, aber was soll's?" Der Buddha-Geist ist frei von den Einflüssen des Egos. Wir müssen nicht nachgrübeln, wie wir das Schiff aus der Flasche herausbekommen; wir müssen einfach nur erkennen, dass es von Anfang an keine Flasche gegeben hat. Das ist plötzliches Erwachen. Mauern, die in diesem Augenblick noch völlig stabil wirken, können sich im nächsten schon auflösen, weil sie nur Aspekte der scheinbaren Realität sind, des Egobereichs. Jenseits der Erscheinungen liegt das Nicht-Selbst, unser grenzenloser Buddha-Geist. Unser wahres Selbst ist schon immer frei gewesen.

Unser größtes Bedürfnis ist es, zu enthüllen, was wahr ist, aber das ist ebenfalls unsere größte Angst. Wir wissen nicht wirklich, wer wir sind, und wir fürchten uns vor dem, was in uns lauern mag. Wer bin ich, wenn ich nicht diese lockere, unbekümmerte Person bin, die ich zu sein versuche? Ein Lehrer verliert niemals unser wahres Selbst aus den Augen. Und weil der Lehrer sich weder vom Ego täuschen noch sich im Geringsten von dessen Manipulationen und dessen Selbstsucht beunruhigen lässt, bringen wir den Mut auf, neugierig zu sein, uns zu fragen, was unterhalb unserer Fassade liegt. Anrüchige Dinge lauern vielleicht in unserem Inneren; immerhin haben wir Jahre damit verbracht, unsere hässlichen Seiten zu kontrollieren und zu verstecken – unsere Selbstsucht, Ignoranz und Wut. Wir wollen sie uns nicht anschauen, und wir wollen sie ganz gewiss nicht anderen zeigen, aber genau das ist nun einmal, was die Lehrerin von uns verlangt. Es ist der einzige Weg, damit ins Reine zu kommen, wer wir wirklich sind. Wir müssen die Illusion des Selbst durchschauen, um unsere wahre Natur zu entdecken. Weil die Lehrerin bereits die Wahrheit sieht, kann sie uns dabei behilflich sein, die Wahrheit zu enthüllen.

In Zazen fangen wir an, die Illusion zu durchschauen. Wir beruhigen den Geist und finden den Mut, das zu betrachten, was wirklich geschieht. Langsam bezwingen wir die Angst, die uns davon abhielt, die Wahrheit zu enthüllen. Der Lehrer wird nicht geschockt sein, wenn er dabei Hässliches entdeckt, denn es unterscheidet sich nicht von seiner eigenen Hässlichkeit. Wir sitzen alle im selben Boot. Sie und ich sind genauso ichbezogen wie jeder andere auch, zu wem sollte man also aufblicken oder auf wen herabschauen? Der Versuch, einander zu täuschen, ist lächerlich; wir alle werden von Eigeninteresse motiviert. Gelingt es uns, unser Unbehagen zu überwinden und dies zuzugeben, verspüren wir große Erleichterung. Wir können unsere Verblendung loslassen – das Selbst, welches wir erschufen und dann für real hielten. Es gibt kein Selbst! Es gibt absolut nichts Festes, Solides, auf das man Anspruch erheben, das man für sich reklamieren oder an dem man festhalten kann. Unsere Aufgabe ist es, jenseits der Illusion zu schauen, auf unsere wahre Essenz. Der Job des Lehrers ist es, immer auf die tiefere Wahrheit hinzuweisen, auf unsere Buddha-Natur.

Zu einer Sangha zu gehören, einer Gemeinschaft von praktizierenden Buddhisten, kann unserer Praxis eine große Intensität hinzufügen, da sie die Möglichkeit bietet, dass wir mit anderen zusammentreffen und gemeinsam üben, wer wir wirklich sind. Wir schaffen einen Kontext, in dem es in Ordnung ist, unsere Fassaden und Abwehrmauern niederzureißen und uns selbst und anderen all unseren Schrott zu enthüllen. Wir praktizieren zusammen, so dass wir entdecken können, wer wir wirklich sind, und dies dann leben. Falls der kleine Geist versucht, sich selbst durch Meinungen, Urteile, Scham und Stolz zu behaupten, dann können wir einander daran erinnern, zum Buddha-Geist zurückzukehren, unserer wahren Natur, welche groß genug ist, dies alles zu umfassen. Indem wir einander auf diese Weise unterstützen, werden wir furchtlos.

Einige Zen-Zentren bieten die Möglichkeit, mit einem Lehrer an Koans zu arbeiten. Koans schaffen es, bestimmte Aspekte des kleinen Selbst hervorzubringen, die ansonsten vielleicht verborgen geblieben wären. Wir haben alle blinde Stellen und Probleme, doch wir werden nie verstehen, wie sehr sie uns belasten und blockieren, solange wir uns nicht zumindest kurzzeitig von ihnen befreien. Koans sind besonders hilfreich darin, uns zu lehren, wie wir unsere Ängste überwinden können, Fehler zu machen und wie Idioten dazustehen. Sie vermitteln uns Übung darin, die Kontrolle vom Ego zurückzufordern und die Freiheit auszudrücken, die unsere wahre Natur ist.

In dem Augenblick, in dem wir vom Widerstand, uns mit unserem ganzen Schrott auseinanderzusetzen, zur Bereitschaft wechseln, dies zu tun, wachsen wir über ihn hinaus. Unsere Fähigkeit zu bezeugen wird größer als unsere Ängste. Am besten ist dies in Zazen möglich, bei dem wir auch den nötigen Gleichmut kultivieren können, der uns durch schwierige Zeiten trägt. Die Zazen-Haltung vermittelt große Kraft und Stärke, weil sie uns erlaubt, eine spezielle Form der Energie anzuzapfen, nämlich *joriki*, die Kraft des Samadhi. In Zazen entwickeln wir das Vertrauen in unsere Fähigkeit, uns mit allem zu konfrontieren, selbst mit unserem eigenen Tod.

Schwierige Zeiten sind in der Tat oft die besten Zeiten, um Zazen zu praktizieren. Anstatt zu ignorieren und zu unterdrücken, was uns beschäftigt, können wir das Leiden als einen Aspekt des kleinen Geistes entlarven. Indem wir uns jenseits unseres Widerstandes bewegen, können wir Zuflucht zu unserem eigenen Buddha-Geist nehmen, wodurch wir angstfreier und selbstständiger werden. Unser Vertrauen wächst, weil wir lernen, dass wir stets zu unserer eigenen wahren Natur heimkehren können. Der Buddha-Geist ist genau hier! Uns von der Welt der Verblendung befreiend werden wir zu unseren eigenen Meistern.

18

Nur der Eine Geist

Bei der Realisation des Geistes springen wir jenseits alle Dualität. Es gibt kein Sie oder ich, dies oder das, keine Bestätigung oder Negation. Es gibt nur den Einen Geist.

KOANS SIND WIE DOSENÖFFNER für den Geist. Unser Geist steckt in der Dualität fest, und Koans brechen ihn für eine neue Sichtweise der Welt auf. Ich möchte gerne einige Koans mit Ihnen teilen, um auf diese Weise zu erforschen, wie sie funktionieren.

Das Wort *koan* bezieht sich üblicherweise auf ein Problem, eine Frage oder einen Dialog, die nicht mit dem rationalen Verstand gelöst werden können. Um ein Koan zu lösen, müssen wir über die dualistische Logik hinausgehen, mit der wir normalerweise Probleme angehen. Das Leben beschert uns zahllose, natürlich auftretende Koans, aber in unserer Tradition des Zen werden ungefähr 1 700 Koans offiziell anerkannt. Wir studieren Koans nicht deshalb, weil die dualistische Perspektive irgendwie falsch wäre, sondern weil es einschränkend ist, nur diese Sichtweise zu haben. Vom dualistischen Standpunkt aus gibt es immer mehr als eins; es gibt Sie und mich, dies und das, wir selbst und andere.

Unser dualistischer, rationaler Geist kann uns recht weit bringen, was bestimmte Aspekte des Lebens, der Realität, Philosophie und so weiter betrifft. Aber wie der Buddha bei seiner Erleuchtung entdeckte, ist die dualistische Sichtweise nur eine Seite der Wirklichkeit. Offensichtlich ist dann die andere Seite der Wirklichkeit nichtdualistisch, und beruht auf einer nichtdualistischen Sichtweise oder einem nichtdualistischen Verständnis. Dem westlichen Gedankengut zufolge ist ein nichtdualistisches Verständnis auch zwingend ein nichtlogisches. Die großen Denker des Ostens aber wussten schon seit langem, dass es noch eine andere Art der Logik gibt, und zwar eine, die einer nichtdualistischen Perspektive entstammt. Diese so genannte buddhistische Logik beruht auf der erleuchteten Sichtweise: Alles ist wirklich Ein Geist.

Koans sind Hilfsmittel, die uns lehren, wie wir uns die nichtdualistische Sichtweise zugänglich machen können. Sie schaffen Öffnungen zum erleuchteten Geist.

Das erste Koan, das ich mit Ihnen teilen will, ist simpel und kommt direkt zur Sache. Das Koan lautet: Wie verstecken Sie sich in einer Säule? Wenn Ihnen dieses Koan oder ein anderes gegeben wird, dann müssen Sie erst mal mit ihm sitzen; und in diesem Fall würden Sie damit anfangen, sich eine Säule vorzustellen. Dann erforschen Sie die Säule und lernen sich aufs Intimste kennen. Der Vorgang ist ähnlich wie auf den *Zehn Ochsenbildern* abgebildet. Zuerst sehen wir die Spuren des Ochsen, dann erhaschen wir einen Blick auf ihn. Wenn wir den Ochsen einfangen wollen, müssen wir ihm immer näher kommen. Je dichter wir an ihn herankommen, desto klarer werden unsere Wahrnehmungen; vielleicht riechen wir sogar schon den Ochsen. Dasselbe geschieht mit der Säule. Je näher Sie ihr kommen, desto klarer und ausgeprägter werden Ihre Wahrnehmungen. Plötzlich verschwinden Sie; nur die Säule bleibt.

Wir werden an späterer Stelle noch einmal auf dieses Koan zurückkommen. Lassen Sie uns jetzt erst einmal ein anderes Koan betrachten. Ein indischer Yogi, der für seine okkulten Kräfte berühmt war, verließ einst Indien, um einen chinesischen

Zen-Meister zu treffen. Der Meister wollte die Fähigkeiten seines Gastes erproben – Zen-Meister sind stets auf der Suche nach dem Gold –, also forderte er den Yogi auf, seine Gedanken zu lesen und herauszufinden, welche Orte der Meister visualisierte. Der Yogi war einverstanden. Der Zen-Meister fragte: „In Ordnung, wo bin ich jetzt gerade?“ Der Yogi antwortete: „Warum geht Eure Exzellenz an der Tenshin-Brücke spazieren?“ – „Richtig! In Ordnung, und wo bin ich jetzt?“ – „Warum ist Eure Exzellenz am Seisen-Fluss und schaut dort einer Affenschau zu?“ – „Hervorragend! Wo bin ich jetzt?“ Der Yogi konnte den Meister nirgendwo finden. Das Koan fragt: Wo ist dieser Nicht-Ort, an dem der Meister verweilte? Auch der Zen-Meister besaß ein paar okkulte Kräfte. Einfach nur durch die grundlegende Praxis des Zen wurde er eins mit dem Yogi.

Einssein – gerade darum geht es in der Zen-Praxis. Jedes Koan bietet die Möglichkeit, mit diesem Koan eins zu sein; und weil das dem rationalen, dualistischen Geist unmöglich erscheint, werden wir in eine neue Richtung gedrängt, hin zum nichtdualistischen Geist. Vielleicht fragen Sie sich: „Was nützt schon die Fähigkeit zum Einssein? Es ist womöglich ein netter Partygag, ja, aber hilft es wirklich jemandem im Leben?“ Lassen Sie uns, um diese Frage zu beantworten, ein weiteres Koan betrachten, eines, das auf dem Gespräch zwischen einem Mönch und Zen-Meister Baso beruht.

Der Mönch fragte: „Was ist Buddha?“ Natürlich wusste der Mönch, wer der eigentliche Buddha gewesen ist; er fragte also nach der Erfahrung des Buddha oder der Buddhaschaft. Baso gab ihm eine geradlinige Antwort: „Der Geist ist Buddha!“ – ein Koan, um dem Mönch dabei zu helfen, selbst die Lösung zu realisieren. Dieses Koan kann auch für uns funktionieren. Sie fangen damit an, sich selbst zu fragen: „Was meinte Baso, als er sagte ‚der Geist ist Buddha'?“ Wir hegen hier wahrscheinlich rege Zweifel: „*Mein* Geist ist definitiv nicht Buddha!“ Doch was können wir anderes tun, als mit unserem gewöhnlichen Geist dieses

Koan zu untersuchen? Auch Shakyamuni Buddha musste seinen alltäglichen Geist nutzen, um nach innen zu blicken und die Befreiung vom Leiden zu entdecken. Genau wie Sie und ich hatte er nur dieselbe ganz gewöhnliche „Taschenlampe" zur Verfügung.

Wenn Sie entdecken wollen, was der Geist ist, ist es einfach nur sinnvoll die Frage zu stellen: „Was ist Geist?" Im *Genjokoan* schrieb Dogen Zenji: „Mit deinem eigenen Geist, wende dein Licht nach innen." Zen-Meister Bassui sagte, dass der Blick in den eigenen Geist der erste Schritt in Richtung Realisation ist. Nur zu, stellen Sie noch ein paar gute Fragen: Wie groß ist mein Geist? Welchen Umriss hat er? Welche Farbe hat er? Nähern Sie sich immer mehr Ihrem Geist, bis Sie ihn nicht mehr finden können. In diesem Augenblick werden Sie zu Geist. Sie können *Ihren* Geist nicht finden, nur den Einen Geist.

Dieser Geist ist derselbe nichtdualistische Geist, den der Buddha entdeckt hatte. In der Erkenntnis des Geistes springen wir jenseits aller Dualität. Wir finden nicht Sie oder mich, dieses oder jenes, Bestätigung oder Negation. Es gibt nur den Einen Geist, Buddha-Geist, der zu allen Zeiten erscheint, an allen Orten und in jeder Gestalt, Ihrer und meiner mit eingeschlossen. Es gibt keine Ausnahmen. Alles ist eine Erscheinungsform des Einen Geistes. Koans helfen dabei, uns zu öffnen, so dass wir diesen Geist erfahren können. Dann helfen sie uns, unsere Realisation zu verdeutlichen und zu bestätigen. Die Koan-Praxis ist in gewisser Weise ziemlich einfach, weil sich jedes Koan um diesen Geist dreht. Doch weil der Drang des dualistischen Denkens so stark ist, fallen wir fast automatisch immer wieder in dieses dualistische Denken zurück, Koan für Koan. Um ein Koan zu präsentieren und zu „passieren", müssen wir den dualistischen Geist zumindest für ein paar Augenblicke loslassen.

Im Grunde kann dieser Prozess auf jedes der Koans übertragen werden, die wir hier erforscht haben. Wenn Sie der Säule ganz nah und mit ihr vertraut sind, dann verschwinden Sie, weil

Sie die Säule sind. Sollten Sie mit den *Zehn Ochsenbildern* als Koan arbeiten, so müssen Sie auf dieselbe Weise zum Ochsen werden. Und wenn Sie tief in Ihren Geist blicken, verschwindet der Geist, weil Sie der Geist sind. Doch ich muss Sie warnen: Passen Sie auf, wenn es um das Ego geht! Es ist uns schon immer schwergefallen, unser Ego zu sehen, und vielleicht hoffen oder glauben wir nun, dass wir das Ego losgeworden sind. In der Tat ist diese Annahme eine Falle – eine sehr tiefe Fallgrube. Anstatt die Buddhaschaft erreicht zu haben, haben wir „Egoschaft" erreicht! Es ist viel weiser, unser Ego in aller Offenheit zu präsentieren, wo wir es im Auge behalten können. Beobachten Sie es und bleiben Sie wachsam!

Es ist in der Koan-Praxis gefährlich zu glauben, dass es darum geht, so viele Koans wie möglich zu passieren. Doch ein Koan zu passieren, ist nicht viel wert, solange Sie diese Realisation nicht in Ihrem Leben anwenden können. Zu wissen, wie man eins ist, ist eine enorme Gabe, wenn wir es im alltäglichen Leben umsetzen. Stellen Sie sich vor, wie es wäre, eins zu sein mit einem geliebten Menschen: Sie wären in der Lage, mit seinen Augen zu sehen, genauso wie dieser Mensch dazu fähig wäre, mit Ihren Augen zu sehen. Erstaunliche Dinge würden passieren, wenn Sie dieses Einssein auf Ihre Familie, ihre Freundinnen und Freunde und Kollegen ausweiten könnten. Glücklicherweise benötigen wir kein Koan, um diese Fertigkeit zu verbessern. Es genügt, einfach an unserer Fähigkeit zum Zuhören zu arbeiten.

Lauschen oder Zuhören ist die erste Fähigkeit, die neuen Zen-Übenden beigebracht wird – nicht bloß mit den Ohren hören, sondern mit unserem ganzen Wesen. Harada Roshi und Yasutani Roshi betonten in ihrer Lehre die Bedeutung des Zuhörens. Anstatt auf traditionelle Weise Vorträge zu halten – wobei die Zuhörenden in Zazen sitzen und an die Wand schauen –, mussten sich alle dem Vortragenden zuwenden.

Es gibt noch einen Trick, um zu lernen, mit völliger Achtsamkeit zuzuhören. Wann immer wir als Teil einer Gruppe einem

Vortrag zuhören, erliegen wir der unbewussten Tendenz, die Verantwortung für das Zuhören unter allen Anwesenden aufzuteilen. Ich gerate jedes Mal wieder in diese Falle, wenn ich mit meiner Frau Stephanie unterwegs bin und jemand uns seine Telefonnummer mitteilt. Ich höre nicht mal richtig zu, weil ich mich mittlerweile völlig auf ihre erstaunliche Fähigkeit verlasse, sich an Telefonnummern zu erinnern. Wenn wir Teil einer Gruppe von Zuhörenden sind, können wir dies vermeiden, indem wir uns vorstellen, dass wir und der Redner die einzigen beiden Anwesenden sind. Dann fühlen wir uns hundertprozentig verantwortlich dafür, die Information zu erhalten.

Den Geräuschen zu lauschen, während wir in Zazen sitzen, ist eine wundervolle Form der Meditation und ein hervorragender Weg, um das Lauschen und Zuhören zu üben. In gewisser Weise könnten wir sagen, dass der Buddha in seiner Lehre immer wieder auf die Praxis des vollständigen Lauschens zurückkam. Wenn wir in Zazen sitzen, öffnen wir uns für alles, was um uns geschieht. Wir üben das Zuhören und Empfangen mit unserem ganzen Sein. Wenn unser Geist so offen ist, dass Gedanken, Geräusche und andere Wahrnehmungen ganz ohne Störungen kommen und gehen können, dann löst sich die Illusion der Getrenntheit auf: Derjenige, der hört, und die Geräusche werden eins. Das ist der Punkt, an dem Koan-Praxis und Shikantaza ununterscheidbar werden. Meister Bassui wusste dies, und so benutzte er Lauschen als Koan. Zuerst fordert er uns auf, in unseren Geist zu blicken und zu fragen: „Was ist dieser Geist?“ Dann ermutigt er uns, weiter zu fragen: „Was hört die Geräusche?“ Indem wir uns in diese Frage vertiefen, nähern wir uns immer mehr den Geräuschen. Plötzlich verschwindet der Zuhörende. Nur das Geräusch bleibt.

In Zazen können wir, gleichgültig ob wir an einem Koan arbeiten oder den Geräuschen lauschen, dieselbe Erfahrung machen: Unser kleiner Geist verschwindet und wir erwachen zu dem Einen Geist. Indem wir diesen Einen Geist verwirklichen, entdecken wir die Befreiung, die der Buddha gefunden hat. Es gibt kein Getrenntsein, keinen Geist, niemanden, der oder die Zazen praktiziert. Die Illusion des Getrenntseins hat sich aufgelöst.

Bodhidharma hat, wie bereits erwähnt, den Dharma von Indien nach China gebracht. Vielleicht kennen Sie die Geschichte, wie der chinesische Kaiser ihn empfing. Als mächtigster Mann in ganz China gab der Kaiser sich kaum Mühe, auf andere zu hören. Dennoch hatte er einen seiner Priester um eine angemessene Frage gebeten, die er dem großen Bodhidharma stellen könnte, und somit fühlte er sich gut vorbereitet. Als Bodhidharma eintraf, fragte der Kaiser: „Was ist die höchste Bedeutung des heiligen Dharma?“ Bodhidharmas Antwort war klar und direkt – doch der Kaiser konnte sie nicht hören. „Offene Weite, nichts von heilig.“ Der Kaiser dachte sofort: „Dieser Typ muss ein betrügerischer Doppelgänger sein! Gewiss würde der große Patriarch von Indien keine solche Antwort geben.“ Er verlangte also: „Wer ist es, der hier vor mir steht?“ Zu der Zeit, als diese Geschichte sich zutrug, war Bodhidharma ein sehr alter Mann und er hatte bereits seit seiner Kindheit praktiziert. Seine Antwort stammte direkt aus seiner Realisation: „Ich weiß es nicht.“ Wieder begriff der Kaiser kein Wort der Lehre. Er schickte Bodhidharma einfach weg!

Bodhidharma konnte erkennen, dass die Zeit noch nicht reif war, um den Dharma in China zu übertragen, daher suchte er eine Höhle auf, wo er Zazen praktizieren konnte. Neun Jahre vergingen, bevor endlich der Schüler eintraf, der sein Nachfolger werden würde. Diese Geschichte liefert uns eines der berühmtesten Koans überhaupt. Eka war Schüler des Taoismus, Konfuzianismus und Buddhismus; aber nach vielen Jahren des Studiums erkannte er, dass ein Problem immer noch ungelöst blieb: Sein Geist hatte keinen Frieden. Es muss ziemlich anstrengend gewesen sein, den alten Meister in den Bergen Chinas zu finden. Nachdem er endlich die Höhle erreicht hatte, rief Eka: „Mein

Geist findet keinen Frieden. Bitte Meister, ich flehe Euch an, gebt ihm Frieden!“ Bodhidharma antwortete: „Zeig mir diesen Geist!“

Was für eine merkwürdige Antwort! Eka muss sich ziemlich am Kopf gekratzt haben, als er wieder ging. Trotzdem war er verzweifelt genug, um wirklich nach seinem Geist zu suchen – und das war genau das, was Bodhidharma von Eka wollte. Es war ein großartiger Trick, ein geschicktes Hilfsmittel. Eka ging hinaus in den Schnee und meditierte für zehn Tage und Nächte: „Wie soll ich diesem Mann meinen Geist zeigen? Was ist er? Wo ist er?“ Schließlich ging er zurück und sagte: „Ich habe überall nach meinem Geist gesucht. Zuletzt habe ich erkannt, dass er unfassbar ist.“ Bodhidharma antwortete: „Dann habe ich deinem Geist Frieden geschenkt!“

Bodhidharma und Meister Bassui waren großartige Lehrer, und sie waren in der Lage, die Lehre des Buddha in einigen wenigen Worten zu vermitteln. Die Geschichte von Eka und Bodhidharma enthält auch für uns tief greifende Weisheit. Oft betrachten wir das Leben einfach als eine Aneinanderreihung von Problemen, wobei jedes einzelne seiner eigenen Lösung bedarf. Bodhidharma ermutigt uns stattdessen, uns auf die Ursache unserer Probleme zu konzentrieren. Was ist dieser Geist? Dringen Sie zur Wurzel vor, anstatt sich mit den Blättern und Ästen zu beschäftigen! Wenn Sie in den Geist blicken, um den Geist zu entdecken, sind Sie schon beinahe am Ziel. Mit echter Anstrengung und der Bereitschaft weiterzusuchen, werden Sie am Ende ganz zweifelsfrei erkennen: Dieser Geist ist wahrhaft unfassbar.

Solange wir die unbegreifbare Natur des Geistes nicht vollkommen erkannt haben, wird der Zweifel stets zurückkehren. Zen verwendet hierfür die Analogie des „Auf-einer-Insel-gestrandet-Seins“: Bevor wir uns sicher genug fühlen, um zu rasten, müssen wir die Insel nach gefährlichen Tieren und Kopfjägern absuchen. Solange wir nicht hinter jeden Baum, an jedem Strand und in jeder Höhle gesucht haben, wird der Zweifel zurückkehren. Unsere Suche muss erschöpfend sein; jeder Stein muss umgedreht werden. Eka suchte überall, bis jeder Hauch eines Zweifels beseitigt war: Er würde *niemals* den Geist erfassen.

Der Geist ist völlig unfassbar. Falls wir etwas finden sollten, das wir ergreifen können, dann ist es nicht der Geist, sondern eine der unendlichen Manifestationen des Geistes. Indem wir durch die Manifestationen der scheinbaren Wirklichkeit hindurch zur Wahrheit schauen, die alle Dinge umfasst, kann unser Geist Frieden finden. Wir können unsere rastlose Suche nach etwas, an dem wir uns festhalten können, aufgeben. Koans drängen uns dazu, die gesamte Insel abzusuchen, bis kein Zweifel mehr übrig bleibt. Wir kommen erst dann zur Ruhe, wenn wir durch und durch wissen, dass es kein Selbst oder keine anderen gibt, kein Innen oder Außen, kein Dies oder Das. Nur den Einen Geist.

19

In Einklang bleiben

Langeweile ist ein natürlicher Bestandteil der Praxis, aber sie kann auch eine Warnung sein, dass unser Sitzen zu routiniert und mechanisch geworden ist.

EINIGE AKTIVITÄTEN UNTERNEHMEN WIR nur wegen der Freude, die sie uns bereiten. Wir vergessen dabei gerne, dass sie uns anfangs überhaupt nicht gefallen haben. Komplexe Fähigkeiten zu erlernen, kann ziemlich anstrengend sein; aber nachdem es uns anfänglich viel Zeit und Mühe kostet, können wir entspannen und diese Fähigkeiten mit großer Leichtigkeit ausüben. Ein Auto zu steuern, eine Mahlzeit zu bereiten, ein Instrument zu spielen und viele athletische Fähigkeiten funktionieren genau so; nachdem wir einen gewissen Grad der Meisterschaft erreicht haben, können wir sie beinahe automatisch ausführen. Zazen ist da anders. Es ist ziemlich leicht und simpel, Zazen zu erlernen, aber es kann niemals auf eine Weise gemeistert werden, die Selbstzufriedenheit zulässt. Das Wesen des Zazen ist schlichtweg dynamisch. Es lenkt unsere Aufmerksamkeit auf die Gegenwart, in der wir mit der Macht fortwährender Veränderung rechnen müssen. Die Ereignisse in unserem Umfeld und unsere Umgebung sind allzeit im Fluss, und genauso sind es unser Körper und Geist. Wenn wir also in Zazen sitzen, befinden wir uns immer von Angesicht zu Angesicht mit der Wahrheit der Vergänglichkeit.

Als der Buddha über das Zazen befragt wurde, verglich er es mit dem Sitarspielen. Dieses Instrument ist berüchtigt dafür, dass es andauernd gestimmt werden muss. Selbst der größte Sitarspieler kann sich nicht einfach nur zurücklehnen und spielen, sondern er muss wachsam bleiben und bereit sein, jederzeit feine Korrekturen vorzunehmen. Eine Sitar hat viele Saiten und die Spannung jeder Saite muss perfekt sein, weder zu fest noch zu locker, damit der Klang harmonisch ist. Wir befinden uns in einer vergleichbaren Situation, wenn es um Zazen geht; wir müssen andauernd Geist und Körper in Einklang bringen, so dass sie in Harmonie zusammenwirken können. Der Geist muss in einem Zustand der Konzentration gehalten werden, der fokussiert und dennoch fließend ist, und der Körper muss im Gleichgewicht bleiben, damit das Rückgrat aufrecht, aber nicht angespannt ist.

Wir können zu Anfang jeder Sitzung eine einfache Bewegung nutzen, um diesen Punkt des Gleichgewichts in unserem Rückgrat zu finden. Die alten Chinesen kannten diese Bewegung und ließen sie in die Taiji-Kampfkunst mit einfließen. Ich habe sie von einem Arzt gelernt, als ich vor einigen Jahren Rückenbeschwerden hatte. Sie fangen im unteren Bereich der Wirbelsäule an, Ihren Körper ganz leicht hin und her zu wiegen. Lassen Sie Ihre Bewegungen so geschmeidig wie die einer Schlange sein, nicht starr wie ein Pendel. Wiegen Sie Ihren Körper weiter, indem Sie langsam das Zentrum Ihrer Bewegung aufwärts wandern lassen, vom Steißbein bis ganz hinauf zum Schädelansatz. Diese Bewegung richtet im Wesentlichen einen Rückenwirbel auf dem anderen auf, so dass sie schließlich im Gleichgewicht in einer guten Position zur Ruhe kommen.

Nachdem Sie die Spitze des Rückgrats erreicht haben, können Sie Ihre Aufmerksamkeit auf die spezielle Zazen-Praxis richten, mit der Sie arbeiten, sei es, dass Sie Ihre Atemzüge zählen oder ihnen einfach folgen, oder mit Koans üben oder Shikantaza praktizieren. Doch vergessen Sie dabei nicht völlig Ihre Haltung.

Richten Sie Ihre Aufmerksamkeit in regelmäßigen Abständen wieder auf Ihre Haltung, damit Sie sehen, ob Ihre Wirbelsäule noch im Gleichgewicht ruht. Das Sitzen sollte niemals statisch, sondern stets ein Prozess der Verfeinerung sein. Genau wie eine Sitar werden wir immer wieder aus dem Gleichgewicht geraten; und um gut zu sitzen, müssen wir permanent unsere Haltung verfeinern.

Die korrekte Haltung bietet einen gewaltigen Vorteil in der Zazen-Praxis; sie vermittelt unserem Körper die benötigte Stabilität, um lange Sitzperioden mit geringer Anstrengung zu bewältigen. Aber es ist noch viel mehr als bloß das. Die Haltung des Zazen selbst ist eine Mudra. Mudras haben gleichermaßen symbolische und esoterische Bedeutung, und sie helfen uns dabei, uns mit den inneren Zuständen zu verbinden, die sie symbolisch darstellen. Im Zen halten wir unsere Hände wie zu einem Kreis geschlossen, in der kosmischen Mudra, um uns dabei zu helfen, unsere wahre Natur zu erkennen, unser Einssein mit allen Dingen. Die Zazen-Haltung wird *Mahamudra* genannt, die „Große Mudra", weil sie den Buddha-Geist verkörpert.

Maezumi Roshi sprach oftmals über die „perfekte" oder „vollkommene" Zazen-Haltung. Das *Perfekte*, *Vollkommene,* auf das er sich bezog, leitet sich von dem Sanskritbegriff *samyak* her. *Samyak* impliziert verschiedenste Bedeutungen, unter anderem „wahr", „höchstes", „vollkommen" und „perfekt". Wenn der Buddha über den Pfad zur Befreiung sprach, dann benutzte er *samyak*. Daher sind die Disziplinen der rechten Sichtweise und des rechten Verstehens in Wirklichkeit Samyak-Sichtweise und Samyak-Verstehen, was so viel bedeutet wie „höchst richtig und wahr". Aber *samyak* bedeutet auch „Gleichheit" und „Einssein". Also ist richtiges Verstehen jenes, in dem Sie eins sind mit dem, was Sie zu verstehen oder wahrzunehmen versuchen. Und die perfekte Haltung beinhaltet, dass Sie eins mit Ihrer Haltung und dieser Existenz sind. Wann immer Maezumi Roshi gefragt wurde: „Worin liegt der Sinn der Praxis?", antwortete er, „um *anuttara-samyaksambodhi* zu erfüllen!" – mit anderen Worten, um den „höchsten und vollkommenen Weg der Weisheit" zu erlangen, um den Buddha-Geist zu verwirklichen. Wir können diese höchste Weisheit in Zazen erkennen, wenn Körper und Geist in vollkommenem Gleichgewicht und vollkommener Stille ruhen.

Zazen ist kein bisschen unterhaltsam. Die Einfachheit des Zazen erlaubt es uns, seine Grundlagen sehr früh zu erlernen, vor allem die Grundlagen der Haltung und Atmung; und mit der Zeit werden wir unausweichlich Phasen der Langeweile in unserer Praxis erleben. Langeweile ist ein natürlicher Bestandteil der Praxis, aber sie kann auch eine Warnung dafür sein, dass unser Sitzen zu routiniert und mechanisch geworden ist. Je länger wir eine Aktivität ausüben, desto größer wird das Risiko, dass wir einfach in den Autopilotmodus wechseln, bei dem Gewohnheiten und Routinen die Kontrolle übernehmen und unser Geist sich von dem loslöst, was wir gerade tun. Es ist wirklich ironisch. Wir praktizieren Zazen, um in jedem Augenblick lebendiger und präsenter zu sein; doch wenn wir zu selbstgefällig werden, kann unser Sitzen leblos und tot werden. Damit Zazen ein lebhafter und energiegeladener Aspekt unseres Lebens bleibt, müssen wir unsere Praxis kontinuierlich erneuern. In diesem Sinne unterscheidet sich Zazen wirklich nicht von anderen lebenslangen Aktivitäten wie der Arbeit, dem Familienleben und dem Fitnesstraining. Stagnation und Burn-out können sich einschleichen, wenn es keine Bewegung und kein Wachstum gibt.

Überraschenderweise ist Langeweile oftmals ein Nebeneffekt, wenn wir etwas erreicht haben; sie könnte sogar als ein Nebenprodukt der Realisation bezeichnet werden. Um dies zu erläutern, lassen Sie mich für einen Moment zum eigentlichen Anfang der Praxis kommen. Neugier ist eines der Hauptmotive, das uns zu Zen führt. Vielleicht haben wir irgendetwas gehört, was uns damit beginnen ließ, Fragen über Zen zu stellen. Oder wir wollten womöglich wissen, ob das Sitzen auch uns etwas bringen würde. Einige von uns kamen zum Zen, weil sie nach Antworten auf wirklich große Fragen suchten: Worum geht es im Leben? Wer bin ich? Warum bin ich hier? Neugier, das Gegenteil von Langeweile, erweckt in uns das Bedürfnis, zu erforschen, eine Leidenschaft, etwas zu entdecken. Doch in der Zazen-Praxis erkennen wir schließlich, dass Verlangen das eigentliche Problem ist, selbst wenn die Sache, nach der wir suchen, edel und großartig ist – Erkenntnis, Erleuchtung, Freiheit, Wahrheit. Nach irgendetwas zu streben, fesselt uns an das Rad des Samsara. Nachdem wir diese Wahrheit erkannt haben, sind wir fähig, unser Streben für eine Weile aufzugeben und einfach in Zazen zu sitzen. Vielleicht werden wir etwas gelangweilt sein, aber zumindest leiden wir nicht. Doch solange wir nicht ohne den Hauch eines Zweifels erkannt haben, dass es nichts zu suchen und nichts zu gewinnen gibt, wird unsere Neugier und Suche wieder und wieder aufleben – und mit ihnen unsere Leidenschaft für die Praxis.

Jeder von uns wird Durststrecken durchmachen, wenn wir eine Zeit lang mit der Meditationspraxis fortfahren. Trotzdem kann sich *nach* der Erkenntnis und Realisation die Langeweile, wie ich bereits erwähnte, als ein viel größeres Hindernis erweisen – wenn wir klar gesehen haben, dass es nichts zu erfassen gibt. Dann ist das Verlangen, etwas zu erreichen – und zwar irgendetwas – nicht länger verfügbar, um unsere Praxisbemühungen anzutreiben. Nichtsdestotrotz ist die Langeweile das Tor, das wir durchschreiten müssen, wenn wir zum Ursprung unseres Strebens vordringen wollen. Selbst inmitten der Langeweile müssen wir erkennen, dass es absolut nichts gibt, was man erfassen könnte. Diese Erkenntnis rein begrifflich zu verstehen, reicht nicht aus, wir müssen sie am eigenen Leib erfahren.

Über die Zeit wird jeder und jede Zen-Praktizierende eine Reihe von Realisationserfahrungen machen. Unabhängig von ihrer Tiefe oder Weite bringt jede Realisation die Gefahr mit sich, dass wir in ihr stecken bleiben. Vielleicht verwechseln wir sie mit dem eigentlichen Ziel der Praxis und hören deshalb auf, weiter zu praktizieren. Selbst die oberflächlichste Erfahrung unserer eigenen innewohnenden Ganzheit – keine Notwendigkeit mehr, irgendetwas zu suchen – kann zur Falle werden, wenn wir uns an ihr festklammern.

Als ich noch im Zen Center von Los Angeles gelebt und praktiziert habe, gab es eine Gruppe von Universitätsstudenten, die zu Maezumi Roshi kamen, um an dem Koan *Joshus „Mu“* zu arbeiten. Sie arbeiteten sehr hart, bis sie endlich Mu passiert hatten, und dann verließen sie uns wieder. Ich wunderte mich darüber, und so sprach ich mit einem von ihnen. Sie waren alle Studenten eines bestimmten Professors, der sie zu Maezumi Roshi geschickt hatte, nur damit sie Mu passieren sollten. Offenkundig glaubten sie, Mu zu passieren, wäre das Zeichen dafür, dass sie ihr Zen-Training erfolgreich abgeschlossen hätten. Unglaublich! Mu zu passieren, ist bloß der Anfang! Mu ist der erste flüchtige Einblick, die erste Ahnung davon, worum es in der Praxis überhaupt geht. Bis zu diesem Zeitpunkt basiert Ihre Praxis nur auf Vertrauen, einem beinahe blindem Glauben an Zazen. Mit diesem Einblick erhalten Sie eine Art Bestätigung. Zum ersten Mal können Sie aus eigener Erfahrung sagen: „Aha. Darum geht es also!“ Dieser kurze Einblick kann bei Ihnen das Gefühl hinterlassen, als ob Sie ein Rennen gewonnen hätten, aber in Wirklichkeit war es bloß die erste Runde.

Ganz gleich, wie wundervoll etwas ist: Wenn wir es nicht loslassen können, wird es schließlich abgestanden und leblos. In der Zen-Praxis geht es darum, das Leben vollständig zu leben, eins mit dem Leben zu sein – und das heißt, von Augenblick zu Augenblick loszulassen. Solange wir etwas fest im Griff haben, können wir nicht offen und empfänglich dafür sein, was im nächsten Moment erscheint. Obwohl wir dies vielleicht verstehen, fahren wir dennoch häufig damit fort festzuhalten. Warum? Wir wollen uns angenehm und sicher fühlen, und wenn uns etwas vertraut vorkommt, fühlen wir uns wohler. Unsere Neigung zum

Festhalten kann wirklich auf alles bezogen sein, auch auf unsere Ideen, Erfahrungen und Erkenntnisse. Wir können uns sogar noch an Dinge klammern, wenn diese schon lange völlig abgestanden sind oder zu verrotten anfangen.

Wenn wir unser Zazen am Leben erhalten wollen, müssen wir nach solchen Fallgruben Ausschau halten. Finden wir sie, dann können wir Loslassen üben. Es kostet Mut und Integrität, um diese Praxis fortzuführen. Wie leicht denken wir, dass wir nicht feststecken, obwohl tatsächlich das Gegenteil der Fall ist. Womöglich fühlen wir uns sogar ziemlich zufrieden oder selbstgefällig mit dem, was wir erreicht haben, obwohl wir in Wirklichkeit bloß versuchen, an einer Erfahrung oder Erkenntnis festzuhalten. Die Menschen um uns herum bemerken so etwas meistens viel früher als wir selbst. Das liegt an dem hervorstechenden Duft der Selbstzufriedenheit. Schließlich werden wir über das Karma stolpern, das wir mit unserem Anhaften erzeugen. Wir können viele Probleme vermeiden, indem wir uns angewöhnen, uns selbst zu fragen: „Wo stecke ich fest?“ Falls wir uns wirklich mutig genug fühlen, können wir auch uns vertraute Menschen oder unseren Lehrer fragen, was sie sehen.

Durch Zazen erlangen wir Verständnis – jedoch nicht die Art von Verständnis, an der wir uns festhalten könnten. Vielmehr handelt es sich um *rechtes Verständnis,* wie der Buddha es im Achtfachen Pfad der Befreiung lehrte. Wie schon erwähnt, leitet sich dieses *recht* vom Sanskrit Wort *samyak* her, was so viel bedeutet wie „eins sein“. Die einzige Art und Weise, wahres Verstehen zu erfahren, eins zu sein mit, ist, alles loszulassen – auch unser Verlangen nach Verstehen – und uns so zur absoluten Einheit aller Dinge zu öffnen. Auch nach vielen Jahren der Praxis und nach vielen Realisationserfahrungen müssen wir immer noch alles loslassen.

In gewisser Weise wird Zen-Praxis niemals gemeistert. Stattdessen üben wir, immer fließender zu werden, uns niemals irgendwo niederzulassen. Wir werden Zeiten erleben, in denen wir das Bedürfnis verspüren, nach etwas zu suchen, und Zeiten, in denen wir etwas neu verstehen oder einsehen. Unabhängig davon, was wir entdeckt haben, verwandeln wir es fast unausweichlich in ein Konzept, etwas, an dem wir festhalten und das wir wertschätzen können. Wenn also Langeweile in unserer Praxis auftaucht, dann kann sie das reinste Geschenk sein. Wir können sie benutzen, um aufzuwachen und zu erkennen, wo wir stagnieren und uns vom Leben abgetrennt haben.

Dogen Zenji beschrieb Zen als kontinuierliche Praxis. Wenn Zazen zum normalen Bestandteil unseres Lebens geworden ist, lernen wir für uns selbst, dass die Praxis ein niemals endender Prozess der Verfeinerung und Einstimmung ist. Die Praxis ist tatsächlich eine fortwährende Verfeinerung dessen, wer wir sind. Durch Zazen machen wir uns zunächst mit unseren vielen Aspekten vertraut. Dann lernen wir allmählich, alle Dimensionen unseres Daseins ins Gleichgewicht zu bringen – Körper und Geist. Das Selbst, das wir als unser wahres Selbst zu erkennen beginnen, ist nicht festgelegt. Wir mögen viele Einblicke in dieses große Mysterium haben, doch wir werden es niemals wirklich wissen. Unser Leben wird zum Abenteuer, wenn es von der grenzenlosen Quelle unserer wahren Natur gespeist wird.

DRITTER TEIL

HEIMKEHR: DIE ERKENNTNIS

Die Wahrheit zu erkennen, kommt immer als eine Überraschung. Wir entdecken unsere wahre Natur, unsere Buddha-Natur, und erkennen dabei, dass sie schon die ganze Zeit da gewesen ist. Die Buddha-Natur war schon immer unser wahres Zuhause, aber irgendwie haben wir das vergessen. Mit der Zeit haben wir unser wahres Selbst durch ein Konzept ersetzt – uns anhand unserer Konditionierung Vorstellungen darüber gebildet, wer wir sind. Zazen hilft uns, diese Vorstellungen langsam abzulegen, so dass die innere Wahrheit hindurchzuscheinen vermag. Zuerst erhaschen wir nur flüchtige Einblicke unserer wahren Natur. Doch wenn wir unsere Meditationspraxis fortsetzen, vertieft sich unser Vertrauen in das, was wir realisiert haben. Die Realisation unserer wahren Natur als Nicht-Natur wird immer klarer, und wir beginnen, dieses Gewahrsein in unser alltägliches Leben zu bringen.

20

Nach Hause kommen

Unser tiefstes Bedürfnis ist es heimzukehren, zu unserer ursprünglichen Natur zurückzukehren.

SIE WURDEN MIT DEM UNGEBORENEN BUDDHA-GEIST GEBOREN. Es ist Ihr Geburtsrecht, ihrer eigenen Natur innewohnend. Alles, was existiert, ist eine Manifestation dieses Geistes. Nicht jeder von uns realisiert, dass sein Leben Ausdruck des Ungeborenen ist, aber wir alle versuchen, diesen natürlichen Geisteszustand zu erleben. Wir sind auf dem Weg zurück nach Hause.

Der ungeborene Buddha-Geist wurde mit vielen verschiedenen Namen bezeichnet – Buddha-Natur, wahres Selbst, wahre Natur, das Absolute, die Quelle – aber keiner der Namen kann ihn jemals erfassen oder beschreiben. Aber Sie verspüren, wenn Sie *Es* erfahren, ein Gefühl des Wiedererkennens. Wir haben unser Zuhause früher verlassen, als wir uns erinnern können, und mit der Zeit haben uns die Erfahrungen des Lebens sehr weit weggeführt. Es können Jahre vergehen, bevor wir erkennen, dass wir uns verirrt haben.

Die gute Nachricht ist, dass es viele Wege gibt, die uns zurück nach Hause führen. Allein in der Zen-Tradition haben wir schon viele Wege. Zen-Schülerinnen und -Schüler lernen Meditationspraktiken, wie sich auf den Atem oder ein Koan konzentrieren; einige lernen die Praxis des Shikantaza. All diese

Methoden lehren, wie Sie Ihren Geist konzentrieren und ausrichten können. Die Atemzüge zu zählen, ist eine der einfachsten Meditationsformen, daher fangen viele mit dieser Praxis an. Das Verblüffende und wirklich Wunderbare ist, dass Sie, obwohl das Erlernen dieser Methode ziemlich leicht ist, dennoch die ganze Strecke gehen und wieder heimkehren können, indem sie einfach Ihre Atemzüge zählen. In diesem wichtigen Sinne gibt es keinen Unterschied zwischen so genannten anfänglichen und fortgeschrittenen Praktiken. Aber verschiedene Formen der Meditation benötigen auch verschiedene Grade der Konzentration, daher gibt es viele unterschiedliche Schwierigkeitsstufen. Mit wachsender Erfahrung der verschiedenen Meditationspraktiken erkennen Sie, dass alle dieselbe Essenz haben: Sie sind Werkzeuge, um „eins mit" zu werden – eins mit dem Atem, dem Koan oder einfach dem Sitzen. *Eins* zu werden *mit* ist der Schlüssel zur Heimkehr.

Wenn Sie mit jedem Atemzug eins werden, realisieren Sie plötzlich, dass Sie bereits heimgekehrt sind. Zuerst mag das nur für einen kurzen Moment anhalten, aber in diesem Moment erkennen Sie Ihre *wahre Natur*, das Ungeborene. Sie sind eins; zwischen Ihnen und Ihrem Atem gibt es keinen Spalt. Die Trennung zwischen Subjekt und Objekt ist verschwunden, also gibt es keinen Ort mehr, an den Sie gehen, und keinen Ort, an dem sie ankommen müssten. Es gibt kein Kommen oder Gehen. Sie sind zu Hause.

Unser tiefstes Verlangen ist es heimzukehren, zu unserer ursprünglichen Natur zurückzukehren. Aber diese Sehnsucht kann unter anderen Wünschen, Hoffnungen und Träumen begraben sein. Durch Meditation lernen wir, unsere Wunschliste zu kürzen, doch dieser Vorgang braucht Zeit. Wenn Verlangen nach den Dingen dieser Welt wegfällt, erkennen wir, dass es niemals unseren grundlegenden Hunger stillen könnte, den Wunsch, diesen Buddha-Geist zu realisieren.

Die Praxis der Meditation führt zu einer seltsamen und faszinierenden Entdeckung: Sie sind und waren schon immer der ungeborene Buddha-Geist. Und wenn Sie aus der Perspektive dieses Geistes schauen, erfahren Sie die höchst mögliche Wahrheit, die absolute Wirklichkeit. Sie erkennen, dass der Geist nichts anderes ist als der ungeborene Buddha-Geist. Es gibt nichts zu suchen, nichts zu gewinnen. Aber es genügt nicht, dies auf bloß intellektuelle Art zu wissen. Zufriedenheit wird sich nur einstellen, wenn wir unsere Ganzheit *erfahren*, und das bedeutet, dass jeder und jede von uns die Wahrheit direkt realisieren muss.

Durch die Erfahrung der Nicht-Dualität sehen wir mit eigenen Augen, dass alle Gegensätze eins sind. Wir mögen es Geist oder Nicht-Geist nennen, Selbst oder Nicht-Selbst, Dharma oder Erleuchtung, aber die Erfahrung bleibt immer die gleiche. Dies ist die einzige Wahrheit, die es zu lehren gibt, deshalb werden wir, nachdem wir jahrelang dasselbe gehört haben, vielleicht ein wenig schläfrig und unaufmerksam. Eine Möglichkeit, uns neuen Einsichten zu öffnen, besteht darin, mit verschiedenen Gegensatzpaaren zu spielen und zu bemerken, wo genau wir stecken bleiben.

Es gibt die Gegensätze von männlich und weiblich, Leben und Tod, Nirwana und Samsara und viele andere. Vielleicht haben wir das Einssein dieser Dualitäten noch nicht erlebt, aber wir können in Vertrauen annehmen, dass sie in Wahrheit eins sind. Doch wenn es um die uns vertrautesten Gegensätze geht, diejenigen, die wir jeden Tag erfahren, dann können wir die größten Schwierigkeiten bekommen. Nehmen Sie zum Beispiel Dummheit und Intelligenz. Wir wissen alle, dass sie nicht dasselbe sind, nicht wahr? Es gibt Intelligenz, und dann gibt es noch Dummheit. Wie könnten sie eins sein? Sie können jede offensichtliche und wahr erscheinende Dualität nutzen, um dieses Spiel zu spielen. Drehen Sie die Dualität einmal um: Überlegen und entdecken Sie selbst, inwiefern Dummheit Intelligenz *ist* und inwiefern

Intelligenz Dummheit *ist*. Wenden Sie diese Einsicht dann bei sich selbst an. Nun, das passt uns gar nicht, vor allem, wenn wir uns selbst als intelligent betrachten.

In der Tat sind wir Dummköpfe eigentlich die Intelligenten und die so genannten Intelligenten sind wirklich dumm. Immer wenn ich darauf hinweise, wie wahr das ist, halten ein paar Schüler nach Backsteinen zum Werfen Ausschau. Es ist seltsam, dass wir akzeptieren können, was Dogen Zenji uns gesagt hat – Samsara ist Nirwana und Nirwana ist Samsara, Buddha ist ein empfindungsfähiges Wesen und ein empfindungsfähiges Wesen ist Buddha – und trotzdem ein Problem damit haben, dass Intelligenz Dummheit ist. Warum fällt uns das so schwer? Der Unterschied scheint davon abzuhängen, womit wir uns identifizieren können. Wenn wir uns vertraute Dualitäten betrachten, wie Aktivität und Faulheit oder Klugheit und Dummheit, dann sind diese Gegensätze etwas, auf das wir uns beziehen können. Die meisten von uns identifizieren sich persönlich mit ihrer Intelligenz, aber nicht mit Erleuchtung oder Verblendung. Von Kindheit an lehrt uns die Gesellschaft, dass Intelligenz eine wertvolle und im Grunde genommen festgelegte individuelle Charaktereigenschaft ist; wir arbeiten hart daran, unsere Dummheit zu begraben.

Um in der Zen-Praxis Fortschritte zu machen, müssen wir eher dumm werden. Wieso sollte auch eine intelligente Person sieben Stunden täglich sitzen und ihre Atemzüge zählen? Nach einer gewissen Zeit der Übung tun viele von uns solche Dinge, ohne sie in Zweifel zu ziehen, weil wir dieser Anforderung inzwischen entsprechen. Dennoch möchten wir gern an der Illusion festhalten, dass wir im Wesentlichen intelligent sind. Es fällt sehr schwer, diese Illusion loszulassen, weil wir so viel in unsere Intelligenz investiert haben. Um alles loslassen zu können, müssen Sie darauf vertrauen, dass es absolut nichts zu verlieren gibt. Und das ist wahr – es gibt wirklich *nichts* zu verlieren.

Wenn Sie sich darin üben, die Ideen über sich selbst loszulassen, löst sich die scheinbare Trennung zwischen Selbst und anderen auf. Meditationspraktiken sind wie Landkarten, die Ihnen dabei helfen, Ihren Weg zu diesem nichtdualistischen Ort zu finden. Ihre Atemzüge zu zählen, an einem Koan zu arbeiten oder ein Mantra zu rezitieren kann Sie dorthin führen. Aber das Verblüffende ist, einfach Sitzen und Nichtstun bringt Sie ebenfalls dorthin! Kaum zu glauben, nicht wahr? Aber Sitzen und Nichtstun ist, was wir in der Praxis des Shikantaza zu tun versuchen. Dogen Zenji sagte, dass Shikantaza die ultimative Meditation sei. Wollen Sie wissen, warum dies wahr ist? Sitzen und absolut nichts tun *ist* bereits da. Sie müssen gar nichts *tun*, weil sitzen und nichts tun *bereits* da ist oder hier ist oder *Es* ist. Shikantaza ist der ungeborene Buddha-Geist in seiner Manifestation!

Schülerinnen und Schüler, die gerade erst mit der Meditationspraxis anfangen, sind normalerweise sehr erfreut zu erfahren, dass Sitzen und Nichtstun tatsächlich funktioniert. Es klingt so einfach. Aber tatsächlich ist es sehr schwierig. Versuchen Sie es, und Sie werden erkennen, warum es so schwierig ist: Ihnen werden ständig irgendwelche Dinge in den Sinn kommen. Es schleichen sich Gedanken ein wie: „Das kann einfach nicht genug sein. Wie kann ich auf diese Weise jemals etwas realisieren?“ Oder: „Nicht schon wieder! Ich soll meditieren und nicht über den Beruf nachdenken!“ Und: „Ich muss endlich aufhören, so viel nachzudenken!“ Alle möglichen Zweifel tauchen auf und halten uns davon ab, einfach nur zu sitzen. Einfach nur zu sitzen, einfach nur zu sein, gehört zu den schwierigsten Dingen, weil es unglaubliches Vertrauen erfordert.

Jeder große buddhistische Lehrer seit Shakyamuni Buddha hat gelehrt, dass es nichts zu tun und keinen Ort zu erreichen gibt. Aber weil unser greifender Geist etwas zum Greifen haben möchte, würden wir eher glauben, dass es einen Ort zu erreichen gibt und einen Weg dorthin. Wir wollen auch glauben, dass es

Lehrer, Lehrerinnen gibt, die uns an diesen besonderen Ort führen können. Aber all dies ist Verblendung. Manjusri, der Bodhisattva der Weisheit, führt ein Schwert, das die Täuschung der Dualität durchschneidet. Manjusris Schwert zerteilt zwei in eins! Wenn Sie Ihr eigenes Schwert des Manjusri benutzen, dann erkennen Sie, dass es keinen Ort zu erreichen, keinen Pfad zu befolgen und niemanden gibt, der sie dorthin führen kann. Wenn Sie dieses Schwert führen, erkennen Sie, dass Sie völlig auf sich allein gestellt sind. Und wenn Sie noch ein wenig weiter schneiden, dann erkennen Sie, dass es keine Erleuchtung und auch keine Erleuchteten gibt. Stattdessen werden Sie erkennen, dass die Erleuchteten diejenigen sind, die erkennen, dass es keine Erleuchtung gibt. Natürlich hätten wir es gerne, von solchen Erleuchteten an jenen Ort geführt zu werden, doch niemand kann uns dahin führen, wo wir bereits sind!

Wenn wir noch tiefer schauen, dann entdeckt jeder und jede von uns die simple Wahrheit: Wir wollen nicht alleine dastehen. Es fühlt sich so viel angenehmer und sicherer an, an jemandem festzuhalten, von dem wir glauben, dass er oder sie uns führen kann. Wir hoffen sogar darauf, dass diese Person unsere Leistung und Erleuchtung bestätigen wird. Das wäre großartig, denn wir könnten an einer noch stärkeren Illusion anhaften: „Ich bin angekommen!" Anstatt sich in dem niederzulassen, was sich angenehm und sicher anfühlt, birgt die Zen-Praxis eine große Überraschung: Wenn Sie dort ankommen, was wirklich Nirgendwo ist, dann *wissen* Sie es! Sie wissen es *wirklich!* Ohne den leisesten Hauch eines Zweifels wissen Sie, dass Sie nichts erreicht haben. Sie sind nirgendwo hingegangen und haben nichts erreicht: Wieso sollten Sie also jemanden benötigen, der dies bestätigt?

Es mag sich wie eine Riesenenttäuschung anhören, nach Jahren der Übung die Entdeckung zu machen, dass es niemals etwas zu erreichen und keinen Ort anzustreben gab, doch die Erfahrung ist Befreiung. Sie realisieren, dass Sie die ganze Zeit über schon den ungeborenen Buddha-Geist hatten. Rückblickend können Sie erkennen, wie verblendet Sie waren, zu denken, Ihr Geist wäre so klein, in Dualitäten und Konzepte verstrickt und völlig selbstsüchtig und ichbezogen. Natürlich ist all das ebenfalls wahr! Das „Ich", welches Sie für sich selbst halten, hat nun einmal nur diesen kleinen Geist. Unser wahrer Herz-Geist, der ungeborene Buddha-Geist, manifestiert diesen kleinen Geist – viele von ihnen, überall auf der Welt. Sie haben den kleinen Geist, den Sie die ganze Zeit über schon hatten, selbst wenn Sie versucht haben, ihn irgendwie loszuwerden (was ziemlich idiotisch wäre). Ohne Ihren kleinen Geist würden Sie hoffnungslos feststecken! Wir benötigen alle die Fähigkeit des dualistischen Denkens. Wir müssen zwischen Intelligenz und Dummheit unterscheiden können.

In diesem Leben sind wir alle gleichermaßen verdreht, oder wie der Buddha es ausdrückte: Unser Leben ist auf den Kopf gestellt. Was wir für die Wirklichkeit halten, ist es tatsächlich nicht, und was wir unmöglich erfassen können, ist Wirklichkeit. Was wir für normal halten, ist es nicht, und was wir für verrückt halten, ist wahre Normalität. Wir denken, dass Wissen oder Verstehen der Weg des Buddha ist, aber der Weg liegt jenseits von Wissen oder Verstehen. Wir haben wirklich alles auf den Kopf gestellt, wie also können wir uns da intelligent nennen? Wahre Intelligenz ist Nicht-Wissen. Wenn ich glaube, etwas zu wissen, dann habe ich lediglich ein Konzept.

Mit dem Nicht-Wissen zu leben, bedeutet, als ungeborener Buddha-Geist zu leben. Dann sind wir frei, alles und irgendwas zu sein. Ihre wahre Identität ist Nicht-Identität. Ihr wahres Selbst ist nicht festgelegt; daher kann es alles sein. Und es *ist* alles. Sie haben die Freiheit, der kleine Geist, Big Mind, selbstlos, egoistisch, dumm, intelligent, erleuchtet oder verblendet zu sein.

Meine Kinder sagen immer: „War da, hab's getan." Diese Phrase beschreibt die Zen-Praxis sehr gut. Sie waren da, haben's getan? Dann *lassen Sie es los*! Falls Sie dualistisch denken, lassen Sie es los. Denken Sie nichtdualistisch, lassen Sie es los. Dann sind Sie frei, verstehen Sie? Ganz egal, welche es ist: Wenn Sie an einer bestimmten Denkweise festhalten, dann wird sie zu einer Belastung. Keine Art zu denken ist besser als die andere, und ein Buddha ist nicht besser als ein Lebewesen. Warum eine Vorliebe haben? Manchmal erscheinen Sie als Buddha, manchmal erscheinen Sie als Lebewesen. Manchmal erscheinen Sie als erleuchtet, manchmal erscheinen Sie als verblendet. Sie können intelligent oder dumm erscheinen. Na und? All dies sind Manifestationen Ihres ungeborenen Buddha-Geistes.

Manche glauben vielleicht, dass ihnen die Meditation dabei hilft, ihr so genanntes wahres Selbst zu finden, und viele betreten einen spirituellen Pfad aus genau diesem Grund; aber dieses Ziel ist nicht wirklich sinnvoll. Wer ist es denn, der nach dem wahren Selbst sucht – das falsche Selbst? Falls wir denken, dass die Meditation uns dabei hilft, unser wahres Selbst zu finden, sind wir sicherlich verblendet; das letzte, was das falsche Selbst auf dieser Welt zu finden hofft, ist das wahre Selbst. Tatsächlich ist es viel wahrscheinlicher, dass das falsche Selbst, das Ego, die Suche als eine Ablenkung benutzt, um zu verhindern, dass das wahre Selbst gefunden wird. Glauben Sie etwa, das Ego möchte aufgelöst werden? Natürlich nicht! Das ist der Grund, warum es all diese wilden Hetzjagden veranstaltet. Wir sind so leichtgläubig, dass wir endlos umherlaufen würden. Schließlich aber erwachen wir und erkennen, dass wir die ganze Zeit über auf Umwegen waren.

Was hoffen wir zu finden? Nach sich selbst zu suchen, erscheint ziemlich albern, nicht wahr? In jedem Moment drücken Sie sich genau so aus, wie sie sind. Wenn Sie in Zazen sitzen, dann drücken Sie sich aus. Wenn Sie gehen, dann drücken Sie sich aus. Wenn Sie schlafen, dann drücken Sie sich aus. Sie drücken sich den ganzen Tag über aus. Es ist unmöglich, es nicht zu tun.

Um zu entdecken, dass von Anfang an nichts gefehlt hat, scheint es irgendwie notwendig zu sein, dass jeder und jede von uns sich auf die Suche nach dem Selbst macht; aber in Wirklichkeit ist es nur ein großer Umweg. Ihr ungeborener Buddha-Geist wird entdeckt, wenn Sie eins sind – einfach nur sitzen, nur atmen, nur den Boden aufwischen. In dem Moment gibt es niemanden, der wischt, niemanden, die atmet, niemanden, die sitzt. Sie sind eins mit dem, was Sie tun, weil Sie es von Anfang an sind. Sie wurden frei geboren und Ihre wahre Natur ist frei und nicht festgelegt. Der ungeborene Buddha-Geist manifestiert sich immer als Sie selbst.

21

Big Mind

Big Mind ist ohne Ausmaße, ohne Grenzen und völlig unfassbar. Big Mind hat keinen Anfang und kein Ende, keine Geburt und keinen Tod, keine Beschränkung und keine Mitte. Wir können dies für uns selbst feststellen, indem wir einfach den Blick nach innen richten.

DAS LEIDEN IST IMMER SCHON EIN TEIL DES LEBENS GEWESEN. Der Buddha erkannte, dass das menschliche Leiden der Wahrnehmung entstammt, etwas fehle, entweder in uns selbst oder unserem Leben. Es spielt keine Rolle, ob wir reich oder arm sind, begabt oder durchschnittlich. Sobald wir an unseren Mangel glauben, leiden wir. Wir beneiden die Menschen, die das besitzen, was wir vermissen: bessere Jobs, Häuser oder Familien; mehr Geld, Glück oder Intelligenz und so weiter. Genauso tauchen Angst und Vorurteile auf, wenn wir mit Menschen zu tun haben, die mehr Autorität oder Macht als wir besitzen. Das kann uns sogar mit unseren besten Freunden passieren. Wenn unsere Freundinnen größeren Seelenfrieden, mehr Klarheit, mehr von allem haben, dann fühlen wir uns womöglich zornig und eifersüchtig. Es scheint dann zahllose Gründe für unseren Groll, unsere Angst und Wut zu geben. Solange wir nicht das zugrunde liegende Gefühl der Unzulänglichkeit beseitigen, schwären diese negativen Emotionen weiter und schließlich führen sie zu chronischem Unglücklichsein und Stress.

Die überraschende Tatsache ist, dass wir nicht mit dieser Art des Leidens geboren wurden. Stattdessen kommen wir mit dem ungeborenen Buddha-Geist, Big Mind, zur Welt, einem inneren Wissen darüber, dass wir mit anderen und unserer Umwelt verbunden sind – buchstäblich Ein Geist. Wenn wir wissen, dass wir mit allem eins sind, dann kämpfen wir nicht gegen das an, was ist. Doch während wir aufwachsen, fangen wir an, Unterschiede zu machen und uns vom Rest der Welt abzutrennen. Ein „Ich"-Konzept bildet sich heraus – eine Identität, abgetrennt von allem und jedem. Schon bald ist dies die einzige Art, wie wir uns selbst sehen. Es ist so, als ob wir Big Mind, mit dem wir geboren wurden, gegen einen anderen Geist austauschen, einen Geist, der sich um das kleine Selbst zentriert. Dieses Selbst wird dann zu unserer ständigen Sorge. Die Nummer eins meiner Interessen wird *ich* und *mein* – wer ich bin, womit ich mich identifiziere und was ich besitze. Alles, was nicht zu diesem „Ich" gehört, wird zu einer Bedrohung und einem potenziellem Feind, einfach nur, weil es außerhalb, kein Teil von mir ist.

Wir schaffen andauernd solche Unterscheidungen – und häufig sind wir nicht eben rational dabei. Manchmal identifizieren wir uns mit unserer Nation oder unserem Land und manchmal tun wir dies nicht. Falls wir uns besonders stark mit unserem Land identifizieren, würden wir sogar dafür sterben. Tun wir das nicht, dann betrachten wir es womöglich als einen Feind, der gegen uns arbeitet. Identifizieren wir uns mit unserer Familie, dann unternehmen wir alles, um unsere Kinder zu beschützen oder den Partner, die Partnerin oder die Eltern. Doch wenn wir uns von unseren Familienmitgliedern abwenden, dann werden sie zu einer Last. Wir trennen uns sogar von unserem physischen Körper ab. Manchmal betrachten wir unseren Körper als „ich" und wir unternehmen größte Anstrengungen, um ihn zu beschützen und zu versorgen. Zu anderen Zeiten betrachten wir ihn nur als Quelle des Leidens, als ein weiteres Problem, das wir bekämpfen müssen.

Der kleine Geist nimmt die Welt stets von jenem Zentrum aus wahr, welches „ich" genannt wird. Der Richtungspfeil zeigt nach „dort draußen", daher scheint alles andere außerhalb zu liegen. Und wenn ich „dort hinaus" blicke, dann fühle ich mich „hier drin" eher leer, unwichtig und unvollständig. Natürlich erstarkt so wieder das Verlangen: Ich will mich besser fühlen, in Ordnung fühlen und vollständig sein. Verlangen oder Bedürftigkeit ist die Basis unserer Gier und des endlosen Bestrebens nach den Dingen, die wir uns wünschen. Aber selbst alle materiellen und ideellen Schätze dieser Welt werden uns immer noch mit dem Gefühl zurücklassen, unvollständig und unzufrieden zu sein, weil sie die innere Leere nicht ausfüllen können. Solange wir glauben, dass etwas außerhalb unserer selbst unseren Hunger stillen kann und wir uns dann vollständig fühlen, treibt uns das an, nach Dingen zu greifen. Gefühle der Unzufriedenheit, Angst und Beklemmung werden uns heimsuchen, weil wir Big Mind gegen einen engstirnigen, selbstbezogenen Geist eingetauscht haben. Diese Rastlosigkeit ist es, die der Buddha als Unwissenheit oder Ignoranz bezeichnet hat. Wir ignorieren unsere innewohnende Vollständigkeit.

Der Sinn der Zen-Praxis liegt darin, dass wir zu unserem ursprünglichen Geist zurückkehren, der Ein Geist ist, ungeteilt. Wenn unser Geist gespalten ist, erleben wir alle möglichen Konflikte. Ist unser Geist nicht gespalten, dann gibt es einfach keinen Konflikt. Es wurden über die Jahrhunderte hinweg verschiedenste Methoden benutzt, um den Weg zurück zum ursprünglichen Geist zu finden. Eine der Methoden, die wir im Zen benutzen, stammt von Meister Bassui. Er lehrte seine Schüler, in ihren eigenen Geist zu schauen und die Frage zu stellen: „Was ist es, das die Geräusche hört?" Ein solches „es" zu finden, lag nicht in Bassuis Absicht. Es geht vielmehr darum, direkt in den eigenen Geist zu schauen. Dogen Zenji lehrte exakt dasselbe. Er sagte: „Wende dein eigenes Licht nach innen!"

Sie können durch eine einfache Übung einen Einblick in die wahre Natur Ihres Geistes gewinnen. Nehmen Sie sich ein paar Augenblicke Zeit, um nach innen zu schauen, und stellen Sie sich die simple Frage: „Wie groß ist dieser Geist?" Können Sie eine Größe dieses Geistes finden? Können Sie eine Gestalt finden? Die einzige Art und Weise, wie Sie eine Größe, Form oder Farbe des Geistes finden können, besteht darin, sich *vorzustellen*, was der Geist ist, und auf diese Weise erfinden wir auch die Idee des Selbst. Wir erschaffen und verstärken ununterbrochen die Idee des Selbst – ein Vorgang, den wir uns so sehr angewöhnt haben, dass wir gar nicht mehr bemerken, was wir tun. Wir erfinden das kleine Selbst schon so lange, wie wir uns erinnern können, und wir nehmen es mittlerweile als gegeben hin, dass zwischen diesem Selbst und allem anderen eine Begrenzung existiert.

Wir stellen uns viele Arten von Begrenzungen vor, die uns dabei helfen, diese Entität namens „ich" zu definieren. Der Körper scheint eine ziemlich offensichtliche Begrenzung zu sein, und scheinbar ist es nur vernünftig, davon auszugehen, dass unser „Ich" an der Oberfläche unserer Haut aufhört. Allerdings gibt es einige Menschen, die Auren sehen können, welche über den Körper hinausreichen. Wo enden also diese Auren? Und was ist mit Ihrem Geist? Wie weit reicht der? Hat er irgendwelche Grenzen? Umfasst Ihr Geist lediglich das, was Sie sehen, hören oder fühlen können, so dass alles, was über Ihre Sinne hinausreicht, nicht zu Ihnen gehört?

Eine andere Weise, durch die wir uns selbst gerne definieren, ist durch das, was wir wissen – und diese Illusion loszulassen, kann uns am allerschwersten fallen. Wir finden es schwierig, uns mit etwas zu identifizieren, was wir nicht kennen. Nehmen Sie zum Beispiel das Leben selbst: Wir kennen das Leben, wie es ist, doch wir kennen den Tod nicht. Wie können wir uns also persönlich mit dem Tod identifizieren? Vielleicht denken wir, dass wir uns selbst nur als lebendig kennen, also scheint der Tod außerhalb unserer selbst zu sein, und somit eine klare Bedrohung unseres vertrauten Selbst. Wir würden es lieber vermeiden zu untersuchen, dass und wie der Tod auch ein Teil von „mir“ ist.

Manchmal behaupten Menschen, dass sie nicht den Tod an sich fürchten, sondern die Schmerzen, die sie womöglich vor dem Sterben erleiden müssen. Aber warum sollten wir dieses Leiden fürchten? Es ist interessant, darüber nachzudenken. Wenn wir nach innen schauen, können wir sehen, dass wir alles fürchten, mit dem wir uns nicht identifizieren; und für die meisten von uns ist das Leiden eine unserer größten Ängste. Wir wollen uns nicht mit dem Leiden identifizieren, daher wehren wir uns gegen unseren eigenen Schmerz. Wir wollen ganz bestimmt nicht eins sein mit unserem Schmerz! Ein guter Freund von mir ist Zahnarzt und er sieht tagtäglich die große Angst vor dem Leiden, die wir alle gemeinsam haben. Sobald seine Patienten sich auf den Behandlungsstuhl gesetzt haben, betteln sie ihn an, dass er die Untersuchung „so erträglich wie möglich“ halten soll. Wir tun beinahe alles, um uns das Leiden vom Leib zu halten, um zu vermeiden, es vollständig zu erleben.

Wenn wir dazu bereit sind, in uns zu blicken, dann sehen wir, dass uns alles, mit dem wir uns nicht identifizieren, letztendlich mehr Furcht und Leiden beschert. Warum also fällt es uns so schwer, den Widerstand aufzugeben und die Erfahrung des Schmerzes zuzulassen? Ganz einfach, weil wir keinen Schmerz mögen. Er tut weh! Also tauschen wir ein weiteres Mal Big Mind gegen unseren abgespaltenen, kleinen Geist, welcher Schmerz und Leiden fürchtet. Wir können unser ganzes Leben damit verbringen, Schmerz zu fürchten und ihn um jeden Preis zu vermeiden. Warum kümmern wir uns nicht stattdessen um die Sache und akzeptieren, dass Schmerz unvermeidbar ist? Warum nicht den Schmerz zulassen, den Sie im Moment verspüren, und sich mit ihm identifizieren? Seien Sie Ihr eigener Schmerz! Der

Buddha lehrte, dass das Leben Leiden *ist*. John Lennon meinte, dass das Einzige, was wir haben, unser eigener Schmerz ist. Wenn Schmerz unvermeidlich ist, wieso bemühen wir uns dann so nachdrücklich, uns von ihm zu distanzieren? Aus Angst! Wir haben nicht den Mut, uns die Erfahrung des Schmerzes zu erlauben. So einfach ist das.

Die Geschichte lehrt uns, dass Schmerz tatsächlich einer der üblicheren Katalysatoren für das Erwachen ist. Viele Zen-Vorfahren erreichten Erleuchtung durch Schmerz, und es ist sehr interessant, sich das mal genauer anzuschauen. Meister Ummons Bein wurde von der Tür, die sein Lehrer zuschlug, zerquetscht. In diesem Moment wurde Ummon eins mit seinem Schmerz, und das war der Funke, der seine Erleuchtung entzündete. Wenn der Schmerz so groß wird, dass man sich ihm nicht mehr widersetzen kann, verschwindet die Trennung zwischen Schmerz und Selbst. Es bleibt nur Schmerz. Es gibt niemanden mehr, der den Schmerz erlebt, sondern nur Schmerz. Und wenn Sie eins sind mit dem Schmerz, dann gibt es keine Angst.

Es ist leicht, durch das Leben zu gehen und sich vor allen möglichen schmerzhaften Erfahrungen zu fürchten, aber es ist reine Energieverschwendung, auf diese Weise zu leben. Ständige Angst hält uns vom Leben ab! Lebendig zu sein, bedeutet, dass wir leiden werden; also ist die Vermeidung, Schmerz zu erfahren, gleichzeitig die Vermeidung, das Leben zu erfahren. Nur ein Narr würde seine Energie damit verschwenden, sich dem Leben zu widersetzen, doch genau das tun wir. Wir würden uns eher dem Leben widersetzen und durch die Hölle gehen, als dass wir uns Schmerz und Leiden ergäben; kein Wunder, dass Verblendung auch Narrheit oder Dummheit genannt wird. Wenn wir uns dem Schmerz und dem Leiden öffnen, erfahren wir tatsächlich *weniger* Stress in unserem Leben. Der Widerstand ist sehr stressig. Wenn ich mich selbst auf die Entität des kleinen Egos begrenze, dann wird die ganze Welt zur Bedrohung und ich muss ständig auf der Hut sein. Ich sitze mit dem Rücken zur Wand, zu ängstlich, mich zu bewegen. In diesem Widerstand gegen das gesamte Spektrum des Lebens zu verharren, verurteilt uns dazu, eine winzige, begrenzte Existenz zu führen. Wir betrachten die ganze Welt von einem persönlichen Standpunkt aus, und daher fühlen wir uns im Vergleich selbstverständlich ziemlich klein. Wie groß ist ein einzelner Punkt? In diesem immensen Universum ohne Anfang und ohne Ende erscheint ein einzelner Punkt sehr winzig und unbedeutend.

Wenn Sie sich auf eine Sichtweise beschränken, auf eine persönliche Perspektive, dann werden Sie sich zwangsläufig unzulänglich und bedroht fühlen. Obwohl Sie vielleicht glauben, dass Sie einen offenen Geist und eine weite Perspektive besitzen, können Sie trotzdem nur eine einzelne Sichtweise einnehmen. Maezumi Roshi drückte es für gewöhnlich so aus: Er hob seine geballte Faust und sagte: „An was auch immer wir uns festhalten, dies ist, was wir haben – nur so viel!"

Jeder und jede kann Big Mind kennen lernen, wenn er oder sie nach innen schaut. Mit der Zeit können wir unsere Meditationspraxis dazu benutzen, das egozentrische, kleine Selbst zu untergraben und uns vollständiger unserer grenzenlosen wahren Natur zu öffnen. Sie können diese Entdeckungsreise genau jetzt beginnen. Nehmen Sie sich ein paar Minuten, um in Ihren eigenen Geist zu blicken, und fragen Sie sich: „Wie groß ist dieser Geist?" Schauen Sie wirklich hin! Versuchen Sie sich nicht vorzustellen, was Sie finden sollten; schauen Sie selbst nach. Was entdecken Sie? Können Sie die Größe Ihres Geistes erfassen? Nein. Er ist unfassbar. Können Sie einen Anfang finden? Nein. Können Sie ein Ende finden? Nein. Können Sie eine Geburt oder einen Tod finden? Nein. Alles, was Sie finden, ist eine Erfindung des kleinen Geistes.

Big Mind ist ohne Größe, ohne Grenzen und völlig unfassbar. Big Mind hat keinen Anfang und kein Ende, keine Geburt und keinen Tod, keine Beschränkung und keine Mitte. Wir können dies für uns selbst überprüfen, indem wir einfach nach innen schauen. Aber obwohl wir die Illusion des kleinen Selbst zu durchschauen beginnen, halten wir womöglich an einer noch heimtückischeren Illusion fest: die Idee eines großen „Anderen", etwas oder jemand, größer als wir selbst. Das Problem ist, dass diese Überzeugung eine Trennung impliziert, ein „Dies" und ein „Das", also ist sie nur eine weitere Verblendung unseres dualistischen, kleinen Selbst. Um ein „Dies", einen Mittelpunkt, zu schaffen, müssen Sie einen Punkt festlegen; und gleichgültig, ob Sie ihn klein oder groß machen, er bleibt immer nur ein Punkt. Er wird niemals das Ganze umfassen.

In der Meditation können wir Nicht-Trennung, Nicht-Dualität erfahren. Big Mind hat kein Außen und kein Innen, keinen Standpunkt und kein Zentrum. Er übersteigt völlig unseren Verstand. Selbst wenn wir diesen unergründlichen Herz-Geist erfahren, will unser abgespaltenes und verängstigtes kleines Selbst daran glauben, dass etwas oder jemand größer als wir selbst alles unter Kontrolle hat; daher suchen wir weiterhin nach Gott „dort draußen". Doch in dem Augenblick, in dem wir das Wort „Gott" benutzen, schaffen wir eine Begrenzung. In der mystischen Tradition des Judentums ist es verboten, den Namen Gottes auszusprechen, weil Gott grenzenlos und kein Name ihm angemessen ist. Einen Namen zu benutzen, ist eine subtile Form der Kontrolle. Alle Mystiker kennen das Geheimnis, dass Gott nur dann gefunden werden kann, wenn wir unsere Kontrollbemühungen aufgeben.

Der Versuch, das Leben zu verstehen, ist bloß ein weiteres Manöver des kleinen Selbst, das Leben kontrollieren zu wollen. Solch ein Bestreben ist wirklich unnötig. Wenn wir unsere kleine Perspektive aufgeben und von Big Mind ausgehen, was gibt es, das wir nicht kennen? Wenn wir in der Gegenwart, in Big Mind, leben, kennen wir alles. Aber wenn wir versuchen, in der Zukunft zu leben oder an der Vergangenheit festzuhalten, erscheint uns alles unbekannt und Angst einflößend.

Wenn wir in unser Inneres blicken und loslassen, können wir von Big Mind ausgehen und erkennen, dass das Leben einfach perfekt verläuft. Es besteht kein Bedürfnis, irgendetwas kontrollieren zu wollen. Wenn wir allem erlauben, einfach nur zu sein, dann funktioniert alles vollkommen, genau auf die Art, wie wir es uns wünschen, weil wir damit aufhören, es uns anders zu wünschen. Der Trick besteht darin, das Wollen aufzugeben. Wenn wir unsere vorgefasste Meinungen darüber aufgeben, wohin der Schnee fallen sollte, und ihn schneien lassen, wohin er fällt, dann stellt sich erst gar nicht die Frage, was zu unternehmen sei. Wir greifen direkt zur Schaufel! Anstatt zu kämpfen und Widerstand zu leisten, können wir schlichtweg mit jeder Situation umgehen, sobald sie sich ereignet. Gönnen Sie sich also etwas Urlaub. Schalten Sie in den Leerlauf und geben Sie den Versuch auf, alles kontrollieren zu wollen. „Entspanne und lass sein!“ Wertschätzen Sie, wie alles auf vollkommene Art und Weise funktioniert.

Vielleicht ist es schwer vorstellbar, sich nicht auf irgendeine Weise unzulänglich oder unzureichend zu fühlen. Doch wenn Sie erst einmal Ihre Vollständigkeit erkennen, ist das Streben danach, irgendetwas zu erlangen, völliger Unsinn. Das Streben taucht einfach nicht mehr auf. Was bleibt also übrig? In der Abwesenheit unserer Bedürftigkeit bleibt Nirwana, Frieden. Wenn wir akzeptieren können, was geschieht, werden selbst Gefühle der Trauer und des Schmerzes oder des Widerstandes nicht aufkommen und wir haben nicht das Gefühl, die Dinge seien außer Kontrolle. Von diesem Bewusstseinsraum aus können wir schlicht unser Leben leben und uns um die Dinge kümmern, wenn es an der Zeit ist. Wenn der Schnee die Auffahrt bedeckt, dann schaufeln Sie ihn weg. Wenn das Geschirr schmutzig ist, dann spülen Sie es.

Unser wertvollstes Geschenk und Geburtsrecht ist der Eine Buddha-Geist, aber wir fallen in die Unwissenheit zurück und ersetzen diesen Geist durch einen winzigen, selbstbezogenen

Geist. Ganz egal, wie sehr sich der kleine Geist bemüht, er kann niemals dieses Leben verstehen oder kontrollieren, weil wir uns in unserer Ignoranz als getrennt und begrenzt wahrnehmen. Mit seiner erleuchteten Sichtweise konnte der Buddha erkennen, wie das Leiden zu beenden wäre, und er gab uns das Heilmittel in Form des Achtfachen Pfades, der vierten Edlen Wahrheit. Der erste Schritt auf dem Achtfachen Pfad ist die *rechte Sichtweise*, die erleuchtete Sichtweise. Wenn wir Big Mind kennen, können wir über den kleinen Geist hinauswachsen und die Illusion des Getrenntseins durchschneiden.

22

Nichts zu ergreifen

Unabhängig davon, wie lange wir bereits praktizieren oder wie viele Erkenntnisse wir erleben, bleibt die Aufgabe dieselbe: unsere Überzeugungen aufgeben.

WAS GENAU ERWARTEN SIE sich vom Leben? Das mag wie eine einfache Frage erscheinen, aber nur, bis Sie versuchen, eine Antwort zu finden. Ich persönlich habe viele Jahre damit zugebracht zu verleugnen, dass ich es wirklich nicht wusste. Doch wenn wir uns auf eine spirituelle Praxis einlassen, scheint es fast so, als ob wir bereits eine innere Weisheit besitzen, die uns vorantreibt. Im Laufe unserer Praxis wird uns dann klarer, was genau wir eigentlich suchen. Einige Menschen sagen, dass sie Frieden oder Glück anstreben; andere sagen, dass sie Freiheit suchen. Einige streben nach einer bestimmten Form der spirituellen Erfahrung. Vielleicht benutzen wir unterschiedliche Worte – Frieden, Glück, Freiheit, Erleuchtung – aber wir suchen alle nach der absoluten Wahrheit, der Wahrheit, die über konzeptionelles Verstehen hinausgeht. Wir kommen nicht zur Ruhe, bis wir dieser Wahrheit selbst begegnet sind. Wir sehnen uns nach der Erfahrung des Einen Geistes.

In dieser Tradition sagen wir: „Die Wahrheit zu erfahren, bedeutet, Zen zu erfahren." Der Buddha nannte es Nirwana. Der erste Schritt, um *Es* zu erfahren, besteht darin zu erkennen, dass dies unser Trachten ist. Indem wir dies zugeben, enthüllen wir ebenfalls einen tieferen Glauben an die Möglichkeit, dass wir die Wahrheit, Nirwana, für uns selbst erfahren können. Doch an „etwas" zu glauben ist eine Form dualistischen Denkens. Glaube impliziert stets Trennung: „jemand" glaubt an „etwas". An Buddha, Gott oder Nirwana zu glauben, ist nicht dasselbe, wie eins damit zu sein. Wir müssen also einen Weg finden, über den bloßen Glauben hinauszugehen, wenn es uns um die Erfahrung an sich geht.

Die meisten Religionen beruhen auf dem Glauben, dass es etwas außerhalb oder jenseits von uns selbst gibt; und von dieser Perspektive aus kann es ziemlich schwerfallen, das Loslassen unseres Glaubens in Erwägung zu ziehen. Es mag uns falsch oder vielleicht sogar sündhaft erscheinen, über diese Möglichkeit nachzudenken. Doch Zen ermutigt uns, unsere Glaubensüberzeugungen aufzugeben – nicht etwa, weil der Glaube irgendwie falsch oder schlecht sei, sondern weil der Glaube an etwas und die unmittelbare Erfahrung davon völlig verschiedene Dinge sind. Zen lehrt uns, wie wir leer und empfänglich werden können.

Wir entscheiden uns für den Pfad des Zen, weil wir mehr als ein bloßes Verstehen der Lehre des Buddha wollen: Wir möchten die Erleuchtung am eigenen Leib erfahren. Aber um diese Erfahrung zu machen, müssen wir zuerst alle Glaubensüberzeugungen und Konzepte aufgeben, weil sie uns davon abhalten, die Dinge unmittelbar zu erleben. Dies ist ein Furcht erregender Prozess, doch wenn wir damit fortfahren, Zazen zu praktizieren, lernen wir allmählich, wie wir einfach in reines Vertrauen hinein loslassen können, ein Vertrauen, das nicht auf irgendwelchen Glaubensüberzeugungen beruht. Eine unserer ersten Erfahrungen in Zazen lehrt uns, dass unsere Ideen über die Dinge nicht die Dinge selbst sind. Wir erkennen, wie unsere Überzeugungen und Ideen uns dabei im Wege sind, etwas unmittelbar zu erleben, und so verstehen wir immer deutlicher, welchen Nutzen es hat, unseren Glauben und unsere Konzepte aufzugeben.

Früher oder später blitzt die Erkenntnis auf: „Konzepte sind alles, was ich habe!“ Diese Erkenntnis kann sehr belustigend und unglaublich befreiend sein; und doch kann es uns immer noch schwerfallen zuzugeben, dass auch unsere persönlichen Überzeugungen nichts weiter als Konzepte sind. Unsere Überzeugungen liegen uns sehr am Herzen, wir möchten, dass sie wahr sind. Überzeugungen sind häufig tief in unserer Identität verwurzelt, daher vergehen womöglich Jahre der Praxis, bis wir erkennen, woran wir glauben und welche Überzeugungen wir hegen. Unsere tief reichenden Überzeugungen haben wir bereits sehr früh im Leben übernommen – in der Tat so früh, dass die meisten von uns sich nicht mehr daran erinnern, wann oder wo wir sie zuerst aufgelesen haben. Es ist also verständlich, dass in uns Angst aufsteigt, wenn wir erkennen, der Preis dafür, dass wir das erfahren, was wir suchen, sind alle unsere Ideen, Konzepte, Meinungen und Glaubensvorstellungen. Allein der Gedanke, sie zu verlieren, lässt schon gewaltige Angst aufkommen. Aber was gibt es da wirklich zu fürchten? Ideen sind weder solide noch substanziell oder real. Dennoch beschränken sie uns genauso wie Ketten, und wir können uns gar nicht vorstellen, welche Freiheit ohne sie möglich wäre.

Wir müssen über das bloß konzeptionelle Verständnis der Lehre des Buddha hinausgehen, um den Einen Geist zu erfahren. Dem dualistischen, konzeptionellen Geist zufolge müssen wir darauf hinarbeiten, unser Leiden zu beenden, damit wir Nirwana erreichen können. Aber dieser Ansatz ist in Wirklichkeit bloß ein weiterer Versuch des Geistes, irgendeine Art des Verstehens oder der Kontrolle darüber zu erlangen, was niemals verstanden oder kontrolliert werden kann. Es ist eine weitere Form der Anhaftung, und sie wird nur zu mehr Leiden führen. Wie können wir also auf nichtdualistische Weise eine Beziehung zu unserem Leiden finden? Wenn es Leiden gibt, dann leiden Sie einfach. Wenn wir Nirwana erfahren, dann seien Sie einfach Nirwana. Letztendlich ist Samsara Nirwana. Die Probleme entstehen, weil sich Nirwana so viel besser anfühlt als das Leiden. Haben Sie erst einmal von Nirwana gekostet, dann wollen Sie mehr. Wir wollen Nirwana festhalten, und indem wir das tun, steigen wir zurück auf das Rad des Leidens.

Der Weg, um aus diesem Verhaltensmuster auszubrechen, ist simpel – aber nicht leicht. *Hören Sie auf, sich zu kümmern*! Hören Sie auf damit, eine Vorliebe für Nirwana und eine Abneigung gegen das Leiden zu hegen. Wenn wir aufhören, zu wählen und Vorlieben zu haben, fallen wir nicht länger in das dualistische Denken zurück: Wir erfahren den Einen Geist. Aber zu glauben, dass keine Vorlieben haben nichtdualistisch sei, ist dualistisches Denken. Es ist ein Beispiel dafür, wie wir eine Erfahrung zu einer soliden Überzeugung verhärten: „Nicht wählen und keine Vorlieben haben ist Befreiung." Und falls wir glauben, dass dies wahr ist, werden wir uns bemühen, in dieser Erfahrung des Nicht-Wählens zu verweilen. Es ist doch so leicht, wieder zurück auf das Rad des Samsara zu fallen! Wir werden erst aus dieser Fallgrube befreit, wenn wir erkennen, dass es keine Möglichkeit gibt, frei davon zu sein. Erst dann hören wir auf, Freiheit anzustreben. Wenn wir all unsere Bemühungen aufgeben, sind wir in dem Moment frei! In jenem Augenblick gibt es keine Erfahrung mehr, getrennt von dem, was ist. Es gibt keinen Suchenden, der versucht, etwas zu finden; die zwei wurden eins. Nichts existiert außerhalb dieses Einen. Der Eine Geist umfasst alles.

Obwohl das Leiden stets Teil des Lebens ist, ist es möglich, Befreiung innerhalb unseres Leidens zu entdecken. Der Eine Geist kennt keine Vorlieben: Er umfasst Nirwana und Samsara gleichermaßen. Daher kann Nirwana innerhalb jeder Erfahrung realisiert werden, selbst im Leiden. Wir erfahren Befreiung, den Einen Geist, wenn wir uns dem Leiden nicht mehr widersetzen und mit ihm eins werden. Gleichfalls, wenn wir mit der Atmung eins werden, das ist *Es*. Wenn wir mit dem Sitzen eins werden, das ist *Es*. Werden Sie eins mit dem Fegen, das ist *Es*. Werden Sie eins mit der Angst, das ist *Es*.

Im Zen geht es immer um die unmittelbare Erfahrung dieses Einen Geistes. Wir betonen die Praxis des Zazen, weil sie der einfachste Weg ist, dieses „Einssein mit" zu erfahren. Wenn wir still sitzen, haben wir die besten Möglichkeiten, unseren Geist zu fokussieren. Dann ist die Aufgabe sehr einfach: Seien Sie eins! Eins mit was? Mit was auch immer! Falls Sie wütend sind, seien Sie eins mit Ihrer Wut. Falls Sie sich neidisch oder ängstlich fühlen, ist das in Ordnung; seien Sie neidisch oder ängstlich. Wenn Ihnen Zweifel kommen, dann seien Sie der Zweifel. Denken Sie dualistisch? Seien Sie dualistisch. Erleuchtung bedeutet nicht, dass der Zweifel und das dualistische Denken verschwinden. Das wäre dualistisch.

Unabhängig davon, wie lange wir bereits praktizieren oder wie viele Erkenntnisse wir erleben, die Aufgabe bleibt dieselbe: unsere Überzeugungen aufzugeben. Ganz egal, wie subtil oder erhaben sie sind – unsere Überzeugungen werden immer ein Hindernis, eine Barriere sein; wir müssen also ungeachtet dessen, worum es sich handelt, unsere Anhaftungen aufgeben. Aber versuchen Sie nicht, ohne Anhaftungen zu leben. Das wäre nur eine andere Art von Anhaftung, ein weiteres Ideal, nach dem man streben könnte. Wir praktizieren, um frei zu leben. Wir öffnen uns allem, was das Leben bietet, da wir nicht länger von Angst und Anhaftung versklavt werden. Es gibt keine größere Befreiung.

23

Im Augenblick leben

Wenn wir sowohl Glauben als auch Zweifel umfassen, öffnen wir uns dem Unbekannten. Indem wir diese Erfahrung von Augenblick zu Augenblick leben, manifestieren wir das Unbekannte, unsere nichtfestgelegte Buddha-Natur.

HABEN SIE JEMALS BEMERKT, wie schwierig es ist, in der Gegenwart zu leben? Anstatt bei dem zu verweilen, was im Hier und Jetzt ist, neigt unser Geist normalerweise dazu, sich mit Gedanken über die Vergangenheit oder Plänen für die Zukunft zu beschäftigen. Oft verpassen wir völlig den Augenblick. Schauen wir uns diese Gewohnheit einmal genauer an, dann erkennen wir sie als das, wie sie ist – einfach nur eine weitere Form der Anhaftung. Das Ego will nicht in der Gegenwart leben, weil es in der Gegenwart kein Ego gibt. Der gegenwärtige Augenblick ist stets schlagartig vorbei, also benötigt im Augenblick zu leben ein fortwährendes Loslassen dessen, was gewesen ist, und ein fortwährendes Sich-Öffnen für das, was sein wird.

Da wir niemals genau wissen, was uns der nächste Augenblick bringen wird, kann sich das bewusste Verweilen im Augenblick so anfühlen, als stünde man am Rand einer Klippe. Zwangsläufig stellt sich Angst ein. Was bereits passiert ist, befindet sich nun in der Vergangenheit, und was noch sein wird, ist noch nicht eingetroffen. Es ist nur natürlich, sich zu wünschen, dass wir uns auf etwas verlassen könnten, von dem wir glauben oder hoffen, dass es sich ereignet, aber jede Erwartung erzeugt bloß ein falsches Gefühl der Sicherheit. Etwas öffnet sich in unserem Inneren, wenn wir den Mut aufbringen, ins Unbekannte zu springen. Wir öffnen uns einer anderen Wirklichkeit und erlangen einen Einblick darin – in den Bereich der Nicht-Dualität. Wenn uns dies zum ersten Mal passiert, glauben wir schnell, dass wir etwas erreicht hätten. Vielleicht reden wir uns sogar ein: „Ich habe *Es* erfahren und jetzt kann ich mich entspannen!" Aber wir halten uns damit bloß selbst zum Narren. Wir sind in die Gewohnheit des Anhaftens zurückgefallen. Wir versuchen an einem Verstehen festzuhalten, anstatt im Augenblick zu leben, im Nicht-Wissen. In gewisser Weise *ist* Leben im Nicht-Wissen eine Art von Wissen: Es ist zugleich absolutes Wissen und absolutes Nicht-Wissen. Der Clou besteht darin, keine Vorlieben auszubilden, weder für Wissen noch für Nicht-Wissen, sonst fallen wir zurück ins Anhaften und verlieren den Kontakt zum gegenwärtigen Augenblick.

Shakyamuni Buddha saß unter dem Bodhibaum, als er zum nichtdualistischen Gewahrsein erwachte. Er erkannte, dass das Selbst in Wirklichkeit Nicht-Selbst ist und Nicht-Selbst ist Selbst. Von der nichtdualistischen Sichtweise aus muss es ein Nicht-Selbst geben, wenn es ein Selbst gibt. Wenn es Erleuchtung gibt, dann muss es auch Nicht-Erleuchtung geben; wenn es Nirwana gibt, dann auch Nicht-Nirwana. Wir können Jahre damit zubringen, Fragen zu überdenken wie: Ist dies Erleuchtung oder Täuschung, Nirwana oder Samsara? Doch unser Geist wird niemals Nicht-Dualität erfassen. Doch wenn wir Nicht-Dualität *erfahren*, dann geschieht dies augenblicklicher als ein Wimpernschlag, und es bleiben uns keine Zweifel mehr. Wie kann das sein? Weil Sie bereits erwacht sind; Sie haben es nur noch nicht erkannt. Der Buddha formulierte es folgendermaßen: „Ich und alle Lebewesen haben gleichzeitig die Erleuchtung erlangt."

Es gibt zwei Arten, uns mit der Erklärung des Buddha zu verbinden: Mit Vertrauen oder mit Zweifel – und sie schließen sich nicht gegenseitig aus. Wir können in dem Vertrauen praktizieren, dass wir bereits Buddha-Natur haben. Es spielt wirklich keine Rolle, ob wir es bereits erkannt haben oder nicht. Weil es bereits so ist, gibt es nichts zu erreichen. Die Praxis besteht darin, es einfach zu *sein*. Dieser Ansatz wird von vielen Anhängern der Soto-Zen-Schule benutzt. Doch einigen von uns fällt es schwer, mit dieser Art des Vertrauens zu praktizieren, und wir bevorzugen, zu zweifeln und zu hinterfragen. In diesem Fall bedeutet die Praxis, dass wir uns mit unseren Zweifeln auseinandersetzen und danach streben, es für uns selbst zu realisieren. Viele Anhänger der Rinzai-Schule des Zen betonen diesen Praxisansatz.

Bei solch verschiedenen Meditationsansätzen ist es sehr verlockend zu fragen, welches der bessere Weg sei, doch leider gibt es hierauf keine Antwort. Jeder Augenblick unseres Lebens ist verschieden. Unser Vertrauen mag zu bestimmten Zeiten besonders stark sein und zu anderen Zeiten kommen eben Zweifel auf. Auf jeden Fall müssen wir uns selbst nicht mit der Frage quälen, warum wir nicht mehr Glauben oder Zweifel verspüren. Wenn wir bedingungsloses Vertrauen haben, können wir diese Richtung einschlagen. Wenn wir Zweifel haben, können wir uns in den Zweifel vertiefen und alles und jeden in Frage stellen.

Vertrauen und Zweifel sind wirklich untrennbar; wir wurden mit dem grenzenlosen Buddha-Geist geboren, und wir umfassen beide Seiten auf ganz natürliche Weise. Aber für gewöhnlich leben wir nicht auf diese Art. Stattdessen wählen und erwägen wir, ziehen eine Sache der anderen vor; und je weiter wir im Leben voranschreiten, desto mehr neigen wir dazu, immer engstirniger zu werden. Falls wir versuchen, das Vertrauen vom Zweifel abzutrennen, schaffen wir Probleme für unsere Praxis. Vielleicht wollen wir nur das Vertrauen umfassen, doch dann leben wir in der Angst, es zu verlieren und in den Zweifel zu stürzen. Aber was nützt uns das Vertrauen, wenn es gegen den Zweifel verlieren kann? Einige der großen Mystiker haben beschrieben, wie es sich anfühlt, *allen* Glauben, alles Vertrauen zu verlieren, und dies ist eine Entdeckung, die jeder und jede von uns machen kann. Verlieren wir das, was wir für Vertrauen halten, verlieren wir in Wahrheit bloß einen Glauben – den Glauben an etwas. Anstatt in Verwirrung und Verzweiflung zu verfallen, wenn das passiert, entdecken wir das wahre, bedingungslose Vertrauen – den tiefen Glauben, der von nichts mehr abhängt.

Wenn wir sowohl Vertrauen als auch Zweifel umfassen, dann öffnen wir uns dem Unbekannten. Indem wir diese Erfahrung von Augenblick zu Augenblick leben, manifestieren wir das Unbekannte, unsere nichtfestgelegte Buddha-Natur. Manchmal wird Angst aufsteigen, doch anstatt sie zu unterdrücken oder vor ihr zu fliehen, können wir lernen, uns ihr hinzugeben und einfach mit ihr zu sein. Mit unserer Angst vor dem Unbekannten zu leben, bedeutet, unsere Verletzlichkeit zuzugeben: Wir können dieses Leben nicht verstehen, und wir können uns wirklich auf nichts verlassen. Nichts hat Bestand. Alles, was wir ergreifen, ist eine bloße Idee, eine zeitweilige Illusion der Sicherheit, und unsere Hoffnungen daran zu heften, wird nur zu mehr Leid führen.

Siddhartha Gautamas Illusionen wurden zerstört, als er sein behütetes Leben hinter den Palastmauern aufgab. Er war beinahe 30 Jahre alt, als er das erste Mal mit den harten Tatsachen des Lebens konfrontiert wurde: Krankheit, hohes Alter und Tod. Diese dunkle Seite des Lebens schockierte und entsetzte ihn, aber sie trieb ihn auch dazu, nach einem Weg zu suchen, das Leiden zu beenden. Vielleicht war es Siddhartha möglich, die konventionelle Realität zu durchbrechen, weil seine Suche so bodenständig war. Er war kein Philosoph, der versuchte, das Unbeantwortbare zu beantworten; er konzentrierte sich auf das Grundlegende und fragte: „Wie können wir das Leiden überwinden?“ Er entdeckte eine simple und erstaunliche Wahrheit: Wir leiden, weil wir die Dinge auf dualistische Weise betrachten.

Der Buddha lehrte, dass wir uns vom Leiden befreien können, indem wir dem Mittleren Weg folgen. Wir könnten uns diesen Weg fälschlicherweise als einen schmalen Pfad vorstellen, der genau in der Mitte zwischen zwei Extremen verläuft. Dann würde unsere Praxis sich in den Kampf verwandeln, eine gerade Linie zwischen Vertrauen und Zweifel, Erleuchtung und Täuschung, Richtig und Falsch zu beschreiten. Was für eine Art von Freiheit wäre das? Solche Unterscheidungen fällt der dualistische Geist. Dualistisches Denken bringt uns Wollen und Abneigung, und diese sind immer die Wurzel unseres Leidens.

Der Mittlere Weg ist der Weg zur Befreiung, doch das bedeutet nicht, dass wir alles Leiden vermeiden können. Die Lehre des Buddha reicht über das dualistische Verständnis von Leiden und Befreiung hinaus. Wenn der Buddha uns sagt, dass ein Weg hinausführt, dann sagt er zugleich auch, dass kein Weg hinausführt. Er fordert uns auf, alles zu umfassen, das gesamte Mandala. Wenn Sie dies zu hundert Prozent annehmen können, dann sind Sie frei. Falls Sie versuchen, sich daran festzuklammern, dann werden Sie leiden. Wir leiden, sobald wir eine von beiden Seiten verleugnen. Der einzige Weg jenseits dieser beiden Extreme ist, sie beide zu umfassen. Also ist der Mittlere Weg überhaupt nicht schmal, sondern im Gegenteil unendlich weit. Der Pfad hat keine Breite, keinen Umriss und keine Form. Und dennoch ist auch das Gegenteil wahr: Das Ausmaß, der Umriss und die Form des Pfades sind *Ihr* Ausmaß, *Ihr* Umriss und *Ihre* Form. Sie sind der Pfad! Es gibt also wirklich keinen Grund, sich anzustrengen; wenn wir Augenblick für Augenblick loslassen, öffnet sich der Pfad ganz natürlich vor uns.

24

Plötzliche Erleuchtung

Augenblickliche Erleuchtung hört sich beinahe zu schön an, um wahr zu sein. Doch wenn ein Mensch sie erlangt hat, dann ist es auch für andere möglich.

RUND UM DIE WELT wird der Buddhismus auf viele unterschiedliche Weisen praktiziert, aber das Fundament ist bei allen Traditionen dasselbe – die Erleuchtungserfahrung von Shakyamuni Buddha. Allerdings steht Zen abseits von anderen buddhistischen Traditionen, was die Betonung der persönlichen Realisation betrifft. Zen lehrt, dass die Realisation der direkteste Weg ist, sich von der Welt des Leidens zu befreien, und daher wird vergleichsweise weniger Wert auf religiöse Praktiken, Verhaltenskodizes und ein intellektuelles Verständnis der Lehre des Buddha gelegt. Und weil Zazen der direkteste Pfad zur Realisation ist, ist Zazen das Herz der Zen-Praxis.

Viele Menschen fühlen sich zum Zen-Buddhismus hingezogen, weil sie erfahren wollen, was der Buddha erlebt hat. Aber es dauert nie sehr lange, bis selbst Neulinge begriffen haben, dass Zen-Praxis nicht mit der Realisation aufhört. Stattdessen ist Zen eine lebenslange Praxis, die eigene Realisation zu vertiefen und sie in das alltägliche Leben zu integrieren. Doch die meisten Anfänger wollen trotzdem wissen, wie lange es dauert, eine Öffnung oder einen ersten Einblick in den Buddha-Geist zu erlangen – was wir eine *Kensho*-Erfahrung nennen. Natürlich gibt es hierauf keine einfache Antwort; jede Person ist einzigartig und muss ihren eigenen Pfad beschreiten. Doch wir können Mut fassen und uns daran erinnern, dass der Eckpfeiler des Zen-Buddhismus die *plötzliche* Realisation ist. Die Realisation geschieht in einem Augenblick.

Der Zen-Buddhismus ist als die Schule der plötzlichen Erleuchtung bekannt. Das ist unsere Praxis und unsere Erfahrung. Dennoch war die Zen-Schule nicht immer so sicher, was dieses Thema betrifft. Historisch betrachtet gab es fünf große Schulen des Zen. Zwei von ihnen starben aus und daher existieren heute nur noch drei; die größten sind die Soto- und die Rinzai-Schule; in Japan gibt es immer noch ein kleines Überbleibsel der Obaku-Schule. Alle drei Schulen gehören zur größeren Schule der plötzlichen Erleuchtung.

Zu Beginn existierte bloß eine Zen-Schule in China. Im siebten Jahrhundert spaltete sich diese Schule aufgrund einer Debatte über das Wesen der Realisation. Sie umfasste sowohl Lehren der plötzlichen als auch der allmählichen Realisation, jedoch wurde zu dieser Zeit die allmähliche stark betont. Der sechste Nachfolger nach Bodhidharma, der große Zen-Meister Hui Neng, verlagerte die Betonung. Im südlichen Teil Chinas begründete er jene Tradition, die heute als *plötzliche Schule* bekannt ist, weil sie die augenblickliche Erleuchtung stark betont. Schließlich starb die nördliche oder *allmähliche Schule* aus; daher führen heute die Soto-, Rinzai- und Obaku-Schule allesamt ihre Herkunft auf Hui Neng zurück.

Der Einfluss des sechsten Patriarchen auf die Ausrichtung des Zen-Buddhismus ist bis heute offensichtlich. Anscheinend hat Hui Neng seine Botschaft mit enormer Autorität vermittelt. Diese Art der Autorität kann nur aus einer Quelle entspringen: der Erfahrung. Hui Neng verkörperte die Lehre der augenblicklichen Erleuchtung, weil ihm genau das selbst widerfahren war. Hui Neng war weder ein Mönch, noch praktizierte er eine formale

Disziplin, als er Erleuchtung erlangte. Er war einfacher Holzfäller, der Feuerholz verkaufte, um sich und seine Mutter zu versorgen. Eines Tages hörte er im Wald zufällig einen Mönch, der das *Diamant Sutra* rezitierte. Hui Neng erwachte, als er einfach eine Strophe dieses Sutras vernahm.

Die Geschichte der Erleuchtung Hui Nengs liest sich wie ein Märchen. Es ist schwer zu glauben, dass Sie an einem Tag ein völlig durchschnittlicher Typ ohne besondere Herkunft sein können und am nächsten Tag sind Sie ein Buddha! Doch Hui Neng musste es nicht glauben; und er verschwendete auch keine Zeit damit, diverse Gedanken über die plötzliche Erleuchtung in einen Haufen anderer Überzeugungen und Konzepte zu integrieren. Die Erleuchtung geschah einfach. Der Tag begann genauso wie jeder andere auch: Hui Neng fällte im Wald ein paar Bäume, als er jemanden in der Ferne rezitieren hörte. *Bamm*! Sein Leben machte eine Kehrtwende. Alles, was er für wichtig, real und substanziell gehalten hatte – seine gesamte Wirklichkeit –, wurde auf den Kopf gestellt. Plötzlich erkannte er, wer er wirklich war.

Der sechste Patriarch war der erste Mensch, der erwachte, ohne Zazen geübt zu haben. Alle früheren Vorfahren erlangten Erleuchtung, nachdem sie lange und hart praktiziert hatten, deshalb ist es verständlich, diese so genannte augenblickliche Erleuchtung mit Skepsis zu betrachten. Natürlich ereignete sich für jeden der Zen-Vorfahren die Erfahrung an sich auch plötzlich, und sie konnten dann erkennen, dass die ganze vorhergehende Arbeit wirklich unnötig gewesen war – aber sie konnten niemand anderen von dieser Tatsache überzeugen. Die Vorfahren bemerkten, einer nach dem anderen: „Nachdem ich den Weg erlangt habe, erkenne ich jetzt, dass alle meine früheren Bemühungen umsonst gewesen sind." Sie entdeckten alle dasselbe: Es gab niemals etwas zu erreichen. Falls es etwas zu erreichen gäbe, dann würde es natürlich Zeit kosten, es zu erreichen. Stattdessen erfuhr jeder der Vorfahren, dass es von Anfang an keinen Mangel gegeben hatte.

Als verblendete Wesen betrachten wir uns selbst als unvollständig und unzureichend, als ein wenig verwirrt und definitiv als dualistisch. Wie können wir nur darauf hoffen zu entdecken, dass es uns an nichts fehlt? Wir fühlen uns nicht vollständig, ganz oder vollkommen, und wir sehen ganz bestimmt nicht wie Buddha aus. Vielleicht streben wir nach Ganzheit und danach, mit uns selbst und unserem Leben ins Reine zu kommen, doch diesen Zustand wirklich zu erreichen, klingt einfach unmöglich.

Irgendwie müssen wir aber begreifen, dass es unser eigenes *Konzept* der Ganzheit ist, das uns von der eigentlichen Erfahrung abhält. Wir mögen Verwirrung, Gefühle der Unzulänglichkeit und einen Haufen anderer Probleme erfahren, aber wenn es darum geht, Ganzheit zu erfahren – wie könnten wir da irgendeinen Teil von uns außen vor lassen? Vollkommen und vollständig zu sein, *wie wir eben sind,* ist nicht dasselbe, wie sich die angenehmsten Teile herauszupicken. Per Definition muss eine vollständige Ganzheit alle Aspekte unseres Selbst beinhalten und umfassen. Trotzdem versuchen wir weiterhin, die unliebsamen Teile auszulöschen, während wir darauf hoffen, Ganzheit zu erfahren. Das ergibt einfach keinen Sinn. Wir sind nicht die ersten, die durch solch verwirrtes Denken geplagt werden; es herrschte auch in den Tagen des sechsten Patriarchen vor. Hui Neng war ein Revolutionär; er betrat neuen Boden. Er war der Erste, der den Buddha-Dharma auf die Art lehrte, die wir heute Zen nennen.

Als der sechste Patriarch die plötzliche Erleuchtung zu unterrichten begann, wurde er als Häretiker abgestempelt. Alle Vorfahren vor ihm hatten gelehrt, dass es lange Jahre der Praxis bedurfte, bevor jemand erwachen konnte. Das war zur allgemeinen Lehre geworden, weil es für den rationalen Geist Sinn ergab. Die Leute konnten es nicht akzeptieren, dass Erleuchtung keine Zeit oder Vorbedingungen brauchte. Selbst heute noch klingt augenblickliche Erleuchtung fast schon zu gut, um wahr zu sein, aber wenn ein Mensch sie erlangt hat, dann ist es auch anderen möglich. Diese Lehre macht Zen so einzigartig.

Hui Nengs Geschichte mag unglaublich erscheinen, aber sie ist auch sehr ermutigend. Stellen Sie sich vor, wie Sie durch den Wald gehen, in Ihre eigenen Angelegenheiten vertieft, und dann eine Stimme aus der Ferne vernehmen: „Lass deinen Geist frei fließen, ohne an irgendetwas festzuhalten." *Bamm!* Sie erwachen zu Ihrer innewohnenden Ganzheit und Vollkommenheit. Sie *wissen*, dass Sie Buddha sind! Als Hui Neng dies widerfuhr, fühlte er sich dazu aufgerufen, zum Ursprung dieser Lehre vorzudringen. Er fand den Mönch, der das Sutra rezitiert hatte, und fragte: „Was rezitierst du da und wer ist dein Lehrer?" Der Mönch antwortete: „Mein Meister ist der fünfte Patriarch, Hung Jen, und er wies uns an, das *Diamant Sutra* zu rezitieren." Hui Neng verkaufte alles Holz, das er gesammelt hatte, gab das Geld seiner Mutter und zog aus, um den Mann zu finden, der fünfter Patriarch genannt wurde.

Es muss eine lange Reise gewesen sein. Hui Neng stammte aus dem Süden Chinas, und der fünfte Patriarch lebte im Norden. Nachdem er Hunderte von Kilometern zurückgelegt hatte, erreichte er endlich den Tempel des fünften Patriarchen. In jenen Tagen waren die Menschen des nördlichen China aristokratisch und gut ausgebildet und sie schauten auf die Südstämme herab, die sie für analphabetische Barbaren hielten. Stellen Sie sich das bloß mal vor, hier kommt also der 19-jährige Bursche an, in Lumpen gehüllt. Er kann nicht lesen; außer Holz hacken kann er eigentlich weiter gar nichts. Er ist einfach nur ein armer, bescheidener, unwissender junger Mann. Die Mönche hegten sicher ihre Zweifel, aber trotzdem führten sie ihn zu ihrem Lehrer. Hui Neng erklärte, dass er aus dem Süden stamme und ins Kloster eintreten wolle, um zu praktizieren. Hieß der Meister diesen naiven, aber aufrichtigen Jungen willkommen? Nein, er antwortete: „Diese südlichen Barbaren haben keine Buddha-Natur!" Hui Nengs Antwort war einfach und geradlinig und sie enthüllte die Tiefe seiner Erkenntnis: „Die Buddha-Natur kennt kein Nord, Süd, Ost oder West."

Vielleicht gereichte seine Unwissenheit ihm zum Vorteil. Hui Neng betrat den Pfad, ohne eine Wagenladung voller vorgefasster Meinungen mit sich zu führen. Wir neigen dazu, mehr wie Eka zu sein: Wir müssen erst einmal unseren Geist von einer Unmenge angehäuften Mülls befreien. Als Eka zu Bodhidharma kam, hatte er schon seit Jahren gesucht und gelernt. Trotz all seines Wissens über den Buddha-Dharma fühlte er sich immer noch verwirrt und unzufrieden. Sein Geist war übervoll und geschäftig, und er suchte verzweifelt nach Frieden. Bodhidharma hätte leicht zu Eka sagen können: „Geh und leere deinen Geist." Doch stattdessen meinte er: „Zeige mir deinen Geist!" – er gab Eka ein Koan. Wie führe ich diesen Geist vor, der vor lauter Ideen und Konzepten nur so brummt? Um ihn vorzuführen, muss ich ihn erst erfassen. Bodhidharma schmiss Eka hochkant raus und trieb ihn an – falls dieser Bursche auch nur ein bisschen Mumm hatte –, loszugehen und seinen Geist zu finden.

Eka war gebildet genug, um zu wissen, dass er die Antwort nicht außerhalb seiner selbst finden würde, also setzte er sich hin und wandte seinen Geist nach innen. Er fing an, seinen Geist mit seinem eigenen Geist zu suchen – ein unlösbares Rätsel! Eka war bereits verzweifelt; jetzt war es Bodhidharma gelungen, alles noch schlimmer zu machen. Eka saß zehn Tage und Nächte im Schnee und durchforschte all sein Wissen und seine Kenntnisse nach der Antwort.

Wie lange brauchte Eka, um zu erwachen? Man könnte sagen, dass er nach zehn Tagen und Nächten des Suchens mit aller Kraft immer noch kläglich scheiterte. Trotzdem lernte er dabei etwas sehr Wichtiges. Eka wusste, dass er, obwohl er sich vollständig der Suche hingegeben hatte, versagt hatte. Somit erkannt er, dass es unmöglich war, den Geist zu erfassen. Wenn er sich nicht mit aller Kraft der Suche hingegeben hätte, dann würde der Zweifel immer wieder zurückkehren – zusammen mit seiner Verzweiflung. Eka suchte überall und fand absolut nichts.

Eka ging mit leeren Händen zurück: „Ich habe überall gesucht, und jetzt erkenne ich, dass mein Geist nicht zu erfassen ist." Bodhidharma antwortete: „Dann habe ich deinen Geist zur Ruhe gebracht." Bamm! Wenn es keinen Geist gibt, was gibt es dann zu leiden? In dem Moment erwachte Eka.

Wie lange dauert es, Erleuchtung zu erlangen? Es benötigt keine Zeit, und es kann ganze Lebensspannen dauern; es hängt ganz davon ab, wie sehr wir an unseren Ideen und Konzepten festhalten.

Falls Sie sagen: „Ich habe nicht genügend Zeit, um zu praktizieren", dann täuschen Sie sich bloß selbst. Realisation hängt nicht von Zeit ab. Sagen Sie: „Mir fehlen die Jahre der Übung", das ist Unsinn. Realisation kennt keine Vorbedingungen. Wenn Sie sagen: „Ich bin noch nicht bereit, all meine Ideen und Konzepte loszulassen", ist das wohl wahr! Entschuldigungen dienen bloß dazu, diese Tatsache zu verschleiern. Niemand muss 100 Stunden oder gar 100 Jahre sitzen; ein jeder, eine jede ist in der Lage zu erwachen, sobald sie oder er bereit ist, die eigenen Ideen und Meinungen loszulassen.

Wir klammern uns alle an unsere Ideen und Vorstellungen, weil unser Ego daran beteiligt ist. Wir wollen *Recht* haben. Alle anderen mögen ja dumm sein oder in Selbstverleugnung leben, aber die Art, wie ich mir die Dinge zusammengereimt habe, die Art, wie ich die Realität begreife, kann unmöglich verkehrt sein! Mein ganzes Leben beruht darauf, was ich denke und glaube, und allein die Möglichkeit, dass ich mich irre, ist viel zu Angst einflößend. Das Ego hasst es, zu versagen oder töricht zu erscheinen, daher versucht es andauernd, die Dinge richtig zu machen.

Zuzugeben, dass ich selbst das Problem schaffe, ist ein bedeutender Schritt, der mein Leben verändert. Es fällt immer leichter, andere zu beschuldigen – vor allem den Lehrer, der uns ohne Antworten zurück in die Kälte schickt. Doch Bodhidharma zeigte Mitgefühl, als er Eka von seinem Wissen befreite und ihn in tiefster Verwirrung fortschickte. Eka hatte vielleicht die Lehre des Buddha gemeistert, aber er hatte sie nicht verdaut. Konzeptionelles Verstehen würde seinen Hunger niemals stillen – und es wird uns genauso leer zurücklassen. Dessen ungeachtet will das Ego verstehen, und so lässt es allerlei Zweifel aufkommen: Das Verstehen loszulassen, könnte zu Chaos, Anarchie, möglicherweise sogar zu Wahnsinn führen! Doch vielleicht ist ein bisschen Verrücktheit der beste Startplatz. Indem er seinen Verstand verlor, fand Eka Freiheit.

Seine bescheidene Herkunft hat Hui Neng wohl davor bewahrt, zu viel konzeptionelles und ichbezogenes Gepäck mit sich herumzutragen. Als er an diesem besonderen Tag im Wald das Sutra hörte, war sein Geist bereits ein leeres Gefäß und der Dharma floss direkt hinein. Hiu Neng wird schließlich der nächste Zen-Nachfahre werden, aber nicht durch konventionelle Kanäle. Er mag wohl seine eigene Klarheit enthüllt und die Kritik des fünften Patriarchen pariert haben, aber Hui Neng war immer noch ein junger, ungebildeter, zerlumpter Kerl. Es besteht kein Zweifel, dass der Meister das wertvolle Juwel erkannte, das da vor ihm stand, doch er wusste auch, dass die übrigen Mönche diesen Emporkömmling niemals akzeptieren würden. Also steckte er Hui Neng in die Küche, damit dieser Reis klopfte.

Hui Neng lebte eine geraume Zeit lang in dem Kloster, aber es wurde ihm niemals erlaubt, die Gelübde abzulegen oder als Mönch zu praktizieren. Er arbeitete einfach in der Küche, bis das Leben des fünften Patriarchen sich dem Ende näherte und er einen Nachfolger ernennen musste. Doch anstatt dieses besondere Juwel seinen Mönchen vorzuführen, überreichte der Meister Hui Neng im Geheimen die Reisschale und die Robe, die die Nachfolgerschaft symbolisierten, und er riet ihm, um sein Leben zu laufen! Als die Mönche dies herausfanden, wurden sie sehr wütend. Eine Gruppe jagte hinter ihm her, um den Hochstapler zu töten und Schale und Robe zurückzubringen. Hui Neng lebte 15 Jahre lang in der Anonymität, bis er sich schließlich als wahrer Nachfolger zu erkennen gab und zu lehren begann. Hui Neng hatte sein Ego genügend gemeistert, um warten zu können. Er kämpfte nicht für das, was richtig oder verdient gewesen wäre; er widmete sich einfach der Vertiefung seines Verständnisses, bis die Zeit für ihn reif war, um zu lehren.

Im Zen respektieren wir, was die Welt als Ignoranz und Verrücktheit abstempelt. Anstatt eine sichere Brücke zu errichten, die zur Vollendung führt, zieht Zen uns den Teppich unter den Füßen weg. Von der grundlosen Position aus, wo das Ego abgefallen ist, kann alles eine Öffnung oder einen Einblick in unsere wahre Natur entfachen. Unsere Praxis besteht darin, die Konditionierung, die unsere erleuchtete Sichtweise blockiert, Stück für Stück wie mit einem Meißel abzuschlagen. Es ist eine Herausforderung, offen und ehrlich zu sein, welche Hilfsmittel für uns am besten funktionieren. Lehrer, Lehrerinnen sind hilfreich dabei, unsere Praxis auf unsere Bedürfnisse zuzuschneiden, und vor allem, um an unseren blinden Flecken zu meißeln. Im Endeffekt muss allerdings jeder und jede von uns selbst die Verantwortung für die eigene Arbeit übernehmen. Wir errichten die Mauern, die uns von der Realisation fernhalten, und wir sind auch die Einzigen, die sie niederreißen können.

25

Form ist Leere, Leere ist Form

Bodhisattva Avalokitesvara, in tiefer vollkommener Weisheit versenkt, erkannte klar, dass die fünf Bereiche des Anhaftens leer sind, und linderte somit alles Leiden. Höre Shariputra! Form unterscheidet sich nicht von Leerheit, Leerheit unterscheidet sich nicht von Form. Form selbst ist Leerheit, Leerheit selbst ist Form.

Die Anfangszeilen des Herz-Sutra

ZU BEGINN DER PRAXIS konzentrieren wir uns vor allem darauf, die Form der Meditation zu erlernen. Wir lernen, mit unserem Körper zu arbeiten, so dass wir mit guter Haltung und natürlicher Atmung bequem in Zazen sitzen können, und wir lernen mit unserem Geist zu arbeiten, so dass wir unsere Aufmerksamkeit fokussieren können. An einem bestimmten Punkt erleben wir eine Öffnung zu unserer wahren Natur. Wir nennen diese erste Erfahrung der Nicht-Dualität „die Verschiebung" (engl. the shift), weil es eine Verschiebung unserer üblichen Wahrnehmung der Wirklichkeit darstellt. Plötzlich haben wir eine direkte Erfahrung der absoluten Wirklichkeit, die allen Dingen zugrunde liegt, und diese durchdringt (das Selbst inbegriffen), statt nur die scheinbare Wirklichkeit wahrzunehmen. Haben wir erst einmal das Absolute erspäht, erscheint uns das Selbst niemals wieder so fest oder beständig. Unsere gewöhnliche Art, das Selbst und die Welt wahrzunehmen, wurde durchtrennt, und selbst wenn es nur für einen Moment war, fällt es uns jetzt viel leichter, uns daran zu erinnern, dass die Dualität nur eine Seite der Wirklichkeit ist.

Diese Verschiebung kennzeichnet einen Wendepunkt in der Praxis. Wir wollen jetzt klären, was unsere wahre Natur wirklich ist. Mit „wahrer" Natur meine ich nicht *wahr* als Gegenteil von *falsch*. Dieses dualistische Verständnis würde implizieren, dass unsere Praxis ein Prozess ist, bei dem wir das zurücklassen, was falsch ist, und mehr von dem beanspruchen, was richtig ist. Doch wenn wir unsere eigene Erfahrung mit Zazen als Leitfaden nehmen, dann erkennen wir, dass die wahre Natur über all solche Beschreibungen und Kategorien hinausgeht. Wahre Natur ist Nicht-Natur, oder Leere, und was wir erfahren, ist die *Abwesenheit* von spezifischen oder Identität stiftenden Eigenschaften. Also kann wahre Natur natürlich nicht beschrieben werden; aber wir können verschiedene Namen benutzen, um auf die Erfahrung zu verweisen, wie zum Beispiel Herz-Geist, Buddha-Geist, Buddha-Natur, wahres Selbst und Nicht-Selbst. Sie weisen alle auf den Geist hin, der niemals mit Worten ausgedrückt werden kann.

Die Erfahrung des Geistes ist, als dividierte man eine Zahl durch null: Es spielt keine Rolle, mit welcher Zahl wir beginnen, wir werden am Ende immer null herausbekommen. Genauso ist es gleichgültig, welche Person in Zazen sitzt, die Erfahrung des Geistes wird dieselbe sein: Wir erleben Nicht-Selbst zu *sein,* null. Dies ist die Verschiebung. Mit fortlaufender Meditationspraxis erkennen wir dann, dass das Gegenteil ebenfalls wahr ist: Dieses Nicht-Selbst ist nichts anderes als „ich" und es ist nichts anderes als alle Lebewesen und alle Formen. Man könnte sagen, diese Erfahrung ist wie die Division des Selbst – oder irgendeines Wesens – durch eins: Wir erhalten am Ende stets das, was wir von Anfang an hatten. Sie erhalten sich und ich erhalte mich. Aber glauben Sie nicht, dass dieses wahre Selbst, welches Sie entdeckt haben, dasselbe ist, was Sie normalerweise für „Sie selbst" halten. Ihr wahres Selbst ist Buddha.

Wahre Natur ist Nicht-Natur, keine festgelegte Natur, Leerheit. Somit kann es sich als alle Dinge und alle Wesen manifestieren; die Möglichkeiten sind unendlich. Buddha manifestiert sich als alle Dinge, doch in unserem Fall manifestiert Buddha sich als unser Leben – eben genau dieses Leben, in dieser Form, in diesem Körper! Sie – genau so, wie Sie sind – sind nichts anderes als die Manifestation des Buddha-Geistes.

Wir teilen alle diese gemeinsame Wurzel, die gleiche Buddha-Natur, aber wie bei den Blättern eines Baumes ist jede Manifestation absolut einzigartig. Zazen öffnet uns die Augen für dieses wunderbare Mysterium; dann wird die Praxis zu einem Prozess, die Kluft zwischen dem, was wir realisiert haben, und dem, wie wir diese Realisation leben, zu schließen. Das *Herz-Sutra* zeigt die Geschichte Avalokitesvara Bodhisattvas, die durch Meditation die Untrennbarkeit von Leere und Form erkannte und daher das Leiden überwand. Wir suchen für uns selbst und alle Lebewesen nach derselben Erkenntnis und Befreiung. Durch Praxis können auch wir dahin gelangen, alles Leben als eine Manifestation des Buddha-Geistes zu würdigen. Wir setzen die Praxis fort, um diese Erkenntnis noch viel klarer in allem auszudrücken, was wir tun. Die Kluft zu schließen, ist eine gewaltige Aufgabe, und es mag ganze Lebensspannen dauern, um dies zu erreichen. Doch wie lange es dauert, spielt eigentlich keine Rolle. In der Zen-Praxis geht es nicht darum, eine Ziellinie zu erreichen, sondern darum, zu erkennen, dass der Prozess *Es* ist. Dieses Leben *ist Es*!

Form ist Leere und Leere ist Form. Sie sind dasselbe und doch sind sie auch sehr verschieden. Form hat keine festgelegte Natur; alle Formen erscheinen als *diese* Form, „meine“ Form. Die wahre Natur eben dieser Form ist Nicht-Natur, Leere, Mu. Was auch immer Sie von morgens bis abends tun, ist nichts anderes als die Form der Leere, Leere die sich als alle Dinge manifestiert, die 10 000 Dharmas. Weil Form leer ist, kann das Leben in all seinen Formen erscheinen. Sie erkennen dies für sich selbst, wenn Sie den Buddha-Geist erfahren, Ihre wahre Natur. Sie dividieren sich selbst durch eins und erhalten Ihr Selbst! Das Konzept des kleinen Selbst fällt weg und Ihr wahres Selbst bleibt übrig.

Es ist nicht nötig zu versuchen, Ihr wahres Selbst zu werden. Sie können nichts anderes sein. Es ist unmöglich, etwas anderes als das zu sein, was wir wirklich sind – und was wir sind, verändert sich von Moment zu Moment. Die meisten von uns werden noch öfter der Tendenz des Egos verfallen, jede neue Realisation und Einsicht besitzen zu wollen, bevor sie sich einfach ihrer nichtfestgelegten Natur entspannt anvertrauen und schließlich zugeben können: „Oh, vielleicht bin ich wirklich eine Null, nichts Besonderes!"

Wenn wir unser Leben zu unserer Praxis machen, werden wir wohl vielen Fallgruben und Orten der Anhaftung begegnen. Bleiben wir jedoch wachsam und lassen jedes Mal wieder los, kann dies zu einem ehrenwerten Teil unserer Praxis werden. Indem wir wieder und wieder zur Null zurückkehren, schließen wir allmählich die Kluft und verwirklichen unsere unergründliche wahre Natur.

26

Berge und Täler

Woran liegt es, dass wir nicht an der Erfahrung des Einsseins festhalten können? Warum müssen wir zu unseren Zweifeln darüber zurückkehren, wer wir wirklich sind?

WELCHE EREIGNISSE haben Sie zu diesem Moment Ihres Lebens geführt? Diese Frage könnten wir oberflächlich beantworten, indem wir zum Beispiel tägliche Aufgaben und kürzliche Ereignisse auflisten. Doch sie könnte auch auf einer tieferen Ebene beantwortet werden, indem wir uns die größeren und mysteriöseren Kräfte anschauen, welche die Richtung unseres Lebens beeinflusst haben. Denken Sie darüber nach, was Ihr Interesse an so etwas Verrücktem wie Zen entfacht hat? Was hat Ihre Neugier für den Buddhismus überhaupt erweckt? Die meisten von uns wurden nicht in einer buddhistischen Kultur aufgezogen, und für einige von uns ist es gar nicht so lange her, dass sie nicht einmal wussten, was ein Buddha ist. Vielleicht ist hier ein ungewöhnliches Karma am Werk.

Irgendwie führten Sie die Ereignisse Ihres Lebens zu der seltenen Gelegenheit, etwas über den Buddha-Dharma zu lernen. Und falls Sie die Lehren des Buddha studiert haben, haben Sie sich vielleicht der Möglichkeit geöffnet, dass es auch heutzutage lebende Buddhas gibt. Womöglich zweifeln Sie daran, schon jemals einem echten Buddha begegnet zu sein, aber doch glauben Sie, dass es Buddhas in der heutigen Zeit gibt, erwachte Menschen, welche die Wahrheit realisiert haben.

Wenn Sie erkannt haben, dass Buddhas hier sind, *jetzt* sind, ist es nur noch eine Frage der Zeit, bis sich die Richtung Ihres Lebens verändert und Sie sich auf die Suche begeben. Vielleicht ist das, was Sie gehört haben, ja auch wahr: Diese so genannten Erleuchteten haben Befreiung oder sogar Nirwana gefunden. Wenn wir einen Moment mit diesem Gedanken zubringen, taucht sofort etwas auf. Verlangen! Wer weiß schon, worum es bei all diesem Erleuchtungsgerede geht, aber wenn jemand sie gefunden hat, dann wollen wir sie auch. Das Wollen drängt uns vorwärts auf die spirituelle Reise. Wir betreten den Pfad. Ist das gutes oder schlechtes Karma? Vielleicht ist es beides.

Der Buddha lehrte, dass sich alles verändert, und Sie und ich bilden keine Ausnahme. Ein jeder, eine jede von uns verändert sich andauernd, wandelt sich, formt sich um, wird konditioniert und dekonditioniert sich. Sind Sie derselbe oder dieselbe wie vor fünf Jahren? Und vor fünf Tagen oder auch nur im letzten Augenblick? Indem wir auf diese Weise nachforschen, erkennen wir, dass sich dieses so genannte Ich kontinuierlich verändert. Nichtsdestotrotz halten wir uns lieber für festgelegt und unveränderlich. Wie gelingt es uns, uns selbst zu täuschen? Wenn wir unter die Oberfläche dessen schauen, was wir „ich" nennen, entdecken wir eine Sammlung von Ideen und Vorstellungen: Konzepte darüber, wer wir sind, und Überzeugungen davon, was unser Leben ist. Indem wir uns an diese Konzepte und Überzeugungen klammern, erzeugen wir eine Illusion der Form – eine Art von Struktur, die wir als „ich" identifizieren. Und dann benennen wir uns selbst: „Ich bin ein Schüler", „Ich bin ein Vater", „Ich bin eine Frau".

In gewisser Weise werden wir also zu unseren Vorstellungen und gestalten unser Leben entsprechend. Ich bemerke nicht einmal, dass dieses Bild von mir zu einer Schublade geworden ist –

geradezu einem Gefängnis –, und das verursacht viel Unzufriedenheit. Wenn ich versuche, diesen Ideen darüber, wer ich bin, gerecht zu werden, jedoch scheitere, dann fühle ich mich enttäuscht. Wir tun dies sowohl mit uns selbst als auch mit anderen. Wir wollen, dass die Menschen in unserem Leben in diese Schubladen passen, die wir für sie angefertigt haben, und wir können ziemlich ungehalten werden, wenn sie das nicht tun.

Jeder und jede von uns schleppt solch ein Gepäck mit sich herum, wenn wir mit der spirituellen Reise beginnen. Wir bündeln all unsere Erwartungen und begeben uns auf die Suche nach einem Buddha, der auch wie ein Buddha aussieht. Wir haben vielleicht kein klares Bild davon, wie ein Buddha aussieht, aber wir glauben, dass er oder sie irgendwie außergewöhnlich sein muss. Immerhin sind Buddhas die „Erwachten"; sie haben die Wahrheit erkannt! Und da Sie und ich so viel Verwirrung und Zweifel erfahren, glauben wir, dass Buddhas ganz anders als wir selbst aussehen müssten. So beginnen wir unsere Reise und halten nach etwas Ausschau, das „dort draußen" und sehr verschieden von uns ist. Es kommt uns selbst nie in den Sinn, dass Sie und ich Buddhas sein könnten.

Die spirituelle Reise ist in keiner Hinsicht, was wir erwartet haben und kann zu Beginn sogar eine große Enttäuschung sein. Der Pfad steckt voller Hoffnung und Enttäuschung, Verwirrung und Schmerz. Wir scheinen nirgends einen Buddha zu finden. Voller Verzweiflung entscheiden wir uns vielleicht dafür, den Pfad für eine Weile zu verlassen. Aber Enttäuschung und Verzweiflung sind essenzielle Schritte entlang des Weges, weil sie uns zwingen, damit aufzuhören, außerhalb unserer selbst nach der Wahrheit zu suchen. Wenn wir alle Hoffnung aufgeben, Buddha „dort draußen" zu finden, können wir endlich mit dem sein, *was ist*. Aus dieser Offenheit heraus können wir schließlich erkennen: *„Ich bin Es!"* Zuerst waren wir uns sicher, dass wir nicht Buddha sind; aber durch ein Wort oder Ereignis vollziehen wir eine 180-Grad-Wende. Plötzlich sind wir mit Licht erfüllt: „Ich bin *Es*!“ Doch wenn diese Seite erleuchtet ist, welche Seite ist dann dunkel? Welche Form der Blindheit haben wir erlangt?

Um die Erfahrung zu machen, dass ich Buddha bin, müssen wir damit aufhören, im rationalen Geist festzustecken. Genau darum geht es wirklich. Der rationale Geist sieht dies und das, ich und andere. Sie wissen, wer Sie sind und wer Sie nicht sind; alles ist logisch und rational. Doch der Geist, der logisch, rational, konzeptionell und dualistisch ist, muss aus dem Weg sein, damit wir Einssein erfahren können. Wenn die Dualität verschwindet, ist die Erfahrung: „Offensichtlich bin ich Buddha.“

Je vollständiger die Erfahrung, desto fataler ist unsere Blindheit – die jede rational denkende Person sehen kann. Doch in dem Moment sind wir nicht rational. Wir ignorieren stattdessen die dunkle Seite und stürzen in eine tiefe Falle. Wir erfahren völlige Freiheit, wenn wir auf der Seite des Einsseins stecken bleiben. Aber unvermeidlich holt uns das Karma ein, weil wir die andere, die relative Seite ignorieren. Zweifel steigt in uns auf und wir fangen an, unsere Realisation in Frage zu stellen. Wir sind uns nicht mehr so sicher, was genau wir erfahren haben, und gleichgültig, wie sehr wir uns bemühen, unseren Zweifel können wir nicht mehr vertreiben.

Niemandem gefällt es, so etwas durchzumachen. Wir wollen alle im Reich der Buddhas bleiben. Warum können wir an der Erfahrung des Einsseins nicht festhalten? Warum müssen wir zu den Zweifeln zurückkehren, wer wir sind? Die Wahrheit geht immer über die Dualität hinaus. Wissen kann nicht von Nicht-Wissen getrennt werden und Gewissheit steht Ungewissheit nicht entgegen. Also kehrt der Zweifel zurück. Tatsächlich ist der Zweifel die Saat der Wahrheit. Aus diesem Grund leisten wir ihm solchen Widerstand. Der Zweifel bringt uns schließlich dazu, uns der relativen Wahrheit zu stellen: „Ich bin *nicht* Buddha!“ Das Ego ist nicht der Buddha-Geist, doch der Buddha-Geist manifestiert sich als Ego.

Was ist passiert? Wir haben den Kreis vollendet und sind wieder da angekommen, wo wir anfingen. Nichtsdestotrotz ist diese Mal etwas anders. Etwas bleibt hängen. Die Erfahrung – egal, wie vage oder klar, wie kurz oder lang – bleibt wie ein Jucken. Dieses Jucken, das nicht verschwindet, ist der Bodhi-Geist, der Geist, der nach dem Weg strebt. Wir hatten die Erfahrung, Buddha zu sein, aber jetzt können wir sie nicht mehr sehen. Jetzt erscheint es offensichtlich, dass wir *nicht* Buddha sind. Wir denken: „Irgendwo muss es *wahrhaft* erleuchtete Wesen geben, Buddhas und Vorfahren, die *Es* wirklich verkörpern; ich bin bloß ein Abklatsch, ein unvollständiger Buddha, eine schlechte Kopie."

Nein, Sie sind keine schlechte Kopie und Sie bilden auch keine Ausnahme. Wenn irgendjemand eine schlechte Kopie ist, dann ist jeder eine schlechte Kopie. Jeder ist unvollkommen. Wie aber kann das sein? Buddha ist doch vollkommen, oder? Das wurde uns so gesagt und das haben wir auch so erlebt. Die Realisation „Ich bin Buddha" bedeutet, dass wir vollständige und vollkommene Ganzheit erfahren; wir erkennen, dass es uns an absolut nichts mangelt. Was ist dann mit unseren Unzulänglichkeiten, dem Zeug, an dem wir noch zu arbeiten haben? Wenn wir uns selbst betrachten, kann es so scheinen, als ob wir niemals einen Moment der Achtsamkeit hätten, als ob unser Geist ewig auf Wanderschaft wäre. Und dann gehören alle Gedanken, die uns durch den Kopf gehen – alle möglichen Fantasien oder Wünsche – zur falschen Art von Gedanken. Dieser Geist ist definitiv nicht der Geist des Buddha! Oder zumindest glauben wir das.

Wie sieht der Geist eines Buddhas aus? Folgendes Koan gibt uns einen Anhaltspunkt. Es stammt aus der Koansammlung *Mumonkan,* die von dem chinesischen Zen-Vorfahren Mumon zusammengestellt wurde. In diesem Koan, „Fall 18", geht es um einen Mönch, der den großen Zen-Meister Tozan trifft.

Ein Mönch fragte einmal Tozan: „Was ist Buddha?"
Tozan meinte: „Drei Pfund Flachs."

Wie sieht der Geist eines Buddhas aus? Ist dies nicht die eigentliche Frage des Mönchs? In gewisser Weise antwortet Tozan, „Jeder und alles." Er sagt nicht, „Ich bin Buddha". Natürlich weiß Tozan, dass er Buddha ist. Doch es auf diese Weise auszudrücken, wäre zu offensichtlich und zu einschränkend für Tozan.

Wenn wir zuerst den Pfad betreten, vertrauen wir unserem rationalen Geist und glauben, dass er in der Lage ist, zu bestimmen, was wahr ist. Sie wissen, wer Sie sind, und ich weiß, wer ich bin. Ich würde nie behaupten, dass ich Sie wäre oder dass ich Buddha bin oder Gott. Aber dann kehrt sich alles um: Mein Geist öffnet sich und ich erkenne: „Ich bin Buddha; ich bin das ganze Universum; ich bin *Es*!" Und obwohl diese Erfahrung absolut wahr ist, finden wir schon bald heraus, dass nur sehr wenige Menschen davon hören möchten. Wir wenden uns vielleicht Büchern über Meditation oder Buddhismus zu, womöglich gehen wir auch in ein Zen-Zentrum oder Kloster. Mit etwas Glück finden wir einen Ort, an dem wir diese Wahrheit, die wir entdeckt haben, einfach zugeben können.

Es spielt wirklich keine Rolle, auf welcher Seite der Wirklichkeit wir uns befinden, der Pfad erstreckt sich vor uns. Wir wünschen uns vielleicht, dass wir an einem Ort verweilen könnten, aber was wir sehen, verändert sich ständig, und wir müssen jeden Ausblick loslassen. Einigen Leuten gelingt es, jahrelang am selben Ort zu bleiben, weil sie an einer Realisation festhalten, die sich wirklich gut angefühlt hat. Wir können viele Jahre lang so stecken bleiben und ein komplexes neues Selbstbild errichten – eins, das großartig, vollständig und ganz ist. Nachdem wir einen Einblick in die Wahrheit erlangt haben, können wir uns mit den Worten Shakyamuni Buddhas identifizieren – „ich allein bin der Welt-Verehrte" –, und wir wollen das natürlich nicht loslassen.

Doch wenn wir daran festhalten, ist die Realisation zur Krankheit geworden – und wir benötigen eine starke Medizin.

Nur eine Medizin ist stark genug, um diese Krankheit zu heilen: der Zweifel! Der Zweifel mag klein und nervtötend anfangen, so wie Stechmücken, aber er kann zum vollständigen Zweifel anwachsen, der allumfassend ist und alles einschließt. Falls der Zweifel unvollständig ist, falls es Begrenzungen für seine Ausdehnung gibt, können wir uns noch etwas jenseits des Zweifels vorstellen, und vielleicht ist dieses Etwas wahr. Solange es eine Wahl zu geben scheint, werden wir an dieser Hoffnung festhalten. Der Zweifel wird dann zum tödlichen Schwert des Mitgefühls. Jeder Stein muss umgedreht werden und nur der vollständige Zweifel kann alles negieren. Unsere Erfahrung, die Realisation selbst, ist wahr gewesen; aber unser Anhaften hat sie in ein Verständnis verwandelt. Wir haben ein weiteres Konzept erschaffen, ein größeres und besseres „ich". Dieses Konzept kann zu solch gigantischen Ausmaßen anwachsen, dass nur der absolute Zweifel dieses Monster niederringen kann.

Was passiert, wenn der Zweifel seine Arbeit vollendet hat? Finden wir dann Befreiung und Freiheit, das Ende der Reise? Nein, wir lernen, dass die Reise darin besteht, diesen Prozess wieder und wieder zu durchlaufen. Es spielt keine Rolle, ob unsere Frage „Was ist Buddha?" oder „Warum bin ich hier?" lautet – die Frage selbst schafft das Problem. Jede Frage wird den rationalen Geist erneut auf eine vergebliche Jagd schicken. Der Geist versucht *immer* zu begreifen. Das ist seine Aufgabe. Vielleicht fragen Sie sich, ob es nicht besser wäre, überhaupt keine Fragen zu stellen, aber wären Sie da, wo Sie jetzt stehen, wenn Sie niemals gezweifelt hätten?

Wir rätseln alle über unser Leben und wohin wir unterwegs sind. Wir würden gerne wissen, ob wir gutes oder schlechtes Karma haben, und schnell sind wir wieder dabei, nach einer Antwort zu suchen. Doch Tozan stellt eine andere Frage: Können wir leben, ohne zu wissen? In der Stadt, in der Zen-Meister

Tozan lebte, verdienten sich die Menschen mit dem Flachsanbau ihren Lebensunterhalt. Obwohl Tozan ein großer Meister war, war er immer noch auch ein ganz normaler Mensch und er hatte wie alle anderen auch mit Flachs zu tun. Eines Tages kam ein Mönch vorbei und fragte: „Was ist Buddha?" Tozan war gerade dabei, Flachs abzuwiegen: „Ah, drei Pfund!" Er stürzte nicht in die Falle des Mönchs, er transzendierte sie. Er kam nicht einfach mit einer Antwort hervor und sagte: „Ich bin *Es*", aber er setzte sich doch ins Bild. Er manifestierte Buddhas Tätigkeit in seinem alltäglichen Leben – Flachs wiegend. Tozan steckt nicht länger in „Ich bin *Es*" oder „Ich bin *Es* nicht" fest, sondern geht darüber hinaus. Er ist einfach.

Vielleicht glauben wir, dass wir uns wie Tozan verhalten sollten, wenn wir diese Geschichte hören: von morgens bis abends einfach das tun, was wir tun. Wir hoffen womöglich, dass alles, was wir tun, Buddhas Tätigkeit sei. Falls Sie das glauben, stecken Sie in echten Problemen – auch wenn es wahr ist! Alles, was Sie von morgens bis abends tun, *ist* nichts anderes als Buddhas Tätigkeit. Das ist die absolute Wahrheit. Doch etwas fehlt in diesem Bild; wir ignorieren die relative Seite der Wirklichkeit: Ganz gleich, was wir tun, es ist *nicht* Buddhas Tätigkeit! Vielleicht habe ich erkannt, dass alles, was ich tue, eine Manifestation Buddhas ist; aber wenn ich daran festhalte, dann ist meine Erkenntnis zu einem Konzept geworden. Ich stecke fest und erzeuge wahrscheinlich jede Menge Karma.

Das Absolute loszulassen und das Relative wieder mit einzubeziehen, ist deshalb schmerzlich, weil wir dann zugeben müssen, dass unser Tun ein Fehler nach dem anderen ist. Hierbei müssen wir es jedoch nicht belassen. Welcher Geist möchte lieber im Absoluten feststecken und welchem Geist ist es egal? Schauen Sie sich Tozan an. Kümmerte es ihn, dass der Mönch es vermutlich nicht „kapierte"? Nein, in dem Moment manifestierte er einfach Buddha. Falls der Mönch ihn an einem anderen Tag gefragt hätte: „Was ist Buddha?", hätte Tozan ihm eine andere Antwort gegeben. Tozan war weit davon entfernt, sich noch zu fragen, ob er oder ob er nicht Buddha wäre.

Ich möchte gerne ein Gedicht über Tozan mit Ihnen teilen.

Die Zeit vergeht ohne Verzögerung.
Es gibt keine Kluft zwischen der Frage und
der Antwort.
Tozan auf diese Weise zu begegnen, geschah
niemals wieder.

Dieses Gedicht erhellt das Absolute und das Relative. Es beschreibt die vergängliche Natur unserer Erfahrung, die Tatsache, dass sich alles von Augenblick zu Augenblick verändert. Die Zeit vergeht schnell und unser Leben wird zu Ende gehen. Jeder von uns wird sterben. Wissen wir diese Wahrheit wirklich zu schätzen? Um ganz zu leben, müssen wir mit dem Gewahrsein der Vergänglichkeit leben.

„Es gibt keine Kluft zwischen der Frage und der Antwort." Diese Zeile bezieht sich auf die absolute Seite der Wirklichkeit. In dem Augenblick, in dem Sie die Frage stellen: „Was ist Buddha?", schaffen Sie auch das Problem. Die Frage nagt an Ihnen und sie wird zum Koan Ihres Lebens. Solange Sie in Ihrem rationalen und dualistischen Geist leben, werden Sie diese Frage beantworten müssen.

Warum sind Sie hier? Möglicherweise sind Sie sogar, auf einer gewissen Ebene, hier, um die Frage „Was ist Buddha?" zu klären: Das Faszinierende ist, dass die Frage zugleich die Antwort ist! Aber um das zu wissen, müssen Sie Ihren Blick nach innen richten und erkennen, wer diese Frage stellt. Sie antworten vielleicht: „Ich bin es!", aber dies so einfach zu akzeptieren, ohne es wirklich zu realisieren, ist nur eine Falle.

„Tozan auf diese Weise zu begegnen, geschah niemals wieder." Tozan verändert sich kontinuierlich. Er kann nichts dafür – er manifestiert Buddha in jedem einzelnen Augenblick. Was ist mit Ihnen? Wann werden Sie die Gelegenheit haben, diese

Frage zu beantworten? Das Fenster kann sich jeden Augenblick schließen. Tozan: Heute hier, morgen verschwunden. Diese Gelegenheit bietet sich nicht sehr häufig und das Leben ist schnell vorbei. Schneller, als wir mit dem Finger schnippen können, weg!

Dennoch gibt es keinen Grund zur Sorge, denn die Frage ist bereits die Antwort. Falls Sie die Frage haben, haben Sie auch die Antwort. Doch damit dies wahr wird, muss es vollständig sein. Dies wird völlig logisch, wenn Sie den konzeptionellen, dualistischen Geist loslassen.

27

Der Mittlere Weg

Weder anhaftend noch uns widersetzend,
beschreiten wir den Mittleren Weg.

SHAKYAMUNI BUDDHAS LEHRE wird auch der Mittlere Weg genannt. Für gewöhnlich verstehen wir *mittlere* als „im Zentrum", so wie bei der Fahrbahnmarkierung in der Mitte der Straße. Legt man dieses Verständnis zugrunde, würde dem Mittleren Weg zu folgen bedeuten, dass wir einen Pfad in der Mitte einschlagen sollten, ohne in eines der Extreme abzugleiten. Unsere Handlungen und Gedanken sollten weder zu diszipliniert noch zu frei sein. Viele Religionen unterstützen es, einem solch begrenzenden Pfad zu folgen, und sogar einige Buddhisten denken auf diese Weise. Der Buddha meinte allerdings mit dem Mittleren Weg das Übersteigen der Gegensätze, indem wir sie umfassen, ohne an ihnen zu haften. Sie sehen also, dass der Mittlere Weg in der Tat sehr breit und umfassend ist.

Wie können wir im alltäglichen Leben mit dieser Erkenntnis umgehen? Nehmen wir die Praxis des „Nicht-Selbst", einer der drei essenziellen Punkte in der Lehre des Buddha. Nicht-Selbst zu verkörpern, bedeutet, selbstlos zu handeln, ohne Rücksicht auf sich selbst zu nehmen. Aber diese grundlegende Lehre kann sehr problematisch oder sogar gefährlich werden, wenn wir sie als festgelegte Wahrheit ansehen. Dann könnte Nicht-Selbst zu praktizieren zu einer Form der Selbst-Vernachlässigung werden, wobei wir keine Rücksicht auf das Wohlergehen von Körper und Geist nehmen. Grundlegende Bedürfnisse wie eine angemessene Ernährung, sportliche Aktivität oder ausreichend Schlaf können einfach ignoriert werden. Wir lassen womöglich unser Bedürfnis nach einer ausreichenden Unterkunft oder im Krankheitsfall nach medizinischer Versorgung außer Acht.

Vielleicht beachten wir auch die Erfordernisse für einen gesunden Geist nicht. Wir können den Geist auf sehr heimtückische Art vernachlässigen, indem wir ihn andauernd ablenken. Unsere Gesellschaft ermutigt uns tatsächlich dazu, unseren Geist mit allerlei Verlangen abzulenken, vor allem Verlangen nach Reichtum, Status und Unterhaltung. Wir vergessen nur zu leicht, unseren Geist zu konzentrieren und die Führung unseres Geistes zu übernehmen. Derart undiszipliniert, verhält sich der Geist wie ein fliehendes Pferd oder ein wilder Affe. Wenn wir die Zügel schleifen lassen – was uns oftmals passiert, ohne dass wir es merken –, kann unser verrückter Geist uns im Kreis herumführen, jeden Wunsch verfolgend, jede Hoffnung, jeden Besitz, während wir gleichzeitig versuchen, alles zu vermeiden, was Schmerz, Leiden oder Angst verursacht.

Wie werden wir Meister unseres Geistes? Zuerst müssen wir erst einmal bemerken, dass es ein Problem gibt, und das geht am Besten, wenn wir in Zazen sitzen. In Zazen erkennen wir ganz klar, wie wenig Kontrolle wir über unseren Geist haben. Der Buddha lehrte den Mittleren Weg, damit wir lernen können, den Geist zu meistern, und der wichtigste Punkt dabei ist, die Dualität zu transzendieren. Wir müssen die Einheit jenseits der Dualitäten unseres konzeptionellen Geistes erkennen, die Einheit von Gut und Böse, Mann und Frau, erleuchtet und verblendet, Leben und Tod.

Lassen Sie uns eine Dualität betrachten, die wir normalerweise für festgelegt halten: Leben und Tod. Wie können wir die scheinbaren Gegensätze von Leben und Tod transzendieren? Ist es möglich, über die Extreme, absolut und ganz tot zu sein und völlig und vollständig lebendig zu sein, hinauszugehen? Wir könnten versuchen, etwas dazwischen zu praktizieren – nicht ganz tot und nicht wirklich lebendig – aber solch eine Praxis würde sich auf ein begrenztes und konventionelles Verständnis des Mittleren Wegs beziehen, indem wir einfach die Extreme vermeiden. Zu *transzendieren, zu übersteigen,* anstatt zu vermeiden ist das Ideal im Zen. Das heißt, wenn Sie leben, dann seien Sie ganz und gar lebendig; und wenn Sie tot sind, dann seien Sie völlig tot! Vermischen Sie die Extreme nicht zu einer lauwarmen Suppe.

Die Lehren Dogen Zenjis entstammen einer Sichtweise jenseits der Dualität und sie können sich ziemlich extrem, sogar radikal anhören. Nehmen Sie zum Beispiel diese Welt. Jeder und jede, der die Augen auch nur halb geöffnet hat, kann erkennen, dass diese Welt voller Probleme steckt. Es herrscht ein großes Durcheinander, und die Dinge müssen erst noch viel besser werden, bevor wir Nirwana erreichen können. Viele Traditionen stimmen hierin überein und lehren, dass die einzige Möglichkeit, jemals von dieser Welt des Leidens befreit zu werden, darin besteht, dass ein gottgleiches Wesen – vielleicht der Messias, Christus oder Maitreya – kommt und alles verändert. Dogen Zenji lehrte etwas völlig anderes. Er sagte, dass Nirwana und die Welt des Samsara nicht zwei sind. Diese Existenz ist *so, wie sie ist,* bereits Nirwana. Niemand braucht uns zu retten. Dies ist es!

Wenn wir das hören, stellen wir uns vielleicht die Frage, ob es wirklich möglich ist, solch ein Verständnis zu leben. Wie kann die Untrennbarkeit von Nirwana und Samsara im alltäglichen Leben manifestiert werden? Dogen Zenji lehrte, dass *shikan*, „einfach nur", der Schlüssel ist, um diese Wahrheit zu manifestieren. Das heißt, was immer Sie auch tun, tun Sie einfach nur das! Wenn Sie gehen, dann gehen Sie einfach nur. Wenn Sie essen, dann essen Sie einfach. Wenn Sie tot sind, dann seien Sie einfach nur tot. Dogen Zenjis ganze Lehre kann auf dieses eine Wort reduziert werden, *shikan*. Was macht dieses *shikan* so bedeutsam?

Es ist der Buddha-Geist in seiner Manifestation, der Geist, der über die Dualität hinausgeht.

Wir manifestieren den Buddha-Geist, wenn wir in Shikantaza sitzen, auch wenn wir diese Wahrheit noch nicht für uns selbst erkannt haben. Dogen Zenjis Anweisungen zu Shikantaza sind denkbar einfach: Praktizieren Sie Nicht-Denken. Nun, das bedeutet nicht, dass wir versuchen sollten, unsere Gedanken zu stoppen. Nicht-Denken umfasst Denken und Nicht-Denken; es ist nicht irgendetwas in der Mitte, und es ist nicht eines der beiden Extreme. Er sagte: „Manchmal studieren Sie den Weg, indem Sie den Geist loslassen. Manchmal studieren Sie den Weg, indem Sie den Geist benutzen. So oder so, studieren Sie den Weg mit Denken und studieren Sie den Weg ohne Denken."[4]

Unsere Annäherung an Shikantaza muss über die konventionelle Art hinausgehen, Denken und Nicht-Denken zu begreifen. In der Schule wurde uns beigebracht, dass Denken eine gute Sache sei, vielleicht sogar das beste Hilfsmittel für das Leben. Wenn es dann aber um Meditation geht, besteht das allgemeine Verständnis darin, dass wir in der Meditation unsere Gedanken stoppen sollten. Solange wir keine Möglichkeit finden, über diese Perspektiven hinauszugehen, wird unser alltägliches Leben stets von unserer Meditationspraxis getrennt bleiben, und umgekehrt. Eine unserer ersten Erkenntnisse in der Meditation ist, dass unser Geist endlos Gedanken produziert. Schließlich dämmert uns, worin das eigentliche Problem besteht: Wir wissen nicht, wie wir den Gang wechseln können. Wir haben die Kupplung noch nicht gefunden, die uns dabei hilft, unseren Geist reibungslos von einer Sichtweise zur anderen zu bewegen, deshalb bleiben wir immer wieder stecken. Stellen Sie sich vor, Sie würden nur den vierten Gang kennen. Da könnten Sie womöglich nicht einmal losfahren. Und wenn Sie die ganze Zeit im Rückwärtsgang blieben, wäre es verteufelt schwer, überhaupt voranzukommen! Dasselbe geschieht, wenn unser Geist in einer Perspektive stecken bleibt. Anstatt die freie und fließende Natur des Buddha-Geistes zu erfahren, klammern wir uns an eine sehr eingeschränkte Perspektive und verurteilen alle anderen Sichtweisen als falsch. Wir haben die innewohnende Freiheit unseres natürlichen Geistes aufgegeben. Mit Disziplin und Übung können wir lernen, den Geist in eine neutrale Haltung zu schalten, und von da aus können wir jeden anderen Gang wählen.

Es ist erstaunlich, wie Meditation die Art, wie wir uns selbst sehen, verändern kann. Die meisten Leute bilden sich ein, dass sie flexibel und frei sind – zumindest, bis sie mit einer Meditationspraxis beginnen. Die Meditation verdeutlicht uns unseren Mangel an Freiheit nur allzu klar und schmerzhaft. Es ist besonders effektiv, in der Lotoshaltung zu sitzen! Dann können Sie unmöglich ignorieren, wie sehr Sie wirklich feststecken. Der Geist rührt wieder und wieder und wieder in seinen gewohnten Verhaltensmustern: wie wir uns selbst und unser Leben sehen, wie wir die Welt betrachten, wie wir andere beurteilen. Wir mögen uns selbst ein paar großartige Filme vorspielen, aber im Endeffekt machen uns selbst die besten verrückt. Wenn wir nicht länger von der Show unterhalten werden, kann sich ein bisschen Raum für etwas Neues öffnen. Wir fangen an, die Lücken zwischen unseren Gedanken zu erfahren, Momente der Weite, Einblicke in den Buddha-Geist. Genau dann schmecken wir zum ersten Mal wahre Freiheit. Im Vergleich zum Steckenbleiben fühlt es sich großartig an. Bevor wir uns dessen bewusst sind, setzen wir uns ein neues Ziel: Wir wollen diese Freiheit die ganze Zeit verspüren. Wir stecken also von Neuem fest!

Es scheint schwer zu glauben, doch es gibt keinen schlechten Ort, an dem wir feststecken könnten. Es gibt auch keinen besonders guten Ort, um stecken zu bleiben. Einige dieser Orte mögen uns schlecht erscheinen, aber das liegt bloß daran, dass unsere Sichtweise begrenzt ist. Andere Orte, an denen wir feststecken, fühlen sich so gut an, dass wir sie sehr leicht für einen guten Aufenthaltsort halten. Doch jeder Ort führt zu Stagnation und Leid, wenn wir uns zu lange aufhalten. Früher oder später müssen wir zugeben, dass wir schon wieder feststecken und dass wir wirklich weitermüssen – darin besteht unsere Praxis. Der Geist hält sich ganz natürlich an den Dingen fest, besonders an unseren Konzepten und Vorstellungen. Was können wir dagegen unternehmen? Folgen Sie dem Mittleren Weg und bleiben Sie in Bewegung.

Bedeutet das Befolgen des Mittleren Wegs, dass es kein Verstehen gibt, auf das wir vertrauen und an dem wir festhalten könnten? Nun, wir könnten versuchen, am „Nicht-Verstehen" festzuhalten, aber das wäre bloß ein weiteres Verstehen, eine Idee darüber, keine Sichtweise einzunehmen. Können wir die Extreme allen Verstehens und Nicht-Verstehens umfassen? Wie würden wir aussehen, wenn wir das versuchten? Flexibel? Närrisch? Verrückt? Um alle Sichtweisen zu umfassen, ohne an irgendeiner festzuhalten, muss man vielleicht ein Narr sein – oder ein Buddha.

Auf den ersten Blick scheint, den Mittleren Weg zu leben, ein Leben ohne Glauben und Vertrauen zu sein, aber das ist nicht wahr. Der Mittlere Weg geht einfach darüber hinaus, sein Vertrauen auf dies oder jenes zu richten. Wir setzen unser Vertrauen in die Nicht-heit, die Leere, die Abwesenheit einer innewohnenden Identität in allem, einschließlich uns selbst. Mit anderen Worten, wir haben Vertrauen in unsere eigene Buddha-Natur.

Ich kann mich erinnern, als jemand Maezumi Roshi mit der Aussage konfrontierte: „Buddhisten glauben an nichts." Das machte Maezumi Roshi wütend und er schoss zurück: „Buddhisten glauben an die Drei Schätze!" Ich brauchte geraume Zeit, um aufzunehmen, was er gesagt hatte. An Nicht-heit zu glauben, ist nicht dasselbe wie Nihilismus, der Glaube, dass nichts existiert. Alle Dinge sind die unendlichen Manifestationen Buddhas, der Leere oder Leerheit. Also setzen wir unser Vertrauen in die Drei Schätze: Buddha – Leerheit; Dharma – die Manifestationen des Buddha, alle Formen; und Sangha – die Untrennbarkeit und absolute Harmonie von Leere und Form.

Wenn wir Vertrauen in die Drei Schätze haben, heißt das dann, dass wir niemals einen Mangel an Vertrauen erfahren werden? Wenn wir Phasen des Vertrauensverlustes oder des Zweifels durchmachen, mag es so scheinen, als ob wir vom Pfad abgefallen wären; aber das ist nicht so. Der Mittlere Weg muss sowohl Vertrauen als auch Vertrauensverlust mit einschließen. Daher sind wir immer noch auf dem Pfad, egal wo wir uns befinden. Wir müssen uns nur an eine Sache erinnern: *Bleiben Sie in Bewegung*! Hören Sie nie auf, Ihr Verständnis und Ihre Sichtweisen loszulassen. Wie einer der Zen-Vorfahren sagte: „Verweile im Nicht-Verweilen. Lass dich nirgendwo nieder."

„Lass dich nirgendwo nieder", ist ein gutes Motto, dem wir folgen sollten. Der Buddha lehrte eine weitere wichtige Richtlinie, um dem Mittleren Weg zu folgen. Er sagte: „Sei dir selbst ein Licht." Wenn wir zu unserem eigenen Licht werden, übernehmen wir die Verantwortung für unsere Praxis. Anstatt einer Autorität außerhalb unserer selbst zu vertrauen, setzen wir unser Vertrauen in unsere eigene Erfahrung. Egal, wie die Erfahrung aussieht, wir widmen ihr unsere Aufmerksamkeit und umfassen sie – aber ohne uns an sie zu klammern. Wir versuchen nicht, sie festzuhalten, und wir versuchen auch nicht, sie beiseitezuschieben; wir lassen sie einfach sein. Wir lassen schlichtweg alles von selbst kommen und gehen. All unsere Gedanken, Emotionen, all unser Verstehen und unsere Erkenntnisse sind wie Seifenblasen, die in einem Moment aufsteigen und im nächsten verschwinden. Weder anhaftend noch uns widersetzend beschreiten wir den Mittleren Weg.

28

Der Pfad, ganz Mensch zu sein

Wir müssen auf die Erde hinabsteigen, hinein in den Morast. Dort kann der Bodhisattva etwas verändern.

DIE FOLGENDE URALTE GESCHICHTE ist eine gute Metapher für unsere Reise in der Zen-Praxis. Die Geschichte der Enyadatta wurde von Buddha selbst erzählt und sie ist im *Lotos Sutra* festgehalten, doch ich möchte der Geschichte gerne noch eine kleine Wendung geben. Enyadatta lebte ein ganz normales Leben mit ihrem Ehemann und ihren Kindern. Wie viele von uns war sie ein wenig eitel und sehr mit ihrem Äußeren beschäftigt. Sie schaute oft in den Spiegel, um sich selbst zu bewundern. Eines Morgens beschlossen ihre Kinder, ihr einen kleinen Streich zu spielen. Sie drehten das Glas des Spiegels herum, so dass es keine Widerspieglung gab, als Enyadatta aufwachte und sich betrachten wollte. Vielleicht war sie noch schläfrig oder vielleicht hatte sie eine anstrengende Nacht hinter sich; wir kennen die Umstände nicht wirklich – doch als Enyadatta in den Spiegel schaute und keinen Kopf sah, flippte sie aus. In dem Glauben, ihr Kopf sei verschwunden, durchsuchte sie das Haus von oben bis unten, aber konnte ihn nicht finden. Also fing sie an, auch draußen zu suchen, aber sie hatte keinen Erfolg. Die arme Enyadatta rannte schreiend und heulend durch die Nachbarschaft, verzweifelt auf der Suche nach ihrem Kopf: „Ich habe meinen Kopf verloren! Ich habe meinen Kopf verloren! Bitte helft mir!“

Ein paar Freundinnen holten Enyadatta schließlich ein und fragten sie, was denn los sei. „Ich kann meinen Kopf nicht finden!“, schrie sie. „Dein Kopf ist gar nicht verschwunden, er ist genau da, wo er immer gewesen ist.“ „Nein, nein, nein! Ich hab mit eigenen Augen gesehen, dass er fort ist, und ich muss ihn finden! Was soll ich nur ohne meinen Kopf machen?“ Die Freundinnen erkannten, dass Enyadatta sich in einem merkwürdigen Geisteszustand befand, um es gelinde auszudrücken, also fesselten sie sie an einen Stuhl und versuchten sie davon zu überzeugen, dass ihr Kopf nicht wirklich verschwunden war. Aber Enyadatta kämpfte immer noch verzweifelt darum, sich zu befreien: „Lasst mich los. Ich muss meinen Kopf wiederfinden!“ Ihre Freundinnen versuchten alles, was ihnen in den Sinn kam, um sie zu beruhigen, aber nichts davon funktionierte. Schließlich gab eine von ihnen Enyadatta eine Ohrfeige, und in diesem Moment erkannte sie, dass ihr Kopf genau da war, wo er hingehörte. Sie begann erneut, lauthals rumzubrüllen – nur diesmal voller Ekstase. „Mein Kopf, mein Kopf, ich habe meinen Kopf gefunden!“ Da die Freundinnen immer noch um ihren Geisteszustand besorgt waren, ließen sie Enyadatta weiterhin am Stuhl gefesselt, darauf hoffend, dass sie sich bald beruhigen würde. Sie wiesen sie an: „Bleib einfach da sitzen!“, und gingen für eine Weile davon. So blieb sie für eine geraume Weile sitzen und kehrte nach und nach zu ihrem normalen, ruhigen Selbst zurück. Danach banden ihre Freundinnen sie los.

Enyadatta ging zurück nach Hause und fuhr mit ihren alltäglichen Aufgaben fort, doch sie war immer noch in einem Zustand der Glückseligkeit. Sie war ja so glücklich, ihren Kopf wiederzuhaben. Mit der Zeit begann sie zu erkennen, dass jeder einen Kopf besaß und dass sie ihren eigenen niemals wirklich verloren hatte. Also ebbte die Aufregung ab und sie kehrte allmählich zu ihrem normalen Leben zurück, fast so, als ob gar nichts geschehen wäre. Aber natürlich war doch etwas passiert: Sie hatte eine unglaubliche Erfahrung durchlebt.

In den frühen Stadien unserer Praxis ähneln wir Enyadatta, bevor sie an jenem schicksalsschweren Morgen in den Spiegel blickte: Wir sehen die Dinge auf dualistische Weise. Wenn wir uns selbst betrachten, dann fühlen wir uns entweder gut oder schlecht, adäquat oder inadäquat, überlegen oder unterlegen. Wenn wir andere Menschen betrachten, dann sehen wir sie im Vergleich mit uns entweder als besser oder schlechter; entweder erhöhen wir sie oder wir erniedrigen sie. Es scheint uns unmöglich zu sein, mit dem Vergleichen und Beurteilen von allem, was uns begegnet, aufzuhören. Diese Gewohnheit entstammt unserem Zustand der Verblendung, der Art, wie wir die Welt sehen. Wir sind Sklaven unseres dualistischen Geistes, gefangen in unseren Gedanken, Gefühlen und Emotionen. Wenn wir das Gefühl haben, dass wir das Leiden, von unserem eigenen Geist geschaffen, nicht mehr aushalten können, suchen wir nach einem Ausweg.

Eines Morgens schaute Enyadatta in den Spiegel und konnte ihren Kopf nicht sehen. An einem bestimmten Punkt in unserem Leben erkennen wir womöglich auch, dass etwas nicht ganz richtig ist oder etwas zu fehlen scheint. Wir probieren viele verschiedene Wege aus, um unseren Schmerz zu lindern, stets darauf hoffend, dass sich unser Leben irgendwie verbessert. Manchmal scheinen sich die Dinge wirklich für eine Weile zu verbessern. Doch das hält nicht an und früher oder später fallen wir in unsere Unzufriedenheit und Frustration zurück. Im Innern fühlen wir uns immer noch unvollständig, also suchen wir nach einem Weg, um uns ganz zu fühlen. Zuerst suchen wir in unserer Nähe, an uns vertrauten Orten. Später führt uns unsere Suche womöglich weit weg von zu Hause, vielleicht sogar in fremde Länder und Kulturen. Letztendlich reisen wir vielleicht gar Tausende von Kilometern auf der Suche nach diesem *Es*.

Unser Schicksal verwandelt sich, wenn wir schließlich der Praxis des Zazen begegnen. Wir lernen, uns lange genug hinzusetzen und zu schweigen, um unser Licht nach innen zu richten. Am Anfang ist das allerdings ein ziemlicher Kampf. Unser Geist ist undiszipliniert; er scheint einen eigenen Willen zu besitzen. Er erzeugt alle möglichen Ideen und jagt hinter den verschiedensten Dingen her. Wir erkennen, dass wir, anstatt auf den Wellen des Lebens zu reiten, von unseren Gedanken und Emotionen hin und her geworfen werden. Voller Verzweiflung fragen wir uns dann vielleicht, ob wir jemals Frieden in unserem Geist finden werden. Wir haben offensichtlich keine Kontrolle über unsere Erfahrung und wir haben keine Ahnung, wie wir zum Meister, zur Meisterin werden können.

Mit Ausdauer und ein wenig Glück finden wir jemanden, der oder die uns sagt: „Es fehlt Ihnen an nichts. Sie sind so wie Sie sind vollständig, ganz und vollkommen. Sie sind in der Tat Buddha!" Aber wir können das zuerst nicht verstehen, weil unsere eigene Erfahrung uns sagt, dass wir unvollständig sind. Jedes Mal, wenn ich mich selbst betrachte, erkenne ich, wie unzureichend ich bin. Andere Leute scheinen viel besser dran zu sein als ich – gesammelter, selbstsicherer und erleuchteter. Jedes Vertrauen oder Selbstbewusstsein, das ich aufbaue, lässt sich leicht erschüttern. Sobald mich das Leben auf die Probe stellt, wird meine Selbstsicherheit als die Scharade enthüllt, die sie eigentlich ist, und ich werde schon wieder daran erinnert, wie unvollständig und unzureichend ich bin. Von dieser Perspektive aus erscheint der Glaube, dass es uns an nichts mangelt, wie reine Phantasterei.

Der Wendepunkt kommt, wenn das Leben uns ins Gesicht schlägt. In jenem Augenblick durchbrechen wir die scheinbare Wirklichkeit und erkennen, dass uns niemals irgendetwas gefehlt hat. Unsere verblendete Sichtweise hat uns das bloß glauben lassen. Plötzlich können wir unsere Ganzheit und Vollkommenheit erkennen – die absolute Seite der Wirklichkeit.

Schon ein flüchtiger Einblick in das Absolute versetzt uns in Ekstase. Diese Erfahrung ist wie ein Rausch und wir vergessen schlagartig alles über die relative Seite der Wirklichkeit. Also steigt als nächstes Arroganz in uns auf. Wir glauben auf einmal, dass wir etwas sehen können, was andere nicht erkennen. Unsere Sichtweise erscheint uns so gewichtig, und wir zweifeln daran, dass jemand anderes jemals eine vergleichbare Erfahrung gemacht hat. Als dies dem großen Vorfahren Hakuin widerfuhr, erklärte er: „Seit der Zeit des Shakyamuni Buddha hat niemand mehr solch eine klare Erfahrung gemacht!" Selbst der Buddha proklamierte: „Ich allein bin der Welt-Verehrte." Doch die Realisation Buddhas war einzigartig, weil sie vollständig war. Er konnte sehen, dass nicht nur er selbst vollkommen und ganz war, sondern auch alle anderen. Für die meisten von uns braucht es viel Zeit und Übung, um von der Realisation „ich bin *Es*" zu der Einsicht „und alle anderen auch" zu gelangen.

Selbst nach der Realisation ist es essenziell zu sitzen, denn wir können sehr leicht in der absoluten Perspektive stecken bleiben. Wir stecken nicht länger in der Verblendung vor der Erleuchtung fest; wir sind verblendet *in* der Erleuchtung. Wir leben in einem Zustand der Gnade, in dem alles vollkommen ist, so wie es ist. Jede Schneeflocke fällt an den richtigen Platz, weil wir keine vorgefassten Ideen darüber haben, wo sie hinfallen sollte. Alles hat Bedeutung, weil wir nach keiner Bedeutung suchen. In diesem Zustand können wir nichts falsch machen; alles ist vollkommen.

Nun, wenn Sie in einem relativen Zustand des Geistes über diesen Sachverhalt nachdenken, dann werden sofort Ihre Alarmsirenen losschrillen. Es ist sehr gefährlich anzunehmen, dass alles, was Sie tun, perfekt ist, jenseits aller Urteile von richtig oder falsch. Doch vom absoluten Zustand des Geistes her ist dies die schlichte Wahrheit. Also stürzen wir in dieser Phase unserer Praxis in eine riesige Falle – die Verblendung der Erleuchtung. Alles, was wir tun, ist im Einklang mit dem Buddha-Dharma. Wir missachten solch dualistische Unterscheidungen wie richtig und falsch, gut und schlecht; und wir ignorieren leicht das Gesetz von Ursache und Wirkung – Karma –, das auf der relativen Ebene operiert. Auf der absoluten Ebene gibt es keine Ursache und Wirkung. Doch das Absolute und das Relative sind zwei Seiten derselben Münze und sie können nicht getrennt werden. Wenn Sie in der relativen Welt versagen, wird Sie die absolute nicht retten.

Aus der Perspektive des Zustandes dieser Verblendung-innerhalb-der-Erleuchtung scheint nichts von Bedeutung zu sein, und wir glauben, dass wir tun und lassen können, was uns gefällt; aber wir ignorieren die relative Seite unserer Existenz, wobei das, was wir tun, wirklich eine Rolle spielt. Alles zählt – nicht nur unsere Taten und Worte, sondern auch unsere Gedanken und Einstellungen. Trotzdem fahren wir blindlings fort und erzeugen immer mehr Karma.

Es ist unvermeidlich, dass wir an einem gewissen Punkt diesen absoluten Zustand loslassen müssen. Doch es ist ebenso unvermeidlich, dass wir an diesem absoluten Zustand des Geistes festhalten – und dieses Anhaften hält uns davon ab, bereitwillig weiterzugehen. Die erleuchtete Sichtweise, dass alles vollkommen ist, so wie es ist, wird nun zu unserer Verblendung. Warum sollten wir diese Glückseligkeit loslassen, wenn uns die Erinnerung der Hölle noch so gegenwärtig ist? Wir stellen fest, dass andere Menschen noch immer in der Dualität leben – urteilend, berechnend, vergleichend und verdammend und sich buchstäblich die Hölle auf Erden schaffend –, und wir können uns gut daran erinnern. Jetzt, wo wir den Berggipfel erreicht und die Realisation geschmeckt haben, wollen wir nicht mehr zurück nach unten. Allein der Gedanke, in die Welt des Samsara zurückzukehren und in all das Leiden, das damit einhergeht, lässt Angst in uns aufsteigen. Aber das Leben geht weiter, und schließlich erkennen wir, dass wir nicht wirklich eine Wahl haben. Das Karma holt uns ein, und wir können das Leid nicht länger ignorieren, das wir verursacht haben. Es ist an der Zeit, den ganzen Proviant zu bezahlen, den wir verzehrt haben.

Es benötigt enormes Vertrauen und großen Mut, um die erleuchtete Perspektive loszulassen und in einen Zustand der völligen Verblendung zurückzukehren. Die erleuchtete Sichtweise ist eine höhere Perspektive; sie geht über alles dualistische Denken hinaus, über unseren normalen Zustand der Verblendung hinaus. Obwohl wir vielleicht immer noch Schmerz und Leiden erfahren, sind wir befreit, weil wir wissen, dass es kein Selbst gibt und niemanden, die oder der leidet. Doch schließlich kehren wir zu unserer alltäglichen Sichtweise zurück. Wir gehen über die Verblendung innerhalb der Erleuchtung hinaus und kommen bei der Verblendung innerhalb der Verblendung an. Die konventionelle Wahrnehmung kehrt zurück, und wir sehen die Dinge wieder genauso, wie jeder andere auch. Wir sind wieder zurück am Nullpunkt angelangt, der Welt des Leidens. Doch da ist ein subtiler Unterschied: Wir erinnern uns an die erleuchtete Perspektive. Nachdem wir diesen Prozess viele Male durchgemacht haben, lernen wir, uns frei zwischen der dualistischen und nichtdualistischen Sichtweise hin und her zu bewegen.

Die Zen-Praxis verläuft in Kreisen; eine Phase folgt einfach einer anderen. Wenn wir nach vorne schauen, können wir immer noch weiter voran. Selbst wenn wir nur einen Schritt davon entfernt sind, zum Nullpunkt zurückzukehren, befindet sich der Nullpunkt immer noch vor uns. Und wenn wir den Berggipfel erreicht haben, gibt es trotzdem immer noch einen weiteren Berg, den wir erklimmen können. Wir müssen hinabklettern und den nächsten besteigen, immer und immer wieder. Dogen Zenji lehrte, dass der erste Schritt darin besteht, den Bodhi-Geist hervorzubringen, den Geist, der dieses Leben klären will. Genauso wie Enyadatta müssen wir sehen, dass etwas fehlt. Unsere Gefühle der Unvollständigkeit werden zum Motivator unserer Praxis. Dann bringt uns ein Schlag ins Gesicht das Erwachen, die Befreiung und den Frieden. Doch wir können dort nicht verweilen und müssen schließlich zurück zu null. Erhebe den Bodhi-Geist, praktiziere, realisiere, lasse es los – wieder und wieder.

Weil der verblendete Geist nur in begrenzten Begriffen denken kann, will er eine Schlussfolgerung oder Ziellinie finden. Der Geist ist einfach zu klein, um Endlosigkeit oder Ewigkeit zu ergründen. Wenn wir die Unendlichkeit also ergründen *können*, benutzen wir nicht den verblendeten Geist; tatsächlich sind wir nicht ganz bei Verstand – außerhalb unseres Geistes. Wenn der kleine Geist loslässt, erfahren wir Buddha.

Einige spirituelle Pfade scheinen auf der Spitze des Berges aufzuhören und vielleicht gelingt es einigen Leuten sogar, dort zu verweilen. Doch der Zen-Pfad ist die Praxis des Bodhisattva – das, was ich den Pfad des ganz Menschseins nenne. Nach der Realisation entscheiden wir uns bewusst dazu, in das menschliche Dasein zurückzukehren. Vorher hatten wir nicht wirklich eine Wahl; wir steckten in der Dualität und dem Reich des Leidens fest. Nachdem wir den ganzen Kreis bereist haben, können wir die bewusste Entscheidung treffen, einfach nur ein gewöhnliches menschliches Wesen zu sein. Ein Bodhisattva ist jemand, der oder die erwacht ist und sich trotzdem entschieden hat, in die Welt zurückzukehren, um anderen zu helfen. Wie viele Menschen können wir vom Gipfel eines Berges aus erreichen? Um anderen menschlichen Wesen zu begegnen, müssen wir hinunter auf die Erde, hinein in den Morast. Dort kann der Bodhisattva etwas verändern.

VIERTER TEIL

DEN PFAD BESCHREITEN: DIE BEFREIUNG MANIFESTIEREN

Die Erkenntnis unserer Buddha-Natur ist nur der Anfang. Unsere Praxis wird nun zur Praxis der Manifestation, in der wir den Spalt zwischen der Wahrheit, die wir erfahren haben, und unserer Beziehung zur Welt schließen. Wenn wir wirklich und wahrhaftig mit dem Universum eins sind, mit dieser großen Erde und allem, was sie enthält, wie leben wir dann diese Wahrheit? Die Herausforderungen des modernen Lebens scheinen überwältigend, wenn unsere Augen durch die Erkenntnis für die wechselseitige Verbundenheit und die Verantwortlichkeiten geöffnet sind, die weit über jede Individualität hinausreichen. Dennoch müssen wir nicht verzweifeln. Unsere Praxis lehrt uns, wie wir zur

Quelle der Weisheit und des Mitgefühls zurückkehren können. Je mehr wir das kleine Selbst loslassen, desto klarere Gefäße werden wir für unsere grenzenlose und innewohnende reine Buddha-Natur. Auf diese Weise verwandelt sich unser tägliches Leben in den Pfad der Befreiung.

29

Das Erscheinen der Kanzeon

Alle Schöpfungen sind die Manifestation der Kanzeon. Sie bilden da keine Ausnahme.

DIE ZEN-TRADITION LEHRT, dass jeder Vertrauen besitzt – gewaltiges Vertrauen, wirklich, egal, ob wir uns dessen bewusst sind oder nicht. Wir nennen es den Bodhi-Geist, den erwachten Geist, und er ist der Ursprung unseres Antriebs zu praktizieren. Nicht nur haben Sie bereits den erwachten Geist, sie sind bereits der Erwachte, der Buddha.

Zen wird manchmal definiert als das, „was ist", doch sind dies nur Worte. Zen bedeutet, zu *verwirklichen*, was ist. Es ist vielleicht die unglaublichste, erstaunlichste Erfahrung, die Sie jemals machen können: dass Sie in Wahrheit der Erwachte, der lebendige Buddha sind. Aber im Zen betrachten wir dies nur als einen Schritt auf dem Pfad, als eine Phase, die wir durchlaufen. Etwas anderes ist noch viel wichtiger. Nachdem Sie erkannt haben, wer Sie sind, müssen Sie es manifestieren; den Buddha verkörpern. Das bedeutet nicht, dass Sie sich wie der historische Buddha kleiden oder verhalten sollen. Buddha manifestiert sich in allen Formen. Alles, was Sie sehen, alles, was Sie hören, alles, was Sie berühren, ist Buddha. Alles und jeder ist der erwachte Geist.

Ein oder eine Bodhisattva ist ein Buddha, der oder die den Eintritt ins Nirwana hinauszögert, um alle Lebewesen zu retten. Es gibt viele verschiedene Bodhisattvas und sie verkörpern eine

Vielzahl an Qualitäten. Avalokiteshvara ist der Sanskritname des Bodhisattva des Mitgefühls. Auf Japanisch wird sie Kannon oder Kanzeon genannt. Oft wird sie mit vielen Armen und Beinen dargestellt, welche die unendlichen Manifestationen des allumfassenden Mitgefühls darstellen. Egal, ob Sie Mann oder Frau sind, sie manifestiert sich als Sie; und sie manifestiert sich auch als Hund, Katze oder Fuchs. Alle Geschöpfe sind die Manifestation von Kanzeon. Sie bilden da keine Ausnahme. Kanzeon manifestiert sich als Sie – so wie Sie aussehend, so wie Sie handelnd. Mit anderen Worten, um Kanzeon in Ihrem Leben zu manifestieren, müssen Sie sich wie Sie selbst verhalten. Hören Sie mit den Versuchen auf, jemand anders zu sein. Wenn Sie herausfinden wollen, warum Sie Zazen praktizieren, scheint es vielleicht keinen Sinn zu ergeben. Sie praktizieren Zazen nicht nur, um zu erkennen, wer Sie wirklich sind, sondern auch, um zu erkennen, worin der Antrieb Ihrer Praxis wirklich liegt. Und sobald Sie herausgefunden haben, warum Sie praktizieren, haben Sie keine andere Wahl mehr, als weiterzumachen. Sie tun es einfach. Aber lassen Sie uns mal annehmen, dass Sie sich entscheiden, mit der Zazen-Praxis aufzuhören. Bedeutet das dann, dass Sie nicht mehr Buddha sind? Nein! Wie könnten Sie aufhören, zu sein, wer Sie wirklich sind? Falls Sie kein Zazen mehr praktizieren, könnten Sie denken, dass Sie nicht mehr das Leben der Kanzeon manifestieren, doch wie könnte das nicht mehr wahr sein? Kanzeon manifestiert sich als alle Dinge. Dafür gibt es keinerlei Bedingungen. Sie können aufhören, Zazen zu üben, und immer noch sind Sie Buddha. Sie fragen nun vielleicht: „Warum praktiziert dann überhaupt jemand Zazen?" Ich muss zugeben, dass die Sache einen Haken hat: Falls Sie mit der Praxis aufhören, erkennen Sie womöglich niemals, wer Sie sind oder was Ihr Leben ist.

Ich habe Ihnen bereits die Geschichte „Der Bettler und das Juwel" vorgestellt, um diesen Standpunkt zu verdeutlichen. Der Bettler trug einen kostbaren Edelstein in seiner Tasche, aber er wusste nicht, dass er ihn besaß. Was hatte er also davon? Die meisten Menschen führen ihr Leben wie dieser Bettler – sie versuchen wohlhabend zu werden, beliebter, erfolgreicher, sicherer. Immer mehr, mehr, mehr! Wir hoffen darauf, unser Glück und mehr Sicherheit zu erlangen, indem wir mehr Sachen, mehr Status und mehr Beziehungen anhäufen. Wir suchen überall außerhalb unserer selbst, während das kostbarste Juwel die ganze Zeit direkt vor unserer Nase ist.

Die Geschichte hat ein glückliches Ende, weil der Bettler das Juwel findet. Dennoch leben und sterben die meisten Menschen als Bettler, niemals realisierend, dass sie bereits in Händen halten, was am allerwertvollsten ist. Einerseits könnten wir sagen: „C'est la vie", keine große Sache. Andererseits ist es geradezu tragisch! Es ist tragisch, dass Menschen Jahr um Jahr grundlos leiden. Innerlich sind sie so arm wie Bettler und werden durch alle möglichen Lebensumstände herumgestoßen, während sie eigentlich die ganze Zeit über alles hätten haben können, alles hätten sein können. Das Juwel ist unser Geburtsrecht und in dieser Praxis geht es darum, diesen Edelstein in Anspruch zu nehmen. Mein Leben, Ihr Leben *ist* das Leben der Kanzeon, sich als alle Dinge manifestierend. Jeder und alles trägt dieses unschätzbare Juwel. Das Einzige, was wir tun müssen, ist es zu finden. Dann können wir es in unserem Leben einsetzen – oder zumindest kann es am Anfang so scheinen. Schließlich erkennen wir, dass es nicht wirklich auf diese Weise funktioniert. Tatsächlich benutzt Kanzeon *Sie*, um sich als Mitgefühl in dieser Welt zu manifestieren.

Vielleicht haben Sie dies schon als wahr erkannt, doch würden Sie es auch zugeben? Ich habe festgestellt, dass dies schwerfällt, selbst wenn wir diese Erkenntnis gemacht haben. Warum sollte man es nicht zugeben? Erscheint es arrogant, die Wahrheit zu bekennen? In der Tat ist die Angst davor, arrogant zu erscheinen, Arroganz. Falls Sie das erkennen und zugeben können, dann geben Sie auch zu, dass Sie Buddha sind, weil Buddha derjenige ist, der dies weiß. Im Zen sagen wir: „Es braucht einen Buddha, um einen Buddha zu erkennen." Nur Buddhas können Buddhas sehen.

Wenn Sie natürlich rumlaufen und behaupten, Buddha zu sein, werden Sie vielleicht in eine psychiatrische Abteilung eingewiesen. Und doch ist es wahr. Diese Wahrheit kann Furcht erregend sein, aber suchten Sie nicht die ganze Zeit über nach der Wahrheit? Würde irgendjemand nach etwas Falschem suchen, nach einer großen Lüge? Natürlich suchen Sie Wahrheit, doch können Sie diese auch zugeben, wenn Sie sie gefunden haben? Was, wenn das Zugeben der Wahrheit auch bedeuten würde, dass Sie die Freiheit erringen, Ihr wahres Selbst zu sein? Vielleicht wäre diese Freiheit noch viel Angst einflößender. Wenn Sie die Freiheit leben, die Ihr wahres Selbst vermittelt, dann wird die Gesellschaft dies womöglich nicht akzeptieren. Sie werden vielleicht von einigen Leuten zurückgewiesen, eventuell sogar von Ihrer Familie und Ihren Freundinnen und Freunden. Oder Sie werden aus einer Gruppe oder Tradition rausgeworfen. Mit der Freiheit zu leben, bedeutet nicht, dass Sie sich plötzlich unverantwortlich oder unvernünftig verhalten. Sie wissen bereits, wie Sie in der Gesellschaft mit dem so genannten gesunden Menschenverstand funktionieren, und es besteht kein Grund zur Sorge, dass Sie diesen durch die Praxis verlieren . Im Zen bedeutet, den Verstand zu verlieren, alle Konzepte zu verlieren. Also wird Ihr Leben natürlich verwandelt, aber Sie vergessen darüber nicht, wie man sich in der Gesellschaft verhält. Sie können immer noch zur Arbeit gehen, sich um Ihre Familie kümmern und sich die Zähne putzen. Aber wenn Sie Ihren Geist loslassen, werden Sie viel freier funktionieren. Sie nehmen sich selbst nicht mehr so ernst und Sie haben viel mehr Spaß bei diesem Spiel genannt Leben.

Weiter oben habe ich Ihnen Ganto und Seppo vorgestellt; sie tauchten in der Geschichte über Tokusan auf. Ich möchte Ihnen gerne eine weitere Geschichte erzählen, die nach dem Tod

Tokusans stattgefunden hat. Ganto und Seppo blieben noch einige Jahre in dem Kloster, um sich um Tokusans sterbliche Überreste zu kümmern. Nachdem sie ihre Verpflichtungen erfüllt hatten, begaben sich die beiden auf eine Reise, um einen anderen berühmten Lehrer zu besuchen, nämlich Meister Rinzai. Wie sich herausstellte, verstarb Rinzai vor ihrer Ankunft. Doch auf ihrem Weg marschierten Ganto und Seppo viele Stunden am Tag und gingen stets erschöpft zu Bett. Eines Nachts wurde Ganto von etwas aufgeweckt. Im Mondlicht erkannte er Seppos Silhouette, der in Zazen saß. Ganto fragte: „Was tust du da? Es ist mitten in der Nacht!"

Seppo hielt dies vermutlich für eine ziemlich dumme Frage – sie waren immerhin Zen-Mönche – aber trotzdem antwortete er: „Ich übe Zazen." Ganto hakte weiter nach: „Warum tust du das?" Zu diesem Zeitpunkt muss Ganto Seppo bereits wie ein Idiot erschienen sein. Seppo antwortete geduldig: „Ich sitze in Zazen, um Buddha zu werden." So viel wusste Seppo natürlich bereits; er war schon einige Jahre lang Zen-Mönch. Aber vielleicht wissen Sie es nicht. Oder genauer, Sie glauben noch nicht daran. Auch Sie sitzen, um Buddha zu werden. Seppo wusste: „Ich sitze, um Buddha zu werden." Ganto versuchte nun, Seppo zu erwecken: „Erkennst du nicht, dass alles, was deinem Herzen entspringt, der wahre Buddha-Dharma ist?"

Kanzeon Bodhisattva manifestiert sich als Sie und ich, und sie drückt den Buddha-Dharma durch unser Leben aus – doch nur, wenn wir loslassen und ihn hervorströmen lassen. Sie können die Situation nicht kontrollieren und Sie können nicht kontrollieren, was dabei herauskommt. Sie müssen aufgeben und es einfach hervorströmen lassen. Ganto sagt Seppo: „Du bist bereits so!" Du bist bereits Buddha. Und er drückt ebenfalls in wunderschönen Worten aus: „Aber es ist nicht wahr, wenn du es nicht hervorströmen lässt."

Seppo saß dort im Mondlicht, weil er noch nicht erkannt hatte, dass er Buddha war, und er wollte frei werden. Und genau das ist der Grund, warum Sie und ich Zazen praktizieren. Jeder und jede von uns ist wie ein Samenkorn: Wir enthalten bereits den ganzen Baum, aber dieser Baum ist noch nicht voll ausgewachsen. *Dharmadhatu* bezeichnet im Buddhismus den Ort oder Schoß, der die Saat Buddhas enthält. Wo ist dieser Ort? Selbst wenn Sie überall suchen, werden Sie ihn nicht finden. Er ist nicht irgendwo im Himmel und er ist nicht in Ihrem Kopf. Wenn Sie Ihren Geist loslassen, finden Sie ihn. Dann praktizieren Sie Zazen, weil Sie erkennen, dass es der beste Weg ist, um Buddha zu manifestieren.

30

Der Preis des Wissens, wer ich bin

Zen fragt: „Wollen Sie die Wahrheit darüber erfahren, wer Sie sind?“

VIELLEICHT WISSEN SIE ES NICHT, doch die Stimme des Meisters ist in Ihnen. Sie ist in uns allen. Die meisten Menschen entdecken diesen Meister niemals, weil sie nicht wissen, wo sie suchen sollten. Die Stimme des Meisters ist die Stimme Buddhas, und ein jeder und eine jede von uns trägt sie in sich. Shakyamuni Buddha sagte, dass alle empfindungsfähigen Wesen dieselbe Buddha-Natur haben oder denselben erwachten Geist. Er ist innewohnend. Dies ist der Geist, der sich mit jeder Stimme und jedem Ding identifiziert, von der Biene über die Blume bis hin zur Sonne. Der Buddha-Geist identifiziert sich mit dem Universum und er identifiziert sich ebenso mit einem Sandkorn.

Als Erwachsene haben die meisten von uns eine ziemlich klare Vorstellung davon, wer wir sind – eine relativ festgelegte Idee von unserem „Ich“. Doch in der Zen-Praxis wird diese Idee früher oder später zerstört. Das Bild oder die Vorstellung von uns selbst fällt einfach weg. Wir verlieren es und können uns selbst nicht mehr erkennen. Wir blicken in den Spiegel und denken dabei: „Das bin nicht ich.“

Hoffentlich fragen wir uns irgendwann selbst: „Wer bin ich wirklich?“ Wenn wir nicht wieder und wieder zu dieser Frage zurückkehren, werden wir uns schließlich an ein neues Selbst gewöhnen und dieses für unser „Ich“ halten. Vielleicht erscheint uns dieses neue „Ich“ wie ein verbessertes Selbst, erleuchteter und weiser als das vorherige. Womöglich kann sich dieses neue Selbst mit allen Dingen identifizieren und sogar ein wenig Mitgefühl empfinden. Es dauert nicht lange, bis wir uns mit unserer neuen Identität wohlfühlen und tief in ihr feststecken. Wir haben ein neues Konzept unserer selbst entwickelt und haften an ihm.

Was ist mit der vorherigen Identität passiert, die so fest und real erschien? Sie ist zerschmettert! Und jede neue Identität muss genauso unausweichlich zerschmettern. Der Prozess der Erschaffung und Zerstörung einer jeden neuen Identität fällt jedem schwer, aber im Zen ist er bloß ein Teil des Pfades. Natürlich könnten wir uns fragen, warum sich jemand um Himmelswillen dafür entscheiden sollte, die eigene Identität andauernd zu zerstören. Doch Zen nähert sich dieser Frage etwas anders. Zen fragt: „Wollen Sie die Wahrheit darüber erfahren, wer Sie sind?“ Vielleicht wollen Sie das, vielleicht wollen Sie das auch nicht – es ist auf jeden Fall eine gute Frage, die Sie sich selbst einmal stellen sollten. Falls Sie antworten: „Ja, ich will die Wahrheit wissen!“, dann sollte Ihre nächste Frage lauten: „Bin ich wirklich bereit, den Preis zu zahlen?“

Sind Sie bereit, den Preis zu zahlen, um Ihr wahres Selbst zu kennen? Als ich noch Schüler im Zen-Zentrum von Los Angeles war, hatten wir eine Redensart, so eine Art Witz: „Der Eintrittspreis ist bloß dein Leben.“ Um Ihr wahres Selbst zu erkennen, müssen Sie sterben. Wenn die Leute so etwas hören, ist den einen zum Lachen und den anderen zum Weinen zumute. Aber die Wahrheit ist, dass Sie nicht der sind, für den Sie sich halten!

Sie sind nicht die, für die Sie sich halten, und um herauszufinden, wer Sie wirklich sind, muss diejenige sterben, für die Sie sich halten. Die Illusion des Selbst muss sterben, und obwohl dies nur der Tod eines Konzeptes ist, so ist es doch ein sehr tief empfundenes Konzept, das uns lieb und teuer ist. Wenn das Konzept des Selbst stirbt, dann müssen wir von vorne anfangen. Wir müssen zu der Grundfrage zurückkehren: „Wer bin ich? Wer bin ich, wenn ich nicht der bin, für den ich mich hielt?"

Im Zen-Training können wir immer wieder und wieder diesen Prozess der Erschaffung und Zerstörung des Selbst durchlaufen. Wir sind nicht dies, aber wir sind auch nicht jenes. Vielleicht sind wir dies alles; vielleicht sind wir nichts von dem. Vielleicht verändern wir uns kontinuierlich. Im Zen ist *nicht wissen,* wer wir sind, selbst nach Jahren der Übung das Intimste. Warum? Weil wir in der Tat etwas herausgefunden haben: Wir haben unsere unbegrenzte, wahre Natur entdeckt. Jetzt wissen wir, dass all diese Selbste „Ich" sind, und trotzdem sind wir nicht auf irgendeines davon beschränkt. Irgendwie sind wir das Gesamtergebnis und die Gestalt dieser zahllosen Stimmen des Selbst. Es gibt kein wahres Ich; es gibt kein wirkliches Selbst. Das wahre Selbst ist nicht festgelegt. Es überschreitet dies und das. Das wahre Selbst ist Nicht-Selbst. Meister Hakuin, einer der größten Zen-Lehrer, drückte es folgendermaßen aus: „Das wahre Selbst ist, zu erkennen, dass es kein wahres Selbst gibt."

Unsere nichtfestgelegte Natur zu entdecken, kann ein Angst einflößender Prozess sein. Zu Beginn unserer Reise fühlen wir uns recht zwiespältig, was das Finden unseres wahren Selbst betrifft. Irgendwie scheinen wir bereits zu wissen, dass es nichts mehr zum Festhalten und keine Sicherheit mehr geben wird, wenn wir erst einmal unser wahres Selbst gefunden haben. Dann verlieren wir alle Hinweise darauf, wer wir sein und wie wir leben sollten. All unsere Bezugspunkte lösen sich auf. Wir entdecken die totale Freiheit – aber es scheint vielleicht mehr Freiheit zu sein, als wir uns ausgerechnet haben. In gewisser Weise sind wir wie kleine Kinder; wir wollen Freiheit, aber Freiheit innerhalb von klaren Grenzen.

1986 leitete ich ein Meditations-Retreat in Polen. Im letzten Augenblick beschloss ich, die ganze traditionelle Sesshin-Struktur wegzulassen und es ohne Regeln, Richtlinien und Zeitplan durchzuführen. Zu jener Zeit lebten die Menschen in Polen noch in einem realsozialistisch regierten Land, und sie wünschten sich mehr als alles andere Freiheit. Es nahmen etwa 120 Menschen an diesem Sesshin teil, und es war faszinierend, wie sie auf diese unerwartete Freiheit reagierten: Sie flehten geradezu um ein paar Regeln! Sie baten inständig um einen Zeitplan, egal wie anspruchsvoll oder anstrengend er sei!

Wenn wir mit unserer spirituellen Praxis anfangen, wünscht sich keiner von uns wirklich die völlige Freiheit, die mit der Entdeckung unserer Nicht-Selbst-Natur einhergeht. Die Freiheit, alles zu sein, erscheint einfach zu beängstigend. Wir *glauben* nur, dass wir herausfinden wollen, wer wir wirklich sind – vor allem, wenn wir daran glauben, dass wir etwas Bestimmtes finden werden, am Besten eine Identität, an der wir festhalten können. Wir wollen glauben, dass wir dies sind und nicht das: Wenn ich ein Mann bin, kann ich keine Frau sein, wenn ich jung bin, kann ich nicht alt sein. Wenn wir ein Elternteil, ein Lehrer, ein guter Mensch oder was auch immer sind, dann identifizieren wir uns mit dieser Rolle. Es fällt extrem schwer, diese grundlegenden Identitäten loszulassen, auch wenn sie bloß selbst geschaffene Konzepte sind. Falls die Mutterrolle unsere Identität ausmacht und diese Identität uns irgendwie genommen wird, dann wissen wir auf einmal nicht mehr, wer wir sind. Aber Nicht-Wissen ist eine gute Sache! Solange wir nicht unsere Identität, *irgendeine Identität,* aufgeben, werden wir nicht die Gelegenheit haben, etwas anderes zu sein – unser wahres Selbst.

Der Buddha nannte unsere Welt des Leidens *duhkha*, ein Sanskritwort, das sich auf die gebrochene Achse eines Rades bezieht. Wenn ein Rad gut funktioniert, dann dreht es sich frei; es bewegt sich im Einklang mit der Situation, während der Erdboden darunter vorbeirollt. Doch wir sind wie Räder, die sich nicht drehen. Der Buddha erkannte, dass wir unser eigenes Leiden schaffen, indem wir an bestimmten Aspekten unseres Lebens festhalten – besonders an dem Konzept des Selbst. Wenn wir uns an eine Idee darüber festklammern, wer wir sind oder was das Leben ist, dann können wir uns nicht mit der Situation bewegen. Wir leiden, weil wir nicht unsere unfixierte und fließende wahre Natur ausdrücken. Wir fließen nicht mit dem Leben.

Wir studieren Koans als Teil des Zen-Trainings unter anderem, weil wir dabei üben, eine Identität nach der anderen zu werden und danach jede einzelne von ihnen loszulassen. Ein Koan kann von uns verlangen, etwas zu werden, mit dem wir uns noch nie zuvor identifiziert haben, wie zum Beispiel mit dem Fujiyama oder einer Tempelglocke. Oder wir werden aufgefordert, einer der großen Zen-Vorfahren zu werden, vielleicht Joshu oder Bodhidharma. Viele Koans sind Geschichten über Mönche, die anfangs vielleicht ein bisschen dumm sind, aber zum Schluss erleuchtet werden, und wir können auch einer von diesen Mönchen werden. Alle Koans helfen uns dabei, eine Fertigkeit zu lernen, die es uns ermöglicht, zu allem und jedem zu werden: Wir lernen, das Selbst loszulassen. Wenn wir das kleine Selbst loslassen, können wir unser wahres Selbst sein, nicht festgelegt und völlig frei.

Den meisten von uns fällt es relativ leicht, bei anderen festzustellen, dass sie womöglich besser dran wären, wenn sie sich ändern und ihre gewohnte Identität aufgeben würden. Wenn wir uns die Situation einer Frau, die sich vollkommen mit der Mutterrolle identifiziert vor Augen führen, dann erkennen wir, wie sich ihr eine ganze Welt erschließen würde, wenn sie nicht an ihrer Identität als „Mutter" festhalten würde. Alles wäre möglich! Aber es ist etwas völlig anderes, wenn wir uns selbst betrachten und damit die Identitäten, an die wir uns klammern. Auf einmal sieht das Loslassen gar nicht mehr so wundervoll aus. Es sieht überhaupt nicht wie Befreiung aus; tatsächlich sieht es wie der Tod aus! Wenn wir diesen Prozess des Loslassens des Selbst durchmachen, scheinen sich Bedeutung und Zweck unseres Lebens im Nichts aufzulösen.

Mit etwas Zeit und Übung vertieft sich das Gewahrsein unserer nicht festgelegten Natur und es fällt uns leichter, uns von jedem neuen Konzept über uns selbst zu lösen. Wir werden in unserem Leben natürlicher und fließender. Schließlich können wir lernen, kontinuierlich loszulassen. Dann werden wir die Freude und Freiheit erfahren, die der Manifestation unserer wahren Natur entspringt. Durch die Koan-Praxis können wir lernen, wie wir uns freier von einer Identität zur anderen und wieder zur nächsten bewegen. Doch das tägliche Leben kann uns ebenfalls lehren, dies zu tun. Wenn wir aufmerksam sind, dann sehen wir, dass wir niemals nur ein einzelnes Selbst sind und es auch niemals gewesen waren. Dieses „Ich" ist niemals stabil, es ist immer im Fluss. Unsere Natur ist an sich nicht festgelegt, sie ist dynamisch. Wenn wir das nicht einsehen, ignorieren wir den natürlichen Prozess des Wandels. Wir werden in jedem Moment geboren und wir sterben in jedem Moment.

Maezumi Roshis Lieblingskoan war das über Zen-Meister Zuigan. Zuigan war ein wenig exzentrisch. Er hatte die Angewohnheit, sich Tag für Tag auf einen Felsen außerhalb der Klostermauern zu setzen und sich selbst zuzurufen: „Meister, bist du da?" Dann antwortete er sich selbst: „Ja!" „Meister, bist du wach?" „Ja, das bin ich!" Danach sagte er stets: „Lass dich von niemandem in die Irre führen!" „Nein, das werde ich nicht!" Zuigan hatte erkannt, wie leicht es uns fällt zu vergessen, wer wir wirklich sind, also rief er seinen inneren Meister. Jeden Tag erinnerte er sich daran zu erwachen, seine wahre Natur zu erkennen und auf diese Weisheit zu hören. Wir können auf dieselbe Weisheit hören: „Lassen Sie sich von niemandem täuschen, vor allem nicht von sich selbst!" Sie sind nicht der, für den Sie sich halten! Ihr wahres Selbst ist Nicht-Selbst, sich immer verwandelnd und so weit und unfassbar wie der Himmel.

31

Der Übungsweg als Kreis

Es gibt keinen Ort, zu dem wir gehen – es geht einfach nur im Kreis und im Kreis und im Kreis.

WIR SIND ALLE KONDITIONIERTE WESEN, und die Anzeichen unserer Konditionierung werden darin sichtbar, wie wir die Welt und uns selbst wahrnehmen und beurteilen. Unsere Reaktionen auf unsere Wahrnehmungen und Gedanken sind ebenfalls von Konditionierung geprägt. Wir möchten gerne daran glauben, dass wir offen und frei sind, in jedem Augenblick zu reagieren, aber früher oder später erkennen wir, wie konditioniert wir in Wirklichkeit sind. Ich bin mir nicht sicher, warum wir es nicht früher erkennen; es ist wohl Karma. Doch sobald wir uns endlich mit der wahren Situation auseinandersetzen, ist es unsere natürlichste Reaktion, frei sein zu wollen, und das ist der Punkt, an dem wir wirklich den Pfad des Erwachens betreten.

Zu Beginn sehen wir die Dinge auf eine besondere Weise – dualistisch. Wenn ich zum Beispiel bemerke, dass ich mich im kleinen Geist befinde, dann wird mein nächster Gedanke sicherlich lauten: „Ich bin nicht in Big Mind." Und darauf folgt normalerweise etwas in der Art wie: „Da ich nicht in Big Mind bin, muss ich in Big Mind gelangen." Genauso ist es, wenn wir erkennen, dass wir konditioniert sind; unsere Reaktion wird darin bestehen, dass wir den Gedanken und Wunsch verspüren, uns von der Konditionierung zu befreien. Erkennen Sie, wie der Geist funktioniert? Wir beginnen unseren Pfad und schaffen uns gleichzeitig ein Problem. Vom dualistischen Standpunkt aus betrachtet, wirkt es so, als ob wir bis zu diesem Moment ziemlich unbewusst gewesen sind. Scheinbar gab es eine Zeitspanne vor dem Bewusstwerden, also denken wir, dass ein weiterer Zeitabschnitt kommen muss, in dem wir bewusst sind. Der konventionelle Geist glaubt, dass wir nur entweder so oder so sein können. Wir können ganz gewiss nicht gleichzeitig bewusst und nicht bewusst sein, zumindest nicht von einem logischen Standpunkt aus betrachtet.

Durch Praxis erleben wir die andere Seite der Wirklichkeit – unsere nichtdualistische Natur. Und mit der Zeit gewöhnen wir uns mehr daran, die Dinge von der nichtdualistischen Perspektive aus zu sehen. Wir sehen die nichtfestgelegte Natur von allem, uns selbst mit eingeschlossen. Diese nichtfestgelegte Natur, die wahre Natur aller Dinge, ist die Manifestation der Kanzeon, der Bodhisattva des Mitgefühls.

Kanzeon ist ein wunderschöner Name, und es ist der Name, den wir unserer Sangha gegeben haben. Ich mag ihn wirklich sehr, weil er das Feminine betont. Aber eigentlich ist Kanzeon weder männlich noch weiblich: Sie ist zugleich weiblich und männlich. Kanzeon geht über die Dualität hinaus, daher ist sie die Manifestation von Yin und Yang, erleuchtet und verblendet, konditioniert und unkonditioniert. Sie manifestiert beide Seiten. Obwohl wir vielleicht mit unserer Praxis anfangen, um unsere Konditionierungen zu verringern, werden wir niemals ganz frei davon sein. Genauso wie Kanzeon manifestieren wir immer beide Seiten. Der Grad unserer Befreiung ist der Grad, zu dem wir unsere alte Konditionierung hinter uns lassen und vollständig eine neue Konditionierung einnehmen. Während wir aus der einen Schachtel herausklettern, geraten wir direkt in eine neue. Falls Sie gehofft haben, ganz von Ihrer Konditionierung befreit zu werden, dann tut es mir leid, Sie enttäuschen zu müssen.

Unsere Praxis besteht darin, unsere alte Konditionierung loszulassen, und dennoch nehmen wir eine neue an. Natürlich wollen wir auch aus dieser neuen Schachtel entwischen. Wenn wir also aus dieser neuen Konditionierung heraustreten wollen, dann gibt es meiner Meinung nach nur einen einzigen Ort, an den wir gehen können – zurück zur Konditionierung! Aber irgendetwas ist jetzt anders. Wir mögen zwar wieder zurück im kleinen Geist, in der alten Konditionierung, sein, aber wir sind für eine kurze Zeit aus ihr herausgetreten. Und je länger das so war, desto klarer wird unsere neue Konditionierung, die Big-Mind-Perspektive, unser ursprünglicher Geist. Es hilft schon ein wenig, wenn wir für einen flüchtigen Einblick heraustreten; es hilft ein bisschen mehr, wenn wir für ein paar Stunden heraustreten. Praktizieren wir weiter auf diese Weise, wird unsere Perspektive fließend. Dann wird sich sogar die alte Sichtweise verändern. Die Vorfahren drückten es folgendermaßen aus: Zuerst ist ein Berg ein Berg; dann ist der Berg kein Berg mehr; und schließlich ist der Berg wieder nur Berg.

Dogen Zenji sagte: „Verblendung ist Erleuchtung." Dieser verblendete Geist ist erleuchtet – aber das ergibt keinen Sinn. Für den verblendeten Geist ist es Unsinn, aber für den erleuchteten Geist, Big Mind, ergibt das vollkommen Sinn. Für Big Mind muss es keinen Sinn ergeben, und wir brauchen es nicht zu verstehen oder zu begreifen. Warum ist das so schwer zu akzeptieren? Wir stecken fest, wenn wir etwas begreifen oder verstehen wollen. Ich lege mir selbst Ketten an; Sie legen sich selbst Ketten an. Diese Ketten sind nichts anderes als unsere Konditionierung: *mein* Verständnis, *meine* Gepflogenheiten, *meine* Denkweise, *meine* emotionalen Reaktionen. Das alles hat mit *mir* zu tun. Niemand sonst hält uns gefesselt.

Was will der rationale, logische Geist unternehmen, wenn er so etwas hört? Er versucht, etwas daran zu ändern! Fühlen Sie nicht den Drang, etwas zu unternehmen, Ihre Konditionierung loszulassen, die Ketten abzustreifen und frei zu sein? Als

Nächstes suchen wir nach jemandem, der frei zu sein scheint, der nicht im verblendeten Geist gefangen ist. Wir wollen jemanden finden, der *Es* hat, so dass wir *Es* selbst erlangen können. Wir suchen nach einem Helden, einem Retter; und indem wir das tun, verlagern wir die Verantwortung für unsere Gefangenschaft nach „dort draußen". Aber niemand, egal ob tot oder lebendig, kann uns befreien. Wir müssen uns selbst befreien.

Vielleicht erscheint die Situation ziemlich trübe oder sogar hoffnungslos, aber wir *können* damit beginnen, uns zu befreien. Erinnern Sie sich an den Augenblick, an dem das Verlangen zu suchen zum ersten Mal in Ihnen aufstieg. Diese leise Absicht ist in Wirklichkeit eine Pforte, ein Zugang. Das Verlangen steigt auf, und unsere Konditionierung treibt uns dazu, dieses Verlangen stillen zu wollen. Das passiert beinahe automatisch, ohne bewusstes Gewahrsein. Das Verlangen bindet uns an diese Tretmühle, und wir laufen und laufen und laufen – aber wir gelangen nirgendwo hin.

Stellen Sie sich einen großen Kreis vor, und jeder von uns befindet sich irgendwo auf diesem Kreis. Einige von uns befinden sich hier, ein paar sind schon etwas weiter und einige sind recht weit voraus. Nun, der kleine Geist ist ziemlich kurzsichtig und er kann diese Tatsache nicht erkennen. Er schaut nach vorne und sieht dort Jack und Jill, er schaut zurück und sieht dort Sam und Nancy. Aus seiner Perspektive wirkt der Kreis wie eine schnurgerade Linie. Jeder scheint seinen Platz in der Reihe zu haben, und das ergibt für den kleinen Geist vollkommenen Sinn. Ein paar Leute sind weiter vorn, ein paar mehr liegen weiter zurück, und jeder von uns reist von hier nach dort. Wir werden irgendwo hinkommen! Aber was passiert, wenn wir uns diesen ganzen Kreis aus der Big-Mind-Perspektive anschauen? Derjenige, der vorne zu sein schien, liegt jetzt weit zurück und diejenige, die hinter uns war, ist jetzt vor uns!

Wir praktizieren, um bewusster zu werden. Wir arbeiten sehr daran, unsere Konditionierung loszulassen und die Welt, wie wir sie kennen, hinter uns zu lassen. Wir besteigen den Berg und irgendwann erreichen wir seinen Gipfel. Danach müssen wir wieder hinabsteigen. Der Berg ist nicht mehr der Berg. Wir müssen zur Konditionierung zurückkehren, zum Marktplatz, zum Grund. Hier wird unsere Verblendung vollständig. Dogen Zenji beschrieb dies als Verblendung innerhalb der Verblendung, oder auch als Verblendung jenseits der Verblendung. Zwei ist besser als eins! Nur gibt es jetzt einen Unterschied: Wir haben den ganzen Prozess durchlaufen, einmal im Kreis herum. Wir haben Dekonditionierung und Nicht-Konditionierung durchlebt, und jetzt sind wir zurück bei der Konditionierung. Und hier entdecken wir, dass es keine große Sache ist. Nichts, das die Suche wert ist! Ist das ein Reinfall? Wir haben gesucht und gestrebt und uns bewegt und dafür geschuftet – all das, um nichtkonditioniert zu werden. Als wir schließlich die Erfahrung der Nicht-Konditionierung gemacht haben, stellt sich heraus, dass es keine große Sache ist! Natürlich *ist* das erste Erlebnis der Freiheit eine wichtige Angelegenheit. Jeder flüchtige Einblick in die Freiheit ist beeindruckend, wenn wir vorher nur Gefangenschaft gekannt haben. Endlich erleben wir einen Zustand ohne Grenzen, ohne Fesseln! Aber wie es nun einmal mit allen neuen Erfahrungen so ist: Wir gewöhnen uns schlussendlich auch daran, und dann ist es einfach keine große Sache mehr. Wenn wir erst einmal eine Zeit lang im Raum der Nicht-Konditionierung gelebt haben, dann gewöhnen wir uns daran.

Das wäre dann also das Ende des Pfades, richtig? Falsch! Wir wollen mehr. Wir fangen an, nach etwas Klarerem, Besserem und Größerem zu suchen. Und Streben hält die ganze Sache am Laufen, genau wie der Buddha es gesagt hat. Aber in dem Raum zwischen dem Verlangen und dem Bestreben, das Verlangen zu stillen, können wir etwas Gewahrsein und Achtsamkeit erleben. Wir können uns entscheiden, nicht zu greifen. Zu greifen mag lohnend erscheinen – verstehen oder herausfinden wollen, es besitzen oder erlangen, es werden zu wollen –, doch das kümmert Big Mind nicht. Big Mind kennt überhaupt keine Vorlieben. Wenn wir entdecken, dass die Selbstbezogenheit, unser Egoismus, die Ursache des Problems ist, dann taucht der Wunsch, ohne Ego oder frei vom Selbst zu sein, wie von selbst auf. Doch wir müssen den dualistischen Sprung nicht machen und denken: „Nicht-Selbst ist besser als Selbst." Trotzdem springen die meisten von uns sofort los und sagen sich: „Wenn ich spirituell sein will, sollte ich kein Selbst haben; ich sollte frei sein."

Warum sich selbst das antun? Warum nicht einfach nur sein? Die Antwort lautet ganz einfach: Es ist schwierig! Einfach nur zu sein, ist die schwierigste Sache der Welt. Selbst wenn Sie in Zazen sitzen, ist es schwierig, einfach nur zu sein. Doch in Zazen können wir Big Mind entdecken. Wenn wir einfach nur sitzen, keine Vorlieben hegen und nicht streben oder verlangen, *sind* wir Big Mind. Jeder und jede kann es tun. Sitzen Sie einfach nur! Natürlich wird der kleine Geist sich heranschleichen und sagen: „Das führt doch zu nichts!" Erinnern Sie sich dann einfach an den Kreis. Dort gibt es keinen Ort zu erreichen – es geht einfach nur im Kreis herum und herum und herum. Was soll's, wenn Sie mal jemanden überholen? Von der größeren Perspektive aus gesehen, befindet sie oder er sich jetzt vor Ihnen. Versuchen Sie mal, dies in Ihre Beziehungen einfließen zu lassen!

Erinnern Sie sich daran, dass es keinen *richtigen* Weg dafür gibt. Also gibt es ganz offensichtlich auch keinen falschen Weg. Ihre Art, den Pfad zu beschreiten, ist der Weg des Buddha. Das Einzige, was wir wirklich tun müssen, ist, einfach nur zu sein. Dann sind wir bereits am Ziel. Unser kleiner Geist wird weiterhin herumheulen: „Ich muss noch wohin gelangen, ich muss verstehen", doch das wird dem kleinen Geist niemals gelingen. Ist das eine gute oder eine schlechte Sache? Big Mind kennt den Unterschied nicht. Für Big Mind spielt das einfach keine Rolle.

32

Leben ist Praxis

Ist Zen wie eine Tasse Kaffee – etwas, das wir nehmen, eine Weile im Haus mit uns herumtragen und dann absetzen können, um es erst einmal zu vergessen? Falls Ihre Praxis auf diese Weise verläuft, dann lassen Sie mich eines klarstellen: Das ist kein Zen.

VIELE VON UNS BEGINNEN EINE SPIRITUELLE PRAXIS wie Zen mit einem Ziel vor Augen, zum Beispiel wollen wir einen besonders schwierigen Aspekt unseres Lebens verstehen oder bewältigen. Wenn wir dann dieses Ziel erreicht oder eine bestimmte Lösung des Problems gefunden haben, möchten wir vielleicht unsere Praxis erweitern, um zu sehen, ob sie auch noch auf andere Weise hilfreich sein kann. Womöglich wollen wir sogar die Praxis in unser Leben als Ganzes integrieren und fragen uns daher: „Wie kann ich Zen in mein tägliches Leben bringen?" Das scheint eine vernünftige Frage zu sein, doch wenn wir sie uns etwas genauer ansehen, dann erkennen wir, dass die Frage selbst das Problem ist.

Ist Zen wie eine Tasse Kaffee – etwas, das wir nehmen, eine Weile im Haus mit uns herumtragen und dann absetzen können, um es erst einmal zu vergessen? Falls Ihre Praxis auf diese Weise verläuft, dann lassen Sie mich eines klarstellen: Das ist kein Zen.

Trotzdem betrachten wir die Praxis häufig auf diese Weise. Was genau versuchen wir wirklich in unser Leben zu bringen? Vielleicht halten wir an irgendeiner Vorstellung von Zen fest oder haben eine Idee davon, was es heißt, spirituell oder Buddhist zu sein, und wir versuchen nun, diese *Idee* in unser tägliches Leben zu bringen. Falls dies so ist, wird es uns endlose Probleme bereiten, denn Ideen haben nur sehr wenig mit Zen zu tun.

Das Wort *Zen* leitet sich ab von dem Sanskritwort *dhyana*. Maezumi Roshi übersetzte *dhyana* für gewöhnlich als „ruhiges Sitzen“ oder „ruhiges Denken“, aber ich bevorzuge „stilles Sitzen“ oder „in Stille sitzen“. Wie können wir das stille Sitzen in unser Leben integrieren, ohne Zen auf etwas zu reduzieren, das von uns selbst und unseren täglichen Aktivitäten getrennt ist? Der Schlüssel besteht darin, diese Frage als ein Koan zu betrachten, als ein Paradox, welches nicht vom rationalen Verstand gelöst werden kann. Wie bei jedem Koan müssen wir zu diesem Koan *werden*, um seine Bedeutung zu erhellen. In Stille zu sitzen *ist* Zen, und wenn wir in Stille sitzen, *sind* wir Zen. Das „Ich“ verschwindet, und es bleibt nur Zen. Selbst wenn wir uns um die Dinge unseres Lebens kümmern und tun, was wir sonst auch tun, sind wir immer noch Zen; es gibt keinen Spalt. Jede Absicht oder Idee, Zen in unsere Leben zu bringen, ist etwas Zusätzliches.

Es gibt eine Geschichte über eine Begegnung von Meister und Schüler im achten Jahrhundert in China. Der Name des Schülers war Baso und sein Lehrer war der große Zen-Vorfahre Nangaku Ejo. Eines Tages spazierte Nangaku Ejo einen Pfad in der Nähe des Klosters entlang, als er Baso erblickte, der unter einem Baum in Zazen saß. Natürlich ist das in der Nähe eines Zen-Klosters eine ziemlich normale Angelegenheit, doch Nangaku Ejo fragte: „Was tust du da?“ Er stellt damit natürlich nicht nur eine gewöhnliche Frage: Er gibt Baso ein Koan. Aber Baso verstand das nicht und antwortete mit dem Offensichtlichen: „Ich sitze in Zazen.“ Nangaku Ejo hakte noch mehr nach: „Warum sitzt du in Zazen?“ Es ist gut zu wissen, dass Baso später ein großartiger Zen-Lehrer wurde, doch hier war er noch genauso schwer von Begriff wie wir und deshalb antwortete er: „Ich sitze in Zazen, um erleuchtet zu werden, um ein Buddha zu werden."

Nun, das schien den Meister zufriedenzustellen, also wandte Baso sich wieder seinem Zazen zu. Aber nur wenige Augenblicke später wurde sein stilles Sitzen schon wieder unterbrochen, diesmal von einem nervtötendem Geräusch: tsch, tsch, tsch, tsch. Er schaute auf und war überrascht, seinen Lehrer, der sich in der Nähe hingesetzt hatte, nun dabei zu beobachten, wie er einen zerbrochenen Dachziegel über einen anderen rieb. Schließlich musste Baso ihn einfach fragen: „Meister, was tut Ihr da?" Immerhin versuchte Baso hier zu meditieren. „Ich poliere diesen Ziegel." „Warum?" Der Meister antwortete hierauf: „Um einen Spiegel herzustellen." Diese Antwort verstärkte wahrscheinlich nur Basos Frustration. Er platzte heraus: „Ihr könnt diesen Dachziegel so lange polieren, bis Ihr blau anlauft, und trotzdem wird er niemals ein Spiegel werden!" Und Nangaku Ejo sagte: „Du kannst in Zazen sitzen, bis du blau anläufst, und trotzdem wirst du niemals ein Buddha werden!"

Dieses Koan wird oft von Leuten missverstanden oder fehlinterpretiert, die es nicht klar und deutlich sehen. Nangaku Ejo erzählt Baso nicht, dass das Sitzen reine Zeitverschwendung ist; er sagt, dass das Sitzen mit der Hoffnung auf Erleuchtung oder der Absicht, Buddha zu werden, genauso lächerlich ist wie das Polieren von Dachziegeln, um einen Spiegel daraus zu machen. Warum? Weil wir uns damit der Praxis aus dualistischer Sicht annähern, als etwas, das getrennt von dem ist, wer wir wirklich sind. Egal wie sehr wir uns auch bemühen: Wir werden niemals zu etwas anderem, als wir bereits sind. Buddha braucht nicht zu versuchen, Buddha zu sein; diese Tatsache zu realisieren, ist Erleuchtung.

Warum also praktizieren wir dann Zazen? Falls Sie irgendwelche Zweifel oder Verwirrung darüber hegen, wer Sie wirklich sind, dann wird die Realisation, dass Sie bereits erleuchtet, bereits Buddha sind, eine enorme Wirkung auf Ihr Leben haben. Doch wenn Sie mit der Erleuchtung als Ziel sitzen, dann erschaffen Sie bloß ein Hindernis, eine Hürde dafür, diese zu realisieren. In Zazen zu sitzen, ist bereits der vollkommene Ausdruck Ihrer Buddha-Natur.

Es ist sehr wichtig, das richtige Gleichgewicht zu finden, wenn wir uns der Zazen-Praxis nähern. Realisation ist natürlich von Bedeutung; sie ist die Grundlage des Buddhismus. Das Wort *Buddha* entstammt der Sanskritwurzel *bodh*, die so viel wie „erwache“ bedeutet. Also ist ein Buddha „jemand, der oder die erwacht ist“, und der Buddha-Weg ist der Weg des Erwachens. Falls wir die Bedeutung des Erwachens unterschätzen, praktizieren wir nicht den Buddha-Weg, geschweige denn Zen. Wenn wir andererseits die Realisation zum Ziel unserer Praxis machen, dann werden wir sie niemals erlangen. Das Ziel, Erleuchtung zu erlangen, platziert die Realisation irgendwo vor uns, so wie die Karotte, die vor dem Esel baumelt. Wenn wir uns darauf konzentrieren, den Berggipfel zu erreichen, dann können wir nicht wahrhaft präsent bei jedem einzelnen Schritt sein. Doch wir können auch zu sehr zur anderen Richtung tendieren und zu wenig Gewicht auf das Erwachen und die Klärung unserer Realisation legen. Falls wir wie ein steinerner Buddha sitzen, dann sind wir genau das – ein steinerner Buddha, kein lebendiger, atmender Buddha.

Zen-Praxis ist ein Paradox, ein Koan, und wir müssen mit ihr wie mit einem Koan umgehen. Die Frage ist dann nicht mehr, wie Sie Zen in Ihr Leben bringen, sondern vielmehr, wie Sie das nicht tun könnten. Wenn Sie und ich Zen sind, dann ist alles, was wir tun, Zen. Gehen, essen, reden, auf die Toilette gehen, schlafen – das alles ist Zen!

Zen ist nichts Besonderes. Falls wir das annehmen, haben wir nur eine Vorstellung von Zen, nicht das Eigentliche. Der Unterschied kann sehr subtil sein. Wir können mit unserem rationalen Geist denken: „Ich habe noch gar nichts erreicht", während wir noch immer an dem Glauben festhalten, dass wir irgendetwas Besonderes tun. Und wenn es schon für mich etwas Besonderes ist, dann stellen Sie sich einmal vor, wie besonders es wäre, es mit anderen zu teilen, jenen armen Unglücklichen, die es nicht haben. Vielleicht teilen wir in Wahrheit aber nur den Gestank des Zen. Wenn Sie wahrhaft Zen sind, und Zen wahrhaft Sie ist, was können Sie dann mit anderen teilen? Nicht Zen und nicht Ihr Verstehen. Teilen Sie sich selbst.

Wenn wir Zen für eine spirituelle Praxis halten und uns an irgendeiner Idee oder Vorstellung von Spiritualität festhalten, dann sind wir auf dem besten Weg, die Fallgruben der Spiritualität in unser Leben zu bringen. Vielleicht fühlen wir uns sogar dazu berufen, unsere Spiritualität mit anderen zu teilen. Das stinkt! Haben Sie schon einmal erlebt, wie jemand versucht, seine Spiritualität mit Ihnen zu teilen? Es ist widerlich. Im Gegensatz hierzu kann es einfach wundervoll sein, wenn Ihnen eine helfende Hand gereicht wird, sobald Sie diese benötigen. Es steht nirgendwo im Zen geschrieben, dass wir nicht versuchen sollten, uns selbst zu verbessern, indem wir bessere Eltern, ein besserer Freund, eine bessere Kollegin oder ein besserer Zimmermann werden. Wenn jemand einen Tischler benötigt und Sie Ihre bestmögliche Arbeit abliefern, dann haben Sie etwas von sich geteilt und jemanden glücklich gemacht. Damit die Menschen in Ihrem Umfeld Ihre Zen-Praxis wertschätzen, müssen Sie vielleicht nur so viel tun: Konzentrieren Sie sich auf das, was Sie tun, und geben Sie Ihr Bestes. Zen in das eigene Leben zu integrieren, muss nicht kompliziert sein.

Manchmal übersehen wir die grundlegenden Gaben unserer Übung. Nehmen Sie zum Beispiel die Fähigkeit, sich zu konzentrieren. Wenn Sie sich bei der Arbeit, im Sportstudio oder beim Gemüsehändler umschauen, sehen Sie schnell, wie schwer es den meisten Leuten fällt, sich einfach nur darauf zu konzentrieren, was sie gerade tun. Die Fähigkeit, den Geist zu fokussieren, ist ein natürliches Nebenprodukt des Sitzens. Nach längerer Zeit des Sitzens wird es zum natürlichen Zustand unseres Seins, im jetzigen Augenblick gegenwärtig zu sein. Uns einfach nur hundertprozentig auf unsere Arbeit zu konzentrieren – als Lehrerin, Tischler oder was auch immer – ist womöglich der beste Weg, Zen anderen zu vermitteln.

Schon früh in der Zazen-Praxis erkennen wir, wie sich alles kontinuierlich verändert. Wir erkennen auch, dass der Versuch, den Prozess des Wandels zu kontrollieren oder zu beeinflussen, lediglich zu Disharmonie, Frustration und Konflikten führt. Während wir lernen, *loszulassen* und uns *mit* der Vergänglichkeit in unserem Leben *zu bewegen*, bemerken wir, dass uns Veränderungen nicht mehr so stören wie zuvor. Wir entwickeln eine gewisse Flexibilität und Fluidität, zudem die Fähigkeit *„eins mit"* zu sein, in Harmonie mit dem Fluss der Veränderungen. Diese Flexibilität eröffnet uns viele neue Wege, um unsere Praxis mit anderen zu teilen – nicht indem wir irgendetwas Besonderes tun oder sagen, sondern indem wir die Gaben teilen, die wir durch Zazen entwickelt haben: Ruhe, Gelassenheit, die Fähigkeit, uns zu konzentrieren und im jeweiligen Moment präsent zu sein, sowie die Eigenschaft, einfach wir selbst zu sein.

Wenn wir zum ersten Mal Zen üben, neigen wir zu der Annahme, dass es einerseits unser Leben und andererseits die Zen-Übung gibt. Es kann ein paar Jahre dauern, bevor sich diese Trennung ganz auflöst. Bleiben Sie in der Zwischenzeit geduldig und sitzen Sie weiterhin; die Illusion der Trennung wird sich von selbst auflösen. Kümmern Sie sich um Ihr tägliches Leben und bringen Sie so viel Achtsamkeit wie möglich in alles, was Sie tun. Falls Sie Sport treiben, konzentrieren Sie sich auf Ihr Training. Gehen Sie mit dem Hund spazieren, dann gehen Sie einfach nur mit dem Hund. Falls Sie in Zazen sitzen, seien Sie Zazen.

Im Zen sprechen wir von *Praxis* oder *Übung*, aber in Wirklichkeit kann jede Aktivität zu unserer Praxis werden. Vielleicht sind Sie Student und studieren ganz fleißig. In dem Fall kann das

Studieren Ihre Übung sein. Vielleicht bleiben Sie zu Hause, um die Kinder großzuziehen. Auch das kann Übung sein. Alles, was wir mit Energie und Konzentration tun, kann zu unserer Praxis werden. Zazen ist einfach der beste Weg, um die Getrenntheit aufzulösen, die wir geschaffen haben. Wenn die Trennung verschwindet, erkennen wir die Wahrheit: Die Praxis ist immer unser Leben und das Leben ist immer unsere Praxis. Es hat niemals eine Trennung gegeben.

33

Das Leben so, wie es ist

Dem Dharma, geheimnisvoll und unerschöpflich,
ist selbst in unzähligen Leben kaum zu begegnen.
Jetzt können wir es sehen, hören, annehmen und
bewahren. Mögen wir die wahre Bedeutung des
Tathagata vollkommen erkennen!

Vers zur Eröffnung des Sutra

WAS IST DIE WAHRE BEDEUTUNG DES *TATHAGATA*? Tathagata bedeutet „Soheit“ oder auch „So-wie-es-ist-heit“, und es ist einer der Namen des Buddha. Shakyamuni Buddha verkörperte Soheit. Vielleicht fragen wir uns, wie jemand Soheit verkörpern kann, doch könnten wir uns genauso gut fragen, wie irgendjemand Soheit *nicht* verkörpern kann. Verkörpert nicht jeder von uns Soheit, einfach dadurch, dass wir unser Leben führen? Die Erleuchtung des Buddha zeigt uns den Unterschied: Einige von uns erkennen, dass wir Soheit verkörpern, und andere erkennen es nicht. Der Buddha machte auch den nächsten Schritt: Er verkörperte und manifestierte seine Erkenntnis durch sein Leben. Falls unsere Erkenntnis in unserem Leben eine Bedeutung haben soll, müssen wir lernen, sie zu manifestieren. Doch wir werden Soheit nicht vollkommen manifestieren oder verkörpern, solange wir sie nicht wahrhaft realisiert haben. Jemand, der oder die Soheit erkennt und verkörpert, ist ein Tathagata, ist Soheit.

Vermutlich hat jeder von uns schon gehört, wie andere sich darüber beklagen, dass ihr Leben unvollständig oder irgendwie unerfüllt ist – ein heutzutage scheinbar weit verbreitetes Gefühl. Vielleicht liegt es daran, dass unsere Konsumkultur uns dazu ermutigt, durch Objekte nach Erfüllung zu streben – ein neues Auto, Heim, ein neuer Job oder sogar ein neuer Partner, eine neue Partnerin. Selbsthilfebücher finden sich regelmäßig auf den Bestsellerlisten, und viele Leute lesen sie in der Hoffnung zu lernen, wie sie ihrem Leben Bedeutung und Erfüllung geben können. Aber selbst nach langer Suche und trotz vieler Mühen, kann unser Gefühl der Unvollständigkeit unverändert bleiben. Es ist etwas Seltenes und Kostbares, einen Pfad zu entdecken, der tatsächlich zur Erfüllung unserer wahren Natur führt.

Wenn wir das Glück haben, eine spirituelle Praxis oder Richtung zu finden, die zu uns passt, dann liegt meistens schon eine lange Periode der schwierigen Suche hinter uns. Viele von uns fühlen sich zu einer Meditationspraxis hingezogen, weil wir irgendwie spüren, dass wir unser Leben nicht vollständig manifestieren, dass irgendetwas fehlt, – aber wir können nicht herausfinden, was genau dieses „Etwas" ist. Vielleicht haben wir durch eine spirituelle Praxis auch eine gewisse Erkenntnis unserer wahren Natur erfahren, doch sehen wir auch den Spalt zwischen dem, was wir erkannt haben, und dem, was wir im täglichen Leben manifestieren. Es ist nur natürlich, diesen Spalt schließen zu wollen. An diesen Punkt der Unzufriedenheit gekommen zu sein, mag unangenehm oder sogar schmerzhaft sein, aber tatsächlich ist es eine gute Sache. Viele Menschen gehen durch das Leben, ohne jemals einen flüchtigen Einblick in ihre wahre Natur zu haben, daher entwickeln sie auch niemals den Wunsch, sie zu realisieren und zu manifestieren. Wie es in dem obigen *Gatha* heißt: Der Dharma wird sehr selten angetroffen. Doch wir begegnen dem Dharma und der wahren Erfüllung, wenn wir in Zazen sitzen.

Was aber heißt „dem Dharma begegnen"? Tatsächlich kommt es überhaupt selten vor, irgendjemandem oder irgendetwas wahrhaft zu begegnen. Es gibt ein Koan, das erforscht, was es bedeutet, dem Dharma wahrhaft zu begegnen, und indem wir mit diesem Koan arbeiten, können wir eine tiefe Wertschätzung für die Gelegenheit entwickeln, die sich uns bietet. Das Koan erzählt die Geschichte der Konfrontation zwischen dem berühmten Lehrer Joshu und einem dreisten jungen Mönch. Der Mönch fragte Joshu: „Habt Ihr wirklich Nansen getroffen? Ihr habt 40 Jahre lang bei ihm studiert, aber seid Ihr ihm wirklich begegnet?" Das ist eine gute Frage. Um dem Dharma wirklich zu begegnen, müssen Sie zum Dharma *werden*; und um dem Lehrer zu begegnen, müssen Sie sehr vertraut mit ihm, müssen eins mit ihm sein. Wie stellen Sie das an? *Sie* müssen erst einmal aus dem Weg gehen! Damit Joshu zu Nansen werden konnte, musste er Joshu loslassen. Dies ist enorm schwierig, weil wir so von uns selbst eingenommen sind, dass es einfach keinen Raum mehr für irgendetwas anderes gibt.

Jeder und jede von uns ist mit eigenen Vorstellungen, wie das Leben zu sein hat, voll gestopft – unseren Ideen der Soheit. Wenn wir unsere Konzepte nicht loslassen können und nicht einfach mit dem sein können, was ist, schaffen wir uns selbst gewaltige Probleme. Gehe ich von meiner eigenen Perspektive aus, dann verwechsle ich meine Sicht leicht mit der Wirklichkeit. Und wenn ich nicht sehe und nicht auf das reagiere, was wirklich ist, verläuft das Leben nicht so geschmeidig. Die Realität schlägt besonders hart zu, wenn wir sie ignoriert haben. Und was alles noch viel schlimmer macht, ist die Tatsache, dass andere Menschen sich genauso verhalten. Jeder und jede von uns betrachtet die Wirklichkeit aus der eigenen Perspektive; wenn wir also versuchen, mit jemand anderem in Beziehung zu treten, funktioniert es nicht. Die meisten von uns sind völlig von *ihrer* Sichtweise, *ihrer* Wahrheit angetan. Kein Wunder, dass wir so viele Beziehungsprobleme haben!

Unsere Kultur hat zu dieser Situation beigetragen. Die Gesellschaft konditioniert uns, die Welt dualistisch zu betrachten. Die konventionelle Wirklichkeit besagt, dass ich von allem und jedem getrennt bin. Hier bin ich und dort sind Sie. Dort sind Bäume, Berge, Flüsse, diese ganze Erde – und hier bin ich. Der Buddha erkannte, dass wir verblendet sind – unsere Wahrnehmung des Getrenntseins ist eine Illusion –, und er lehrte den Weg, so dass auch wir unsere Verblendung durchschauen können. Wenn wir die Täuschung durchbrechen, dann begegnen wir Einssein, Ganzsein und absolut keiner Trennung. Wir machen eine direkte Erfahrung der Wahrheit: Sie sind ich und ich bin Sie; dieser ganze großartige Kosmos ist ich und ich bin er. Es ist unnötig zu sagen, dass diese Erfahrung überwältigend und berauschend zugleich ist. Doch die Erfahrung des Einsseins ist nicht das Ende der Geschichte. Wir sind dem Absoluten begegnet, aber das ist noch nicht die Erleuchtung.

Wenn wir unsere Ganzheit erleben, ist es, als kehrten wir heim. Mit dieser Verschiebung in der Wahrnehmung werden wir von Freude, Freiheit, Frieden und Liebe erfüllt. Alles ist ich und ich umfasse alles. Diese Erfahrung des Einsseins mit allen Dingen vermittelt uns Mitgefühl und den Wunsch, das Leiden der anderen zu lindern. Unsere befreite Sichtweise fühlt sich so gut an, dass wir leicht in Versuchung geraten, an ihr festzuhalten. Natürlich wollen wir nicht loslassen; wir können uns immer noch daran erinnern, wie es sich anfühlte, in der Dualität festzustecken. Von der absoluten Perspektive aus gibt es weniger Leiden.

Es ist nur menschlich, an dieser absoluten Sicht der Wirklichkeit festzuhalten, da sie sich so gut anfühlt, doch jede Perspektive ist begrenzt, selbst diese höchste Sichtweise. Die absolute Perspektive, die alles und jeden umfasst, ist immer noch nur eine Perspektive, nur eine Seite der Wirklichkeit. Auch wenn es die absolute Wahrheit ist, müssen wir dieses Verstehen aufgeben. Wer zu lange dieser Wahrheit anhaftet, fängt an, übel zu riechen. Wir nennen es den „Gestank des Zen“.

Die Zehn Ochsenbilder illustrieren den Prozess des Zen-Trainings und die Stadien des Verstehens oder der Perspektiven, die wir entlang des Weges durchlaufen. Das erste Bild zeigt einen jungen Ochsenhirten, der nach dem Ochsen sucht. Hier gestehen wir uns erstmals unsere grundlegende Unzufriedenheit im Leben ein. Wir fühlen uns ruhelos, hungern nach irgendeiner Veränderung. Auf dem zweiten Bild findet der Ochsenhirte die Spur des Ochsen. Wir stoßen auf viel versprechende Spuren und beginnen mit unserer Suche nach Befreiung. Wir haben den Weg noch nicht wirklich gefunden, doch wir hegen die leise Hoffnung, dass es möglich ist. Vielleicht fühlen wir uns unzureichend oder unvollständig. Vielleicht haben wir erkannt, dass das Problem in uns selbst liegt. Unser Leiden treibt uns dazu, nach einer Antwort zu suchen, und zu diesem Zeitpunkt, beginnen viele von uns mit einer Meditationspraxis.

Die Meditationspraxis öffnet uns allmählich zu unserer eigenen wahren Natur, und wir gewinnen kurze Einblicke in unser vollständiges und vollkommenes Selbst. Dieses Stadium wird im dritten Bild dargestellt: Der Ochsenhirte erhascht endlich einen Blick auf den Ochsen. Und weil er ihn nun gesehen hat, fängt er ernsthaft mit der Suche an. Wir sind davon überzeugt, dass Befreiung wirklich möglich ist, deshalb legen wir richtig los! Wir sind wie Indiana Jones: Wir setzen unseren Hut auf und machen uns auf den Weg, die Bundeslade der Wahrheit zu entdecken.

Schließlich kriegen wir den Ochsen, unsere wahre Natur, zu fassen. Das vierte Bild zeigt den Ochsenhirten, der den Ochsen gefangen hat und ihn nun an einem Strick führt; doch jetzt hat er Mühe, ihn zu bändigen und muss eine Peitsche benutzen. Dies ist das Stadium des rigorosen Trainings und der Übung, um den Geist zu zähmen. Nur weil wir irgendwie den Geist zu fassen bekommen haben, heißt das noch lange nicht, dass wir ihn auch kontrollieren können. Zuerst werden wir einfach nur in der Gegend herumgeschleift.

Falls wir unsere Meditationspraxis fortsetzen, wird unser Geist ruhiger werden, und wir können ein wenig entspannen. Aber Praxis ist immer noch vonnöten, um den Geist zu zähmen, damit sich unsere wahre Natur enthüllen kann. Dies ist das Stadium, welches im fünften Ochsenbild dargestellt wird. Der Hirte führt den Ochsen an einem Strick. Wir hatten eine gewisse Erkenntnis, eine Erfahrung der Nicht-Dualität, aber wir verbrachten die meiste Zeit unseres Lebens mit einer relativen Sichtweise der Welt. Also werden wir uns in diesem Stadium überaus bewusst, wie groß der Spalt zwischen unserer wahren Natur und unserem gewohnten Selbst ist. Es braucht seine Zeit, um die ganze Konditionierung loszulassen, die dafür sorgt, dass wir uns als von allem getrennt betrachten. Doch mit unablässiger Bemühung gewöhnen wir uns schließlich daran, die Dinge aus der erleuchteten Perspektive zu sehen.

Das sechste Bild zeigt den Hirten, der auf dem Ochsen reitet und dabei Flöte spielt. Die Praxis fällt uns jetzt leicht, und wir fühlen uns viel mehr darin zu Hause, und es ist viel angenehmer geworden, unser Leben und die Welt aus der absoluten Perspektive zu sehen. Wir vertrauen allmählich der Erfahrung unseres wahren Selbst. Wir brauchen uns auch nicht mehr so anzustrengen, um den Ochsen zu kontrollieren; wir müssen unsere Beine nicht zusammenpressen und uns nicht abmühen, auf seinem Rücken zu bleiben. Wir genießen mehr Vertrauen und Freiheit, aber dieses Stadium der Erleuchtung hat auch eine dunkle Seite: Arroganz. Es ist ein weiteres Stadium, in dem wir leicht stecken bleiben können, denn Arroganz fühlt sich so viel besser an als Unzulänglichkeit und Unvollständigkeit. In diesem Stadium erkenne ich, dass ich bereits vollkommen und ganz bin, also gibt es natürlich keinen Grund, außerhalb von mir nach irgendetwas zu suchen. Doch wenn ich mich umschaue, sehe ich all die anderen Unglückseligen – jene armen, unerleuchteten Wesen! Und ich will ihnen helfen, das zu sehen, was ich sehe. Immerhin kenne ich die Wahrheit! Ich hab's! Können Sie den Gestank riechen?

Auf dem siebten Bild bietet sich uns eine große Chance: Der Ochsenhirte sitzt friedlich und ganz alleine da. Der Ochse ist verschwunden. In diesem fortgeschrittenen Stadium haben wir endlich die erleuchtete Perspektive losgelassen. Wir können einfach wie der Buddha dasitzen, sehr bequem, vollständig und in Frieden. An mir ist nichts Besonderes und es gibt nichts zu erfassen. Selbst die Erleuchtung ist fort. Was bleibt also? Einfach nur ich!

Vielleicht scheint es so, als wäre dies ein nettes Ende für die Geschichte, aber es gibt noch drei weitere Ochsenbilder. Selbst in diesem Stadium der Praxis ist noch etwas überflüssig – etwas muss noch verschwinden. Der Ochsenhirte muss noch den Ochsenhirten verlieren. Das achte Bild zeigt das Ergebnis: einen leeren Kreis. Wir müssen unser Selbst verlieren – abermals. Moment mal! Haben wir unser konditioniertes Selbst nicht bereits verloren? Sind wir jetzt nicht in der Lage, uns mit allen Dingen und allen Wesen zu identifizieren? Womöglich haben wir uns nicht vollständig verloren, als wir nach dem Ochsen griffen oder als wir den Ochsen losließen. Vielleicht haben wir einfach das kleine Selbst gegen ein neues Selbst eingetauscht – ein größeres und besseres. Vielleicht haben wir einfach nur das Selbst so weit ausgedehnt, um das Universum zu umfassen und mit einzuschließen, um zum Super-Selbst zu werden! Wir können so arrogant werden, dass unser Ego den ganzen Kosmos umschließt!

Das neunte Ochsenbild zeigt eine leere Landschaft. Den großen Meistern zufolge wird diese Ebene nur sehr selten erreicht. So wenige Menschen erreichen diese Stufe, dass es nicht leicht ist, darüber zu reden. Es ist sogar schwer vorstellbar, wie jemand wäre, der oder die das Selbst wirklich vollständig verloren hat. In vielerlei Hinsicht ist es wie Sterben. Wir verlieren alles, weil es kein Selbst – und nichts, das vom Selbst getrennt ist – mehr gibt, an dem wir festhalten können. Wir werden wie Humpty Dumpty, jene bekannte Figur aus einem englischen Kinderreim. Alles ist zusammengestürzt, und wir können uns nicht selbst nicht wieder zusammensetzen. Wir sehen weder uns selbst noch irgendetwas anderes, weil wir alles umfassen! Es bleibt nur leerer Raum.

Nach dieser Erfahrung des Nicht-Selbst und der Nicht-Existenz alles anderen bleibt wirklich nichts mehr zu tun, außer in die alltägliche Welt zurückzukehren. Das zehnte Bild zeigt den Ochsenhirten, nun ein zerlumpter und barfüßiger alter Mann, der lachend zurück auf den Marktplatz geht, wobei ihm ein Sack voller Geschenke über der Schulter baumelt. Alle Perspektiven wurden verloren; es bleibt nur das Manifestieren dessen, was ist. Soheit.

34

Ihr Leben ist das Koan

Sobald wir das Konzept „mein Leben" formen, sind wir schon der Dualität verfallen.

WIR ALLE HABEN EIN PROBLEM, aber manche von uns sind sich dessen nicht bewusst. Und natürlich werden wir die Lösung des Problems niemals angehen, solange wir nicht erkannt haben, dass wir ein Problem haben. Anstatt aber das Problem unseres Lebens zu klären, bemerken wir, wie allerhand Probleme auf uns zukommen: Probleme derer, die uns wichtig sind, und dazu noch unsere eigenen. Wir können uns auf jedes einzelne dieser Probleme konzentrieren: Das ist eine legitime Vorgehensweise. Aber es gibt auch einen weniger komplizierten Weg.

Die Zen-Tradition hat ihre ganz eigenen Probleme. Wir kennen 1 700 Koans: Das sind jede Menge Probleme! Tatsächlich sind es viel zu viele und keine der Zen-Schulen arbeitet mit allen 1 700. In der Traditionslinie von Maezumi Roshi arbeiten wir mit etwa 700 Koans; das heißt, es gibt 700 verschiedene Weisen, unser Problem zu betrachten. Für gewöhnlich braucht ein Schüler Jahre, um jedes dieser Probleme eines nach dem anderen durchzugehen; also ist dies natürlich ein allmählicher Prozess. Doch Zen behauptet, die Schule der „plötzlichen" Erleuchtung zu sein. Wie kann es sich selbst als „plötzlich" bezeichnen, wenn es so viele Probleme und solch einen langen Schulungsprozess kennt? Zen muss uns zeigen können, wie wir darüber hinausgehen, jedes einzelne Problem für sich lösen zu wollen, und wie wir uns stattdessen auf *das* Problem konzentrieren können. Was ist *das* Problem? Das Problem ist unser Leben.

Sobald wir das Konzept „mein Leben“ formen, sind wir der Dualität verfallen: Mein Leben als Gegensatz zu irgendetwas anderem, mein Leben im Gegensatz zu Ihrem Leben, mein Leben im Gegensatz zu meinem Tod. So oder so, es bleibt ein Konzept. Unser Leben ist ein Konzept! Lassen Sie es mich ein wenig anders ausdrücken: Es ist unvorstellbar, sich unser Leben als Problem vorzustellen. Das Problem scheint immer „dort draußen“ zu liegen, und der letzte Ort, an dem wir es haben wollen, ist „hier“. Wir können uns einen nichtdualen Zustand einfach nicht vorstellen. Alles, was ich mir vorstellen kann, ist nicht nichtdual. Selbst die Idee, die Dualität fallen zu lassen, ist Dualität. Die Dualität, dass es eine Dualität gebe, die fallen gelassen werden muss, ist die letzte Dualität, die wir fallen lassen müssen. Es gibt *nichts* fallen zu lassen. Es gibt *nichts* zu tun. Warum fällt es uns so schwer, das zu akzeptieren? Wir beschäftigen uns auf so viele Arten und Weisen, es ist praktisch unmöglich, sie alle aufzugeben. Und wenn wir versuchen, sie aufzugeben, dann müssen wir uns unserer größten Angst stellen: Falls wir nichts tun, *sind* wir nichts.

Ist es uns wirklich möglich, nichts zu tun? Können wir wirklich nichts tun und nichts sein? Ganz offensichtlich stellt sich uns hier ein Problem. Das Leben ist unser Problem, was also können wir dagegen tun? Wenn wir versuchen, dieses Problem zu lösen, schaffen wir nur ein anderes Problem, eine andere Falle: Unser Leben wird zu etwas, das wir bewältigen, lösen, irgendwie richten müssen. Aber tatsächlich gibt es *von Anfang an nichts!* Also gibt es natürlich auch nichts zu richten. Aber weil das unvorstellbar ist, machen wir uns von uns selbst eine Vorstellung – und diese versuchen wir dann zu richten.

Wir stellen uns uns selbst auf verschiedene Weisen vor, zuerst einmal als Körper und dann als Geist. Glauben Sie denn nicht, dass Sie einen Körper und einen Geist haben? Wenn dem so ist, dann haben Sie wirklich Glück! Wir befinden uns im Zeitalter des Aufbesserns und Heilens von Körper und Geist! Doch wahre Heilung ist *einfach nur sein* – und weder Sie noch ich können das tun. Heilung findet statt, wenn wir einfach nur sein können, aber *wir* können das nicht. Wenn Sie oder ich uns selbst heilen wollen, ist ein „Ich" beteiligt. Nehmen Sie das „Ich" aus diesem Bild heraus, dann haben wir einfach nur Heilung.

Wenn es ein „Ich" und „mein Leben" gibt, haben wir ein Problem geschaffen, wo es vorher kein Problem gab. Was können wir also tun? Wir können entweder den langsamen und allmählichen Weg oder den plötzlichen Weg einschlagen; beide sind koscher. Falls wir den allmählichen Weg beschreiten, werden wir nach wie vor Probleme schaffen. Vielleicht erkennen wir schließlich, dass wir sie nicht fassen und nicht lösen können. Sobald wir diese Erkenntnis jedoch haben, versuchen wir, sie zu fassen zu kriegen; und das erzeugt wiederum nur ein weiteres Konzept. Es gibt keine Lösung. Ich werde auch keine finden. Falls jemand denkt, dass er die Lösung kennt, so ist es nicht die Lösung. Sie sind das Problem; Sie sind auch die Lösung. Wenn Sie damit einfach eins sein können, dann gibt es keine weiteren Probleme. Sie sind frei. Aber wenn Sie versuchen, es zu erfassen, dann haften Sie an einem weiteren Konzept und stecken wieder fest. Sie mögen denken, dass Sie frei sind oder Sie mögen denken, dass Sie nicht frei sind; so oder so haben Sie sich eine neue Falle geschaffen. Was also tun? Es scheint keine Lösung zu geben – und tatsächlich gibt es nichts zu tun. Wir können nichts tun, wirklich, außer den nächsten Schritt zu machen.

Der Buddha sah, dass das Leben Leiden ist, *duhkha*. Wenn wir also dem Leiden entkommen wollen, haben wir ein großes Problem. Doch es gibt eine Möglichkeit, damit umzugehen: Wir können das Leiden und der Schmerz *sein*. In der Tat rührt daher unser Mitgefühl für andere. Leben ist Schmerz und alle Lebewesen empfinden Schmerz. Ihr Schmerz und mein Schmerz sind der Schmerz aller Lebewesen. Es fällt schon schwer genug zuzugeben, dass wir unser Schmerz sind; können wir zugeben, auch der Schmerz von allen anderen Wesen zu sein? Das ist schwer zu verdauen! Doch wenn wir der Schmerz aller Wesen sind, sind wir auch die Abwesenheit des Schmerzes aller Wesen – Nirwana, die Befreiung vom Leiden, Buddha.

Versuchen Sie, sich davon eine Vorstellung zu machen! Wenn Sie sich vorstellen können, Buddha zu sein, dann sind Sie es nicht. Doch Sie sind Buddha, auch wenn es unvorstellbar ist. Der plötzliche Pfad besteht darin, dies in einem einzigen Augenblick zu realisieren, und darum geht es wirklich im Zen. Es benötigt keine Zeit, um zu erkennen, wer Sie sind.

Wo ist also das Problem? Es gibt eine Geschichte über einen Mönch, der zu seinem Lehrer geht und ankündigt: „Ich habe das Koan gelöst, ich habe mein Selbst losgelassen." Der Lehrer antwortet: „Dann trage es weiter!" Schaffen Sie das Problem erst gar nicht; klettern Sie einfach von dem hundert Meter hohen Mast herunter. Von der Spitze aus sieht jeder Schritt Furcht erregend aus. Rund herum ist der Abgrund, das Unbekannte. Das Einzige, was bleibt, ist, den nächsten Schritt zu machen.

Egal, wo wir sind, der nächste Schritt ist immer *jetzt*. Die Vergangenheit und Zukunft sind bloß Konzepte. Es gibt nur das Jetzt, die ewige Gegenwart, und da wir uns das nicht vorstellen können, müssen wir es *sein*. Aber wie? Die wahre Gegenwart ist *Nicht-Gegenwart!* Da ist nichts zwischen der Vergangenheit und der Zukunft. Was bedeutet das? Nichts! Die ewige Gegenwart ist nichts. Warum also vorgeben, etwas zu sein? Es gibt absolut keine Hoffnung, kein Entkommen und keine Lösung. Es gibt keine Befreiung; es gibt kein Nirwana. Es gibt kein Leiden, keine Hölle, kein *duhkha*. Es ist alles Illusion.

Leiden ist Illusion und Freiheit ist Illusion. Um diese zwei zu überschreiten, müssen wir beide umfassen. Wir müssen Leiden *und* Befreiung sein, Samsara *und* Nirwana. Wie der Buddha lehrte, ist das Anhaften stets die Ursache für das Leiden – also haften Sie weder an dem einen noch an dem anderen. Haften Sie an keinem Konzept, sei es erleuchtet oder verblendet. Und dennoch – wenn Sie annehmen, dass Sie sich von Anhaftung befreit haben, stecken Sie schon fest.

Es gibt wirklich keine Hoffnung – das versuche ich hiermit zu sagen. Mehr gibt es nicht zu verstehen! Wenn Sie dies erkennen und bereit sind, es zu leben und zu manifestieren, sind Sie ein Buddha. Und wenn Sie sich dafür entscheiden, das Leiden der Welt als Ihr eigenes Leiden zu umarmen, sind Sie ein Bodhisattva. Wir haben nicht wirklich eine Wahl, also können wir genauso gut groß tun und uns dafür entscheiden. Dann sind wir zumindest ein wahrer Mensch, der dieses Leben aus freien Stücken gewählt hat. Wir entscheiden uns, als Mensch zu leiden, weil alle Lebewesen leiden. Wir spielen nicht länger Opfer und werden zum Meister, zur Meisterin unseres Lebens.

Sich unserem Leben zu verpflichten, dazu, wer wir wahrhaft sind, bedeutet, dass wir aufhören, unserem eigenen Leiden entfliehen zu wollen. Wir können alle möglichen Formen des Leidens haben oder einfach nur ein einziges, großes Leiden. Es kann allmählich sein oder plötzlich. Wir haben ein Koan: „Kann ich wirklich nichts tun?“ Wenn ich mit dem Koan eins werde, dann *bin* ich nichts. Doch wenn ich nichts bin, dann bin ich auch alles – Big Mind, grenzenlos, unendlich, ungeboren, unsterblich. Big Mind umfasst alles – jeden Baum, jeden Berg, jedes Insekt, jede Person.

Sie sind alle Wesen, und alle Wesen leiden – also ist der Versuch, dem Leiden zu entkommen, dasselbe wie der Versuch, zu entkommen, wer Sie sind. Es gibt keine Lebewesen getrennt von Buddha und keine Buddhas getrennt von Lebewesen! Wenn wir uns für das Leiden aller Wesen öffnen, können wir das Leiden des einen Wesens nicht von dem Leiden des anderen abspalten. Dann manifestiert sich das Mitgefühl auf ganz natürliche Weise. In dem Augenblick, in dem wir eine Trennung vornehmen, verfallen wir in *duhkha*. Es gibt wirklich keine Wahl, warum also geben wir nicht einfach unseren Kampf und Widerstand auf? Warum entscheiden wir uns nicht dafür, es zu sein?

Wie passt Nicht-Wissen zu all dem? Wir wissen bereits, dass Wissen ein Konzept, eine Täuschung ist; aber das gilt auch für Nicht-Wissen. Wir müssen über die Dualität hinausgehen und beide Aspekte umfassen, Wissen und Nicht-Wissen, ohne an einem von beiden anzuhaften. Wäre das dann allmählich oder plötzlich? Es ist beides! Nehmen wir mal an, dass Sie augenblicklich erkennen, wer Sie sind; manifestieren Sie diese Realisation dann auch augenblicklich? Nein, das ist der allmähliche Bestandteil. Und wenn Sie sich ansehen, wie Sie zu dieser Erkenntnis gekommen sind: Haben Sie diese ganz plötzlich, ganz ohne Vorarbeit erlangt? Nein, das ist ein weiterer allmählicher Bestandteil. Die Erkenntnis ist immer plötzlich, doch alle möglichen Ereignisse können dafür die Grundlage bilden.

Maezumi Roshi sagte immer, dass es in der Zen-Praxis um Wachsen oder Reifen geht. Eine Definition von Reife ist die Fähigkeit zur Verantwortung – fähig sein, auf die vorliegende Situation zu antworten oder angemessenen zu reagieren. Doch um dies tun zu können, müssen wir wirklich im Augenblick gegenwärtig sein. Unsere Zen-Praxis kommt immer wieder auf die Grundlage zurück, achtsam und bewusst zu sein. Wenn wir achtsam sind, haben wir zumindest die Chance, angemessen zu reagieren. Doch wenn unsere Reaktion unserem Selbst oder Ego entstammt, dann ist sie fast nie angemessen. Wir müssen das Selbst aus dem Bild herausnehmen, damit das Mitgefühl frei wirken kann. Die Zen-Praxis lehrt uns, dies zu tun, aber natürlich kehrt das Selbst andauernd wieder zurück. Deshalb erfordert unsere Praxis Kontinuität. Dogen Zenji beschrieb es folgendermaßen: „Praktiziere, erkenne, lass los! Erhebe den Bodhi-Geist, praktiziere, erkenne, lass los!“ Endlose Praxis – das ist unser Leben.

Dieses Leben ist wahrhaft endlos und ohne Anfang. Wir wurden niemals geboren; wir sind ungeboren – und was ungeboren ist, stirbt nie. Sie und ich hatten von Anfang an kein Leben. Was wird dann in jedem Moment geboren? Die Illusion des Selbst – und daran können wir uns nicht festhalten, selbst wenn wir es versuchen. Die Illusion des Selbst aufrechtzuerhalten, wird fortwährend schwieriger. Sind Sie nicht bereits müde, erschöpft und gelangweilt? Warum geben Sie es nicht einfach auf? Wer hat denn diese Welt erschaffen? „Ich war's!" Nicht: „Wir waren es." Ich war es und Sie waren es. Wer zerstört diese Welt und all seine Wesen? „Ich bin's!" Wer streckt seine Hand aus, um alle Wesen zu retten? „Ich bin's!" Ich bin *die* Ursache – der Oberschurke und auch der Retter. Ich bin all das.

35

Joshus Steinbrücke

Joshu manifestierte einfach, wer er war –
ein wahrer Mensch, weit jenseits von menschlich
und Buddha.

ICH MÖCHTE GERNE ein wundervolles Koan über einen Mönch mit Ihnen teilen, der Meister Joshu begegnete. Meister Joshu ist berühmt für seinen Umgang mit Worten, der in der gesamten Geschichte des Zen als unübertroffen gilt. Er besaß die einmalige Gabe, Situationen oder Fragen als Koans auszudrücken, und viele dieser Koans wurden in die wichtigsten Koansammlungen aufgenommen. Dieses spezielle Koan ist ein wunderbares Beispiel für Joshus geniale Gabe. An der Oberfläche ist es sehr einfach und klar, aber auf einer tiefen Ebene enthält es den gesamten Pfad der Zen-Praxis, vom ersten Ochsenbild bis hin zum letzten.

Etwas Hintergrundwissen über Joshu kann uns dabei helfen, die im Koan beschriebene Situation besser zu verstehen. Joshu begann mit der Praxis, nachdem er seinem Lehrer Nansen begegnete; er war gerade 18 Jahre alt. Schon in diesem jungen Alter besaß er ein gewisses Verständnis. Joshus erste Frage an Meister Nansen war: „Was ist das Tao, der Weg?“ Obwohl Joshu sein Training mit großem Verlangen und tiefer Einsicht begann, begann er erst mit 84 Jahren zu lehren. Es lag nicht daran, dass er so langsam lernte – er wurde in seinen Vierzigern zum Nachfolger ernannt –, sondern daran, dass er mit seinem Verständnis nicht leicht zufrieden war. Im Alter von 62 Jahren, nach dem Tod von Nansen, verließ er das Kloster und besuchte viele verschiedene Zen-Meister, um von ihnen zu lernen. Es spielte keine Rolle, ob sie älter oder jünger als er selbst waren. Joshu schwor sich, von jedem zu lernen, der ein tieferes Verständnis hatte, und er gelobte auch, jeden zu unterrichten, der von ihm lernen könnte.

Stellen Sie sich also vor, Sie würden in der Haut eines jungen Mönchs stecken, der dem ehrwürdigen Meister Joshu zum ersten Mal begegnet. Zur Zeit der Begegnung in diesem Koan war Joshu bereits ein sehr alter Mann, so zwischen 84 und 124, seinem Todesjahr, alt. Natürlich muss der Mönch bereits von dem legendären Joshu gehört und vermutlich vor ihrer Begegnung schon jede Menge Erwartungen entwickelt haben. Nachdem er sehr weit gereist war, stand er endlich dem Meister von Angesicht zu Angesicht gegenüber. Was passierte als Nächstes? Der Mönch platzte heraus: „Ich habe viel von der außergewöhnlichen und wunderschönen Steinbrücke des Joshu gehört, und doch finde ich hier nur eine schlichte Holzbrücke vor!" Joshu antwortete: „Weil du nur die Holzbrücke siehst, kannst du die Steinbrücke des Joshu nicht erkennen."

Wie können wir dieses Koan für unsere Praxis nutzen? Es fällt nicht schwer, sich mit dem Mönch zu identifizieren, der offensichtlich von dem enttäuscht wurde, was er vorfand. Vielleicht hatten Sie schon einmal die Gelegenheit, einen angesehenen Lehrer zu treffen, und können sich diese Erinnerung wieder vergegenwärtigen. Oder Sie stellen sich einfach eine solche Begegnung vor. Aber um wirklich zum Kern dieses Koans vorzudringen, müssen wir uns fragen: „Was für Vorstellungen hege *ich* über solch ein erwachtes und vollendetes Individuum? Was habe ich für Vorstellungen darüber, was es heißt, spirituell zu sein?" Wir alle haben in dieser Richtung unsere persönlichen Vorlieben: Entweder wollen wir spirituell sein oder wir wollen nichts mit der

Spiritualität zu tun haben. Solche Ideen zu unterdrücken, wird sie nicht beseitigen; alles, was wir unterdrücken, kommt irgendwann später mit aller Macht zu uns zurück. Doch es geht darum, dass uns diese Ideen blenden können, genauso wie sie den Mönch geblendet haben. Unsere Meinungen können uns davon abhalten, dasjenige zu erkennen oder zu verwirklichen, was wir uns wirklich wünschen. Daher müssen wir uns unsere Ideen anschauen; was heißt es, spirituell zu sein, etwas erreicht zu haben, erwacht und erleuchtet zu sein? Solche Konzepte sind hartnäckig und hinterlistig – schwer zu erkennen und noch viel schwerer zu beseitigen.

Nun, Joshu erschien nicht immer als eine morsche Holzbrücke. Es gab da eine Zeit in seinem Leben, in der er eine deutlich erkennbarere Größe und Würde manifestierte. Am Anfang war seine Lehre von einer gewissen „Unreife" gekennzeichnet. Im Zen betrachten wir die ersten zehn Jahre der Praxis als Kleinkindphase und die nächsten zehn Jahre als Kindheit. Die darauffolgenden zehn Jahre sind die Jugendzeit. Es kann also vierzig oder mehr Jahre dauern, bis wir erwachsen sind und eine gewisse Reife erreichen. Die Begegnung in diesem Koan findet zu einer Zeit statt, in der Joshu schon längst keine Show mehr aus seiner Größe machen musste. Er war bereits so weit über ein Selbstbewusstsein hinausgelangt, dass seine Begegnung mit diesem Mönch dem Spiel mit einer kleinen Kaulquappe glich. Joshu war in gewisser Weise sehr freundlich; aber zugleich zerfetzte er den Mönch in kleine Stücke. Joshus Antwort saß wie ein passender Handschuh: „Jawohl, du siehst keine großartige Brücke, aber das liegt nur an deinen Erwartungen."

Sie dürfen nicht missverstehen, was Joshu hier sagt. Er lehrte seit zwanzig Jahren und studierte den Dharma seit beinahe hundert Jahren, als ihm dieser freche junge Mönch begegnete. Joshu vermittelte dem Burschen keine verwässerte Lehre. Ein so vollendeter Meister würde niemals annehmen, dass eine Gelegenheit zu lehren weniger wichtig als eine andere sei oder dass ein Schüler sie weniger als andere verdiene. Jede Situation bietet eine einmalige Gelegenheit, zu lehren und zu lernen, bietet die Gelegenheit, sich wahrhaft zu begegnen. Für Joshu würde eine Unterscheidung zwischen Lehren und Nicht-Lehren für Joshu keinen Sinn ergeben; er war weit über solch dualistisches Denken hinausgelangt. Genauso lag Joshus Gewöhnlichkeit nicht daran, dass er nicht außergewöhnlich war, sondern einfach daran, dass er weit darüber hinaus war, irgendetwas beweisen zu müssen. Er enthüllte einfach alles – wer er als Mensch war.

Joshu war deshalb ein außergewöhnlicher Lehrer, weil alles, was er sagte, mit großer Präzision und Einsicht zu der Einzigartigkeit der jeweiligen Situation passte. Die Umstände veränderten sich natürlich andauernd, und jeder Schüler stellte eine einmalige Frage, doch Joshus Antworten waren immer perfekt darauf abgestimmt. Warum fällt es uns so schwer, eine Antwort auf die Situation zu finden, in der wir uns gerade befinden? Warum sollte nicht alles, was wir tun und sagen, perfekt zu der gegenwärtigen Situation passen? Denken Sie einmal darüber nach, was alles nötig wäre, um Meister Joshus Grad der Verwirklichung zu erreichen. Wir müssten uns völlig im Einklang mit dem Moment befinden und eins mit der Situation sein. Und es könnte auch nicht den Hauch eines Selbstbewusstseins oder Bestrebens, irgendeiner Norm zu entsprechen, geben. Wenn Joshu sich darüber Sorgen gemacht hätte, immer alles richtig zu machen, dann hätte nicht jede seiner Unterweisungen passend und angemessen sein können. Aber bedenken Sie, dass Joshu viele Jahre damit zubrachte, seinen Geist zu leeren. Sein Geist glich einem Spiegel, der einfach jede Situation vollkommen reflektierte. Genauso war es mit Buddha. Bei solch zutiefst erleuchteten Menschen ist jede Geste der Dharma. Als der Buddha die Lehre an Mahakashyapa übertrug, hielt er einfach nur eine Blume hoch. In dem Moment war das Emporheben der Blume eine natürliche und alltägliche Geste; sie war nicht geplant. Buddha hob eine Blume empor und Mahakashyapa erkannte, worum es ging.

Um solch eine Präsenz manifestieren zu können, musste Joshu erst einen gewissen Grad der Befreiung vom Leiden erreichen, einen gewissen geistigen Frieden erlangen, und damit einhergehend entsteht Verständnis. Wann immer wir ein neues Verständnis erreichen, neigen wir dazu, uns daran festzuklammern. Der Mönch dachte, dass er ein gewisses Verständnis erlangt habe, aber tatsächlich war er bloß ein Anfänger, der immer noch nach besonderen Eigenschaften oder Zeichen der Erleuchtung Ausschau hielt. Joshu hatte das schon lange hinter sich; er war weit über die Anhaftung an irgendeinem Verständnis hinausgelangt. Joshu hatte etwas erreicht, was wirklich selten ist, selbst unter den historisch großartigen Vorfahren: Er wurde vollkommen schlicht und alltäglich. Das klingt vielleicht sehr einfach, aber das ist es nicht. Um so zu sein, müssen Sie wirklich alles loslassen!

Niemand will das hören, geschweige denn umsetzen. Nachdem wir eine Weile praktiziert haben, wollen wir etwas haben, das wir vorzeigen können. Doch wenn wir wirklich weiter vorankommen und wachsen wollen, dann müssen wir bereit sein, unsere Anhaftung an unsere Ideen, Konzepte, Überzeugungen und unser Verstehen zu betrachten, und dann müssen wir sie allesamt loslassen. Genau das hat Joshu in seiner Praxis erreicht – und das ist ebenso der Grund, warum es außer ihm nur so wenige geschafft haben. Joshu hat alles aufgegeben, insbesondere das, was an Erleuchtung denken ließ. Er gab das alles auf, um ein schlichter, gewöhnlicher Mensch zu werden.

Auf einer bestimmten Ebene sind wir natürlich alle Menschen. Doch wie viele Menschen kennen Sie, denen es vollkommen gelungen ist, mit ihrer Alltäglichkeit eins zu werden? Der Spielfilm *American Beauty* illustriert die Abneigung, die wir gegen unsere Schlichtheit hegen können. Für die junge Frau in dem Film war Alltäglichsein das Schlimmste, was Sie sich vorstellen konnte. Nun, vielleicht halten wir uns ja für sehr alltäglich und gewöhnlich, aber es dabei zu belassen, ist Furcht erregend. Es ist sogar unamerikanisch! Wer will sich schon damit zufriedengeben, nichts Besonderes zu sein – und sich damit auch noch wohlfühlen? Bevor wir uns wahrhaft erlauben können, alltäglich zu sein, müssen wir uns natürlich erst mit uns selbst zu Hause fühlen – damit, wer wir wirklich sind. Wir müssen mindestens einmal die Erfahrung machen, ganz, vollkommen und einzigartig zu sein. Aber nach dieser Erfahrung wird die Praxis zu einem langen Kampf, um jede Spur davon zu beseitigen. Dies wird zu einer lebenslangen Praxis und Joshu nutzte sein langes Leben, um so weit zu kommen.

Ich hatte zu meinem Glück ein letztes Treffen mit Yamada Roshi, kurz bevor er verstarb. Er war etwas über achtzig, und er praktizierte seit seiner Jugend. Außerdem hatte er zusammen mit einigen anderen großartigen Lehrern studiert, einschließlich Harada Roshi und Yasutani Roshi. Bei unserem Treffen war Yamada Roshi ein höchst verwirklichter Meister. Er erzählte mir etwas, das ich niemals vergessen werde. Er sagte: „Weißt du, erst mit siebzig Jahren war ich so weit, dass ich mich keinen Deut mehr darum scherte, was die Leute von mir sagten oder dachten. Jetzt kümmere ich mich einfach nicht mehr darum!" In den vorausgegangenen Jahren hatten die Leute immer wieder darüber getratscht, was für merkwürdige Dinge Yamada Roshi bisweilen trieb. Manchmal gab er sogar verschiedenen Schülern unterschiedliche Antworten auf ein und dasselbe Koan. Bizarres Verhalten! Vielleicht würden Sie das auch denken, wenn Sie einer seiner Schüler gewesen wären. Maezumi Roshi hat auch so einige bizarre und herausfordernde Dinge getan, die mir peinlich waren. Wer will schon sehen, wie sein Lehrer sich selbst zum Narren macht? Wir wollen, dass unser Lehrer oder unsere Lehrerin eine gute Figur abgibt, vor allem, wenn andere dabei zusehen. Nichtsdestotrotz kann das, was uns wie bizarres Verhalten vorkommt, tatsächlich eine wertvolle Lehre sein. Solange wir nicht für diese Möglichkeit offenbleiben, verpassen wir womöglich, worum es eigentlich geht.

Wenn wir uns der Zen-Praxis zuwenden, haben wir alle hohe Ziele. Wir wollen den Berg besteigen – und natürlich müssen wir es auch! Wir können diese Praxis nicht verwirklichen, solange wir nicht die Sichtweise des Big Mind erfahren haben. Wir müssen unsere völlige Einzigartigkeit und unser Einssein erfahren, genauso wie Shakyamuni Buddha, als er verkündete: „Unter dem Himmel und auf der Erde bin ich allein der Welt-Verehrte!“ Aber wir müssen auch diese Erfahrung überschreiten. Wir müssen den Berg besteigen, damit wir genug Vertrauen haben, es alles wieder loszulassen.

Yasutani Roshi kicherte öfter mal in sich hinein und sagte: „Nach dem Erwachen brauchte ich zehn Jahre, um diese Erleuchtung loszulassen.“ Anders gesagt, hatte er sie sogar nach zehn Jahren noch nicht ganz loslassen können. Als ich das zuerst hörte, dachte ich: „Wow, was für eine tiefsinnige Aussage!“ Aber es war gar keine so tiefsinnige Aussage; es war die Wahrheit. Er war einfach aufrichtig: „Ja, ich habe vor zehn Jahren diese Erfahrung gemacht, und es gibt immer noch Fäden der Anhaftung.“

Einerseits kann es uns etwas deprimieren, dass Zen eine solch langfristige Praxis ist. Andererseits können wir Zen auch als ewige Praxis betrachten. Diese Praxis wird für immer andauern. Endlose Praxis heißt endloses Leben. Den Pfad zu vollenden, ist ein ewig währender Vorgang. Ich liebe Bassuis Aussage hierüber: „Sie brauchen sich keine Sorgen zu machen, falls Sie sterben, bevor Sie die so genannte Vollendung erreicht haben; die Arbeit dieses Lebens wird einfach in der Zukunft fortgesetzt.“ Ist das denn nicht offensichtlich? Wenn Sie eine Brücke erbauen und für eine Weile die Arbeit unterbrechen, dann können Sie doch auch jederzeit zu Ihrem Werk zurückkehren. Es ist immer noch dasselbe Projekt; wir verlieren es nur für eine Weile aus den Augen.

Selbst heute noch betrachten wir Joshu als Beispiel einer höchst verwirklichten Person. Aber er lebte vor langer Zeit im

China des achten Jahrhunderts und wir fragen uns daher vielleicht, was es bedeutet, im 21. Jahrhundert ein verwirklichtes Individuum zu sein. Dies ist ein ganz anderes Behältnis für den Dharma, eine andere Kultur und eine andere Zeit. Es ist wichtig, an keinen Ideen oder Konzepten über Zen festzuhalten, sonst enden wir noch wie ein Eisblock, unfähig, uns im Fluss der Form des neuen Behältnisses anzupassen. Jedoch kann uns das intuitive Verständnis, das wir durch unser Sitzen erlangen, als eine Art Richtlinie dienen. Wenn wir Big Mind am eigenen Leib erfahren haben, dann wissen wir, dass wir über uns selbst, unser Verständnis und unseren dualistischen Geist hinausgehen müssen, um unsere Erkenntnis wirklich zu leben. Wir wissen auch, dass das erleuchtete Leben verlangt, uns und alle anderen zu umfassen. Big Mind umfasst alles, also bedeutet, dieses Gewahrsein zu leben, dass wir alle Aspekte des Lebens einschließen müssen: unseren Körper und Geist, unsere Stärken und Schwächen, unsere männlichen und weiblichen Seiten, unsere Brillanz und unsere Dummheit, unsere Erleuchtung und unsere Verblendung.

Joshu umfasste, wer er war, voll und ganz. Er hatte nichts zu verbergen und alles zu geben. Er war ein vollständig integriertes menschliches Wesen. Wir können versuchen, uns vorzustellen, wie er gewesen sein muss, aber was wir wirklich entdecken müssen, ist, was es heißt, hier und jetzt ein integriertes menschliches Wesen zu sein. An dieser Stelle kommt Zazen – jede Menge davon – ins Spiel. Aber in der heutigen Zeit können die wenigsten von uns es sich erlauben, die ganze Zeit einfach nur zu sitzen. Wir müssen also lernen, die Integration in all unsere täglichen Aktivitäten zu bringen, Moment für Moment und das den ganzen Tag über. Wir müssen auch über jede Vorstellung hinausgehen, wie dies auszusehen hat. Wir brauchen nicht wie Mutter Teresa die Armen zu ernähren, um unsere Erkenntnis in unser Leben zu bringen. Der Spaziergang mit meinem Hund kann zum wichtigsten Teil meines Tages werden, wenn dies die Handlung ist, bei der ich am stärksten integriert bin. Das Geschirrspülen kann der bedeutendste Moment unseres Tages sein, falls wir in diesem Augenblick wirklich nichts anderes tun als Geschirr spülen. Wir wollen alle etwas wirklich Großartiges, Nobles, Aufregendes, Hilfreiches und Sinnvolles vollbringen, doch der Hund muss trotzdem immer noch Gassi gehen.

Alle Ideen darüber, etwas Besonderes zu tun oder jemand Besonderes zu sein, werden zu einer Barriere für unsere Praxis. Ein weiteres Koan über Joshu erzählt hiervon, und es ist ein sehr gutes Beispiel für die vielschichtige Lehre, für die Joshu berühmt ist. Joshu trifft also einen weiteren neu angekommenen Mönch. Joshu fragt: „Hast du bereits gegessen?" „Ja." „Dann spüle deine Schalen ab." Dies ist eine tiefsinnige Lehre; der große Meister Joshu fordert uns auf: „Abspülen!" Auf einer Ebene fragt Joshu: „Bist du bereits erwacht?" Ja? „Dann wasch es weg!" Alle Spuren unserer Realisation wegspülen? Das ist hart!

Auf der Küchenspül-Ebene ist die Lehre Joshus genauso tiefsinnig: „Du hast ein paar Teller schmutzig gemacht, also spül sie auch ab!" Scheint es nicht so, als ob wir für immer abspülen würden? Da ist jedes Mal noch etwas mehr Geschirr zum Spülen, noch eine Fläche zum Abwischen. Doch verstehen Sie auch, was Joshu sagt? *Das ist Es!* Sie brauchen gar nicht nach etwas Tiefgründigerem zu suchen; allein hinter sich selbst herzuräumen, kann schon eine gewaltige Praxis sein. Warten Sie keinen Tag länger auf ein großartiges Satori; es ist hier und jetzt – die Küche aufräumen, unsere Wäsche aufhängen, unsere Schuhe ordentlich verstauen. Sie können Ihre Realisation nicht deutlicher leben als so.

Joshu zeigte uns, was es heißt, ein *wahres* menschliches Wesen zu sein. Dieses *wahr* transzendiert richtig und falsch, ja und nein. An einem bestimmten Punkt unserer Praxis machen wir die Erfahrung des Nicht-Selbst: Buddha zu sein, ein erwachtes Wesen, kein menschliches Wesen. An einem weiteren Punkt treffen wir dann die bewusste Entscheidung, zurück in die Welt des Leidens zu gehen, um wieder ein menschliches Wesen zu sein. Joshu umfasste seine Menschlichkeit, nicht etwa, weil er keine Wahl gehabt hätte, sondern weil er über den Widerstand gegen das Leiden und die Suche nach der Befreiung hinausgegangen war. Joshu manifestierte einfach, wer er war – ein wahres menschliches Wesen, weit jenseits von Mensch und Buddha.

36

Die globale Sangha

Während sich unser Bewusstsein entwickelt, werden wir offener für das Leiden der Welt und verletzlicher, und es wird Zeiten geben, da wir uns all dem verschließen wollen. Doch unsere Praxis besteht darin, uns wieder und wieder zu öffnen.

SONNTAGMORGENS haben wir im Kanzeon Zen Zentrum in Salt Lake City eine Klasse, die offen ist für alle, für neue Besucher wie für die alten Hasen der Zen-Praxis. Ich möchte in dieser Klasse ein Zen lehren, das wirklich den westlichen Geist anspricht. Für mein Gefühl hat jeder, der durch die Tür hereinkommt, bereits jede Menge Hindernisse überwunden, daher will ich keine weiteren Barrieren errichten. Meine Hoffnung besteht darin, dass sich alle willkommen und wohl fühlen, damit sie sich entspannen und mit offenem Geist zuhören können.

Natürlich besteht darin auch eine Gefahr, wenn wir uns die Dinge zu bequem einrichten. Wenn wir im Zen-Zentrum alles völlig an den durchschnittlichen Amerikaner anpassten, wäre es dann noch Zen? Wie entscheiden wir, welche Elemente der Tradition wegfallen können, damit es Westlern leichter fällt zu praktizieren? Solche Entscheidungen wollen gut überlegt sein, und vielleicht ist es am sichersten, wenn wir nur kleine Schritte in Richtung Veränderung unternehmen. Auf diese Weise besteht ein geringeres Risiko, irgendetwas von dem zu verlieren, was wahre Zen-Praxis ausmacht. Wir müssen auch das Mysterium des Dharma respektieren und vermeiden, ihn auf etwas Verständliches zu reduzieren. Im „Vers zur Eröffnung des Sutra“, einem alten Vers, der vor Teishos und Dharma-Vorträgen rezitiert wird, heißt es: „Dem Dharma, geheimnisvoll und unerschöpflich, ist selbst in unzähligen Leben kaum zu begegnen.“ Wir müssen den Dharma in all seiner Bedeutung und Rätselhaftigkeit anerkennen, und wir sollten diese seltene Gelegenheit, den Dharma zu hören und zu praktizieren, nicht ungenutzt verstreichen lassen.

Die Sonntagmorgengruppe ist wirklich ein sehr durchmischter Haufen. Einige Leute werfen sich richtig in Schale, andere tragen Alltagskleidung. Es sind Erwachsene aller Altersgruppen vertreten und sogar ein paar Kinder. Menschen aus unterschiedlichen Kulturen und Ethnien sind bei uns. Ganz eindeutig ist die Sangha von heute eine ganz andere als die Sangha der Vergangenheit und daher hat sie auch andere Bedürfnisse. Die ursprüngliche Sangha bestand aus Mönchen, *bhikkhus*. Ein wenig später öffnete Buddha sie auch für Nonnen, *bhikkhunis*. Weil die Sangha nur auf Mönche und Nonnen beschränkt war, blieben viele Menschen außen vor. Der Buddha hatte Tausende Anhängerinnen und Anhänger, doch im Vergleich zur Größe der gesamten Weltbevölkerung war das nur eine winzig kleine Anzahl. Heutzutage umfasst die Sangha jeden Menschen, der die buddhistischen Richtlinien angenommen hat, und dazu kommen die Frauen und Männer, die ein monastisches Gelübde abgelegt haben. Obwohl mittlerweile weltweit viele Hundert Millionen Menschen Buddhismus praktizieren, glaube ich, dass es an der Zeit ist, die Bedeutung des Begriffs Sangha noch etwas weiter auszudehnen.

Die moderne Welt unterscheidet sich stark von der Welt zur Zeit des Buddha. Der vielleicht wichtigste Unterschied ist die Tatsache, dass heute vieles von dem, was wir tun, globale Auswirkungen hat. Es wird immer offensichtlicher, dass die Erde wie eine Art Schiff ist – Raumschiff Erde. Gemeinsam werden wir von Bedrohungen wie Asteroiden oder Kometen heimgesucht, aber wir werden auch mit genauso gefährlichen, aber selbst verursachten Bedrohungen konfrontiert. In einem Sprichwort heißt es, dass selbst der Flügelschlag eines Schmetterlings die Zustände am anderen Ende der Welt beeinflussen kann. Die moderne Technologie hat die möglichen Auswirkungen unseres menschlichen Handelns quasi ins Unendliche vervielfacht. Wir werden mittlerweile wirklich von Ereignissen auf der anderen Seite der Welt beeinflusst, und wir können es uns nicht länger leisten vorzugeben, dass dem nicht so wäre. Diese unsere Erde ist in der Tat ein ziemlich kleines und zerbrechliches Boot.

Zum ersten Mal in der Geschichte ist es relativ leicht, sich über die Ereignisse rund um den Erdball zu informieren. Trotzdem führt das Informiertsein nicht automatisch dazu, sich auch ernsthafte Gedanken über die weltweiten Vorgänge zu machen. Als ich darüber nachgedacht habe, was nötig ist, damit wir aufrichtiges Interesse und umfassende Sorge entwickeln, fiel mir ein bemerkenswertes Muster auf: Globales Gewahrsein scheint zur selben Zeit zu entstehen, in der unsere spirituelle Reise beginnt. Die Suche nach Wahrheit, Bedeutung, Erleuchtung und Verbundenheit scheint gleichzeitig mit einer Wertschätzung unserer irdischen Verbundenheit aufzutauchen – ein Gewahrsein des Raumschiffs Erde.

Da sind noch einige weitere interessante Dinge, die sich ereignen, sobald wir die Verbundenheit aller Dinge zu erkennen beginnen und zur Suche nach der Wahrheit aufgebrochen sind. Zum Beispiel werden wir uns des Karmas immer bewusster, sehen, wie unsere Handlungen jeden Menschen, uns selbst eingeschlossen, beeinflussen. Wir werden uns auch der Leiden anderer bewusster. Während sich unser Bewusstsein noch weiter entwickelt, werden wir stetig offener für das Leiden der Welt und verletzlicher. Manchmal überwältigt uns all der Schmerz einfach, so dass wir vielleicht versuchen, zuzumachen und unsere Augen für eine Weile zu verschließen. Aber unsere Praxis besteht darin, uns wieder und wieder zu öffnen und niemals unsere Verbundenheit und unser absolutes Einssein mit allen Lebewesen zu vergessen. Wir üben, über das Ego hinauszugehen, über uns als Individuen, damit wir uns mit dem Ganzen identifizieren können.

Buddha heißt „der Erwachte", jemand, der oder die völlig bewusst ist. In aller Kürze ist es das, was auch *Zen* bedeutet. Zen zu praktizieren, bedeutet, das Erwachen zu erfahren, immer bewusster zu werden, ein Buddha zu werden. Wie viele Menschen praktizieren von diesem Standpunkt aus gesehen Zen? Wir könnten sagen, dass jeder Mensch, der die Wahrheit sucht, Zen praktiziert. Darüber hinaus sind dann alle Suchenden Teil der Sangha, da sie nach größerem Gewahrsein streben. Meister Rinzai wandte sich demzufolge an alle Suchenden, wenn er seine Vorträge mit den Worten begann: „Ihr Anhänger des Weges ..." Alle Suchenden folgen dem Weg.

Über welchen *Weg* sprechen wir, wenn wir von „dem Weg" reden? Das Wort *Weg* verwenden wir hier im Sinne des chinesischen Wortes *Tao*, wie in Taoismus. Es bedeutet „der Weg", aber es impliziert auch *„meinen"* Weg. Dem Weg zu folgen, heißt nicht das, was wir vielleicht denken mögen; es bedeutet nicht, dass es einen schmalen Pfad gibt, dem wir folgen sollten, so wie einer engen Pflasterstraße, der wir bis zum Ende des Regenbogens folgen. *Ihr* Weg ist der Weg und *Ihr* Leben ist der Pfad.

Als Anhängerinnen und Anhänger des Weges erwachen wir – wir werden bewusster und achtsamer gegenüber dem, was das Leben ist und wie weit es sich erstreckt. Dieses Leben ist nicht annähernd so klein, wie wir zu glauben meinen. Denken Sie nur daran, wie viele Familienmitglieder, Freundinnen und Freunde davon beeinflusst werden, was Sie an einem ganz normalen, typischen Tag so tun. Dann bedenken Sie, mit wie vielen Menschen Sie tagtäglich in Kontakt treten – und beschränken Sie sich hierbei nicht nur auf die Menschen, mit denen Sie bewusst in Verbindung stehen. Haben wir nicht alle schon einmal die Erfahrung gemacht, dass wir glücklich im Auto so vor uns hinfuhren und uns plötzlich ein anderer Wagen schnitt? Oft ist sich der Fahrer dieses Autos gar nicht bewusst, was da geschah, und trotzdem hätte seine Aktion leicht einen Unfall verursachen können. Was ich damit sagen will, ist, dass selbst unsere unbewussten Handlungen Konsequenzen haben; die Auswirkungen verbreiten sich und beeinflussen wiederum die Reaktionen anderer. Manchmal haben wir kaum bis gar keine Kontrolle über ein Ereignis, doch wir haben immer eine Wahl, wie wir darauf reagieren. Gewahrsein ist der Schlüssel, wenn wir das Karma reduzieren wollen, das wir verursachen. Jeder Tag bietet uns viele Gelegenheiten, uns selbst zu fragen: „Werde ich wirklich immer bewusster oder reagiere ich einfach nur aus Gewohnheit und vollkommen achtlos?"

Wir können uns vergewissern, dass unser Grad an Bewusstheit sich vergrößert, wenn sich unser Rahmen des Gewahrseins und der Sorge immer mehr erweitert. Das bedeutet, dass wir wahre Weisheit entwickeln – Gewahrsein der Verbundenheit und wechselseitigen Abhängigkeit aller Dinge. Unsere Fähigkeit, mitfühlend zu handeln, entspringt dieser Weisheit. Wenn wir von der Perspektive des Herz-Geistes ausgehen, dann erkennen wir nicht nur, dass alles miteinander verbunden, sondern dass alles *ich ist*! Wir sind eins, untrennbar und identisch. Somit erwächst Mitgefühl natürlicherweise aus unserer Meditationspraxis. Andererseits wird die Ichbezogenheit nicht einfach über Nacht verschwinden, nur weil wir einen flüchtigen Einblick in Big Mind erlebt haben. Nein, zu lernen, wie wir im täglichen Leben aus Big Mind heraus handeln können, ist ein allmählicher Prozess, und er erfordert anhaltende Bemühungen und eine starke Meditationspraxis.

Dogen Zenji fordert uns auf, so zu praktizieren, als ob unser Kopf in Flammen stünde. Doch das tun nur wenige von uns wirklich. Bei genauerer Betrachtung müssen die meisten von uns zugeben, dass unser inneres Feuer eher von dem entfacht wird, was der Buddha die *Drei Gifte* genannt hat: unsere Gier, unser

Hass und unsere Unwissenheit. Haben wir dies erst einmal gesehen, fragen wir uns womöglich, ob die Aussage „mein Leben ist der Weg“ wirklich auf uns zutrifft. Aber es gibt etwas, das wir nicht bezweifeln sollten: Von den drei tödlichen Giften verzehrt zu werden und trotzdem *nicht* zu praktizieren, als ob unser Leben davon abhinge, bedeutet, in Verleugnung zu leben. Dann ignorieren wir die Lehre des Buddha. Macht uns das zu schlechten Menschen? Nein, das heißt bloß, dass wir uns dumm anstellen: Wir sind von Unwissenheit vergiftet.

Die Ignoranz oder Unwissenheit findet sich auch an der Wurzel der beiden anderen Gifte. Wegen unserer Ignoranz – weil wir alles als von uns getrennt betrachten – erleben wir Gier: Wir wollen, wir brauchen und wir werden niemals zufrieden sein. Die Täuschung der Getrenntheit bringt auch Ängste hervor. Wenn die anderen als von „mir“ getrennt und verschieden erscheinen, dann stellt jeder und jede eine potenzielle Bedrohung dar, selbst geliebte Menschen. Tatsächlich sind wir umso verwundbarer, je mehr wir jemanden lieben, und desto leichter können wir verletzt werden. Und sobald wir verletzt werden, reagieren wir normalerweise mit Wut; wir wollen zurückschlagen. Falls wir kein Gewahrsein in die Situation bringen und keine andere Reaktion wählen, kann unsere Wut sich weiter nähren und zum Hass anwachsen. Unsere gewohnten Reaktionen können uns, auf Unwissenheit gegründet, blindlings und kontinuierlich von einem Gift zum nächsten führen.

Es ist sehr wichtig, dass wir lernen, unsere Situation so einzuschätzen, wie sie wirklich ist, und dass wir uns der Drei Gifte bewusst werden; aber dies allein wird keinen Unterschied in unserer Lebensführung ausmachen. Die alten Gewohnheiten wie Gier, Wut und Unwissenheit lassen sich nur schwer verändern – aber sie können verändert werden. Es gibt viele Beispiele von Menschen, die sich selbst durch anhaltende und geduldige Bemühungen gewandelt haben. Auch wir können uns verändern und wandeln, indem wir an unseren Gewohnheiten und unserer

Reaktivität arbeiten. Wir können stets mitfühlender und weniger ichbezogen und zornig sein. Wir können bewusster und achtsamer werden, so dass sich unser Gewahrsein klarer und vollständiger ausdrückt. All diese Bemühungen sind die Praxis des Buddha-Weges.

Ich glaube auch, dass wir den Planeten als Ganzen beeinflussen, wenn wir unser normales Leben mit mehr Weisheit und Mitgefühl führen: Wir gleichen damit ein wenig die Wut und Angst in unserer Welt aus. An vielen Orten der Welt werden Kriege wegen Territorien, Politik und Religion geführt; aber anzunehmen, dass dies die *wahren* Streitpunkte seien, wäre bloß eine weitere Form der Ignoranz. Die meisten Kriege basieren schlicht auf Gier; eine Gruppe versucht, dasjenige zu übernehmen, was eine andere Gruppe besitzt. Also ist die Wurzel des Problems das Verlangen, Wollen und Streben nach mehr. Sobald dann etwas droht, verloren zu gehen, sind Wut und Angst die vorhersehbaren Reaktionen. Doch es gibt bessere Wege, darauf zu reagieren, und die Praxis der Meditation ist das beste Übungsfeld hierfür. Indem wir die Gifte der Gier und Wut in uns abkühlen, helfen wir dabei, mehr Weisheit und Mitgefühl in die Welt zu tragen.

Wir fangen natürlich bei uns selbst an, indem wir mit uns selbst und unserer eigenen Gier, Wut und Unwissenheit arbeiten; aber an einem bestimmten Punkt müssen wir über uns selbst hinausgehen, falls wir hoffen, je den ganzen Planeten zu retten. Unsere Welt wird von Gier verschlungen und uns gehen sowohl die Zeit als auch die Ressourcen aus. Es reicht nicht, sich nur des Problems bewusst zu werden. Wir müssen etwas *tun*. Eine der wichtigsten Aufgaben ist es, gegen unsere Neigung anzukämpfen, in Verleugnung zurückzufallen. Wir besitzen alle einen großen Widerstand dagegen, offen und gewahr zu bleiben. Es tut weh! Wir teilen den Schmerz der Welt, wenn wir wahrhaft erwacht und präsent sind, deshalb bedarf es eines starken Engagements und großer Anstrengung, um unser Gewahrsein weiter auszudehnen. Wir müssen auch weitergehen: Wir müssen uns auf die Weisheit und das Mitgefühl stützen, die dem Gewahrsein entstammen und *handeln*. Wenn wir uns retten wollen, müssen wir als Team arbeiten – als eine Welt. Die Praxis des Zen ermächtigt uns mit einer einzigartigen Orientierung, mit den Problemen der Welt umzugehen. Im Buddhismus ging es schon immer darum, zur Wurzel des Problems vorzudringen. Das bedeutet nicht, dass wir die Zweige vernachlässigen sollten, doch wenn wir das Problem wirklich lösen möchten, dann müssen wir bis zu seiner Wurzel vorstoßen. Wir Westler lieben schnelle Heilmittel; wir geben gerne Pflästerchen und teilen sofort Aspirin aus. Aber schnelle Kuren werden niemals die zugrunde liegende Krankheit erreichen: Ignoranz – die Vorstellung eines Selbst und des davon getrennten anderen. Mich selbst als eine Insel zu betrachten, die verschieden und völlig getrennt von jedem und jeder anderen ist, ist Verblendung. Es gibt keine Inseln! Was wir tun, beeinflusst alles und jeden, und es liegt in unserer Verantwortung, erwacht zu bleiben und alles uns Mögliche zu tun, um anderen zum Erwachen zu verhelfen. Unser Bestreben sollte ein globales Bewusstsein sein.

Bodhisattvas werden „Helden" genannt, weil sie diese Aufgabe angenommen und gelobt haben, so lange weiterzuarbeiten, bis alle empfindungsfähigen Wesen erwacht sind. Bodhisattvas wissen, dass Geringeres nicht ausreichen wird, weil wir ein Körper und ein Geist sind; Getrenntheit ist bloß eine Illusion. Der Buddha ist auch als der „Große Heiler" bekannt, denn nachdem er zum Einssein erwacht war, trieb ihn sein Mitgefühl an, direkt zur Wurzel der Krankheit vorzudringen und einen Pfad der Heilung darzulegen – das Erwachen zu unserer vollständigen Verbundenheit. Um diesen Wandel im Bewusstsein auf globaler Ebene zu vollziehen, spielt jeder und jede von uns eine Rolle. Auf der individuellen Ebene kann unsere Praxis immer darin bestehen, unser Gewahrsein zu vertiefen und es in allem, was wir tun, noch klarer zu manifestieren. Unser alltägliches

Leben wird dann zum Gefährt des Dharma. Der Pfad wird direkt unter unseren Füßen erschaffen!

Zum ersten Mal in unserer Geschichte haben wir das Potenzial, das Leben, wie wir es kennen, zu vernichten. Diese schreckliche Tatsache bedeutet, dass jeder und jede von uns die Verantwortung trägt, zur absoluten Wahrheit zu erwachen und diesen einen Körper, diese eine Welt und diesen Einen Geist vollkommen zu verwirklichen. Wir müssen uns auch der relativen Wirklichkeit bewusst bleiben: Als Individuen sind wir völlig miteinander verbunden. Was ich tue, beeinflusst Sie, was Sie tun, beeinflusst mich, und was wir tun, beeinflusst den Rest der Welt. Im Buddhismus wird diese Verbundenheit durch Indras Netz versinnbildlicht, einem kosmischen Netz, bei dem an jedem Knotenpunkt ein facettenreicher Diamant eingeflochten ist, so dass jeder Diamant die anderen Diamanten reflektiert. Unsere Leben sind diese Diamanten. Wir können uns nicht von den anderen abtrennen, und das Schicksal des Planeten hängt davon ab, wie bewusst wir werden. Indem wir unser Einssein erkennen, sind wir besser in der Lage, mit Mitgefühl und Liebe für jedes Wesen, jeden Stein und diese ganze Erde zu handeln. Um uns selbst und diesen Planeten zu retten, müssen wir erkennen, wer die Verantwortung trägt. Und dann müssen wir sie leben.

37

In schwierigen Zeiten praktizieren

Geben Sie all Ihre Verdienste, so schnell es Ihnen möglich ist, fort. Jetzt ist nicht der richtige Zeitpunkt, nur mit unseren eigenen Belange zu sitzen. Wir können diese unruhigen Zeiten nutzen, um zu erwachen, nicht nur wir selbst, sondern jeder Mensch auf der Welt. Wir sind ein Körper, Ein Geist!

SCHWIERIGE ZEITEN, egal ob persönliche oder weltweite, bieten immer die Möglichkeit, unser Verständnis des Dharma zu erproben und zu sehen, wie wir die Lehre des Buddha leben. Aber globale Probleme steigern auch unsere Tendenz, uns unbewusst zu verhalten, unsere Ohren zu verschließen und nicht auf die Hilferufe der Welt zu hören. Da wir täglich mit Nachrichten von Tragödien und Schrecken rund um die Welt überhäuft werden, befinden wir uns leicht in einer Art schläfriger Distanziertheit. Manchmal muss erst ein besonders furchtbares Ereignis geschehen oder eine Krise, die direkt in unserer Nachbarschaft stattfindet, um uns wachzurütteln. Eine Möglichkeit, die uns helfen kann, bewusster und sensibler für das Leiden der Welt zu werden, ist es, wirklich über die Nachrichten nachzudenken, und uns selbst in die Haut derer zu versetzen, die leiden. Diese Übung kann der Ausgangspunkt für die Untersuchung sein, wie gut wir unsere Praxis in Handlungen umsetzen. Verkörpern wir wirklich das Mitgefühl von Kanzeon Bodhisattva, oder haften wir einfach nur an unseren Ideen darüber, was es heißt, das erwachte Leben zu manifestieren?

Der Dharma bietet Unterstützung und Anleitung in schwierigen Zeiten. Wir könnten sagen, dass er eine Übung für den Umgang mit Veränderungen ist. Der Buddha lehrte, dass nichts von Dauer ist; alles befindet sich in kontinuierlichem Fluss. Und er lehrte des Weiteren, wie wir unseren Widerstand gegen Veränderung beenden und stattdessen eins mit ihr werden können. Unsere Praxis hilft uns zu lernen, wie wir die Vergangenheit loslassen und uns für den gegenwärtigen Moment öffnen. Das bedeutet nicht unbedingt, dass wir uns besser fühlen, aber es bedeutet, dass wir erkennen, was wirklich geschieht; wir werden unsere Reaktionen auf all die Veränderungen bemerken. Gedanken, Gefühle und Erinnerungen werden aufgewühlt und führen oft zu einer Vergrößerung unseres Leidens. Die grundlegende Lehre des Zen ist „eins sein mit" – ganz egal, was in uns hochkommt. Wenn wir also Furcht verspüren, dann versuchen wir nicht, uns davor zu verstecken oder das Gefühl zu unterdrücken, wir erfahren einfach die Furcht. Wenn wir eins sind mit unserer Furcht, dann werden wir sehen, dass auch sie vergänglich ist. Wir können sie dabei beobachten, wie sie anwächst, sich aufbaut und schließlich wieder verschwindet. Unsere Aufgabe ist es, wach und gegenwärtig zu bleiben, das ganze Spektrum zu erfahren. Auf diese Weise lernen wir, mit der Veränderung zu fließen.

Es mag hart erscheinen, dass die erste Lehre des Buddha die Vergänglichkeit ist. Unsere Kultur neigt dazu, die Wahrheit von Tod und Verlust zu verschleiern, und viele von uns wurden dazu erzogen, unsere eigene Vergänglichkeit zu ignorieren. Doch früher oder später wird jeder und jede von uns auf eine Weise mit Tod und Verlust konfrontiert, die uns wachrüttelt. Dann können wir das Mitgefühl in der Lehre des Buddha erkennen. Mitgefühl, genauso wie Weisheit, besitzt zwei Aspekte – Yin und Yang, weiblich und männlich – und manchmal ist Mitgefühl ziemlich hart. Ich fühle mich zum Beispiel immer ganz furchtbar, wenn meine kleine Hündin darum kämpft, sich von ihrer Leine zu befreien. Nichts mag ich lieber, als sie im Park von der Leine zu lassen und sie beim Herumtoben zu betrachten – das macht ihr so viel Spaß. Aber in der Nähe von stark befahrenen Straßen ist es viel mitfühlender, sie angeleint zu lassen. Und wenn sie sich mal befreien kann und auf die Straße hinausläuft, dann muss ich sie laut anschreien, damit sie stehen bleibt – sie hört sonst auf nichts anderes. In dem Moment ist das Mitfühlendste, was ich tun kann, sie anzuschreien. In einem anderen Augenblick ist es mitfühlender, sie zu loben.

Buddhas Lehre der Vergänglichkeit ist wie ein mitfühlender Weckruf; er hilft uns, im Moment gegenwärtig zu sein und die Kostbarkeit des Lebens bewusst wahrzunehmen. Solange das Leben glatt und ruhig verläuft, neigen wir dazu, es als selbstverständlich hinzunehmen. Krisen können in der Tat sehr hilfreich für unsere Praxis sein, weil sie uns aus dem Schlaf reißen. Selbst nach sehr lauten Weckrufen haben wir immer noch den Hang, unbewusst zu werden und in unsere Selbstgefälligkeit zurückzufallen. Manchmal wird diese Situation mit einem Krieg verglichen: ein Krieg zwischen Wachheit und Gewahrsein auf der einen Seite und Nicht-Gewahrsein und Unbewusstheit auf der anderen. Es ist wirklich ein Krieg zwischen Buddha-Geist und Ignoranz. Wenn wir unsere Buddha-Natur realisiert haben, wird es zu unserer Aufgabe und Pflicht, all jenen, die leiden, mit dem Mitgefühl von Kanzeon Bodhisattva zu begegnen. In den Zen-Zentren rezitieren wir die Vier Großen Gelöbnisse. Das erste ist das Bodhisattva-Gelöbnis: „Zahllos sind die Lebewesen; ich gelobe, sie alle zu retten." Wir geloben, uns der Lebewesen überall auf der Welt bewusst zu bleiben und uns zu erinnern, dass sie nicht von uns getrennt sind. Ich bin alle empfindungsfähigen Wesen, und Sie sind alle empfindungsfähigen Wesen. Wie können wir die Hilferufe der Welt ignorieren?

Als Kanzeon zu reagieren, heißt, auf eine Weise zu reagieren, die der Situation angemessen ist. Wir können das nur tun, wenn wir uns völlig bewusst und gewahr sind, was im Augenblick geschieht, also offen und empfänglich für die Details der jeweiligen Situation sind. Die beste Antwort oder Reaktion wird nämlich nicht immer diejenige sein, die wir normalerweise bedenken oder planen. Die beste Reaktion muss aus einer grundlegenden Intelligenz kombiniert mit Weisheit und Mitgefühl erwachsen. Denken Sie an Feuerwehrleute, die in ein brennendes Gebäude laufen, um andere zu retten. Sie sind in der Situation ganz gegenwärtig und reagieren auf sehr selbstlose Art. Sie sind Kanzeon und handeln mit selbstlosem Mitgefühl, das aus Weisheit entspringt.

Kanzeon Bodhisattva ist jemand, die sich dafür entscheidet, selbstlos auf das Leiden der Welt zu reagieren. Sie vermag sich in jeder nötigen Form oder Gestalt zu manifestieren, um die Leidenden zu befreien; daher nimmt sie für jene, die leiden, die Gestalt des Leidens selbst an. Unsere Praxis besteht darin, mit allem, was ist, eins zu werden. Wenn wir Angst verspüren, dann müssen wir zur Angst werden. Da ist nichts Schändliches daran, Angst zu verspüren, wir leben schließlich in einer Furcht erregenden Zeit. Wenn wir bewusst bleiben, dann können wir weder unsere Angst verleugnen noch die Angst, die unsere Welt durchdringt. Indem wir uns der Angst öffnen, können wir uns mit ihren Auslösern vertraut machen, die immer in dualistischem Denken begründet sind. Wir fürchten, was getrennt und außerhalb von uns selbst ist. Also nutzen wir die Praxis, um die Illusionen der Getrenntheit wegzumeißeln. Aus der erleuchteten Herz-Geist-Perspektive erkennen wir, dass die scheinbar getrennten Wesen in der Tat wie Wellen auf dem Ozean sind. Die Getrenntheit ist nur die oberflächliche Wirklichkeit. Unter der Oberfläche ist es ein einziger Ozean. Wenn wir dabei helfen wollen, das Leiden der Welt zu verringern, benötigen wir die

Weisheit, um zu erkennen, dass wir ein Körper-Geist sind. Dann können unsere Reaktionen aus echtem Mitgefühl entspringen.

Heutzutage manifestiert sich Kanzeon auf viele neue Arten, einschließlich neuer Wege, den Dharma zu praktizieren. Unsere Situation erfordert neue Antworten. In den letzten 2500 Jahren war das klösterliche Leben die vorherrschende Form der Praxis. In unserer heutigen Zeit, so glaube ich, bricht das ganze Paradigma der Praxis auf, vor allem in Bezug auf die Formen der Laienpraxis. Traditionell wurden nur Mönche und Nonnen ausgebildet, Zeremonien zu leiten und unsere Praxis und deren Verdienste dem Wohle aller Lebewesen zu widmen und darzubringen. Ich glaube, dass es nun für uns alle an der Zeit ist, ermächtigt zu werden, uns auf sakrale Weise mit dem Leben auseinanderzusetzen. Warum sollten wir nicht jedem und jeder beibringen, wie man für andere betet und, mit Hilfe der Riten unserer Tradition, Widmungen und Gaben darbringt?

Um als Kanzeon handeln zu können, müssen wir die Lehren wahrhaft hören und verarbeiten. Aus dem Gewahrsein des Leidens entstammt der Wunsch, die Ursache und Beendung des Leidens zu verstehen. Durch unsere eigene Praxis bestätigen wir die zweite Edle Wahrheit: Die Ursache des Leidens ist Unwissenheit, Verblendung. Weil wir die Dinge dualistisch sehen, halten wir uns an unseren Ideen von uns und anderen fest. Das Resultat ist immer Anhaftung und Verlangen. Durch Zazen können wir die Illusion des Selbst durchschauen und uns für die Sicht der absoluten Wahrheit öffnen, dass wir alle eins sind. Wir sind Ein Geist, ein Leben und ein Körper, sich als unendliche Dharmas manifestierend.

Unwissenheit verursacht unser eigenes Leiden. Auch in der Welt können wir sehen, dass unglaubliches Leiden aus unserer Unfähigkeit resultiert, zu erkennen, dass wir alle eins sind. Als Bodhisattvas darf sich unsere Besorgnis nicht nur auf uns selbst und unser persönliches Leiden beschränken; wir müssen uns das Leiden der Welt vornehmen. Wir sind eins! Wenn es also um die dritte Edle Wahrheit geht, dass es Befreiung und Freiheit vom Leiden gibt, dann dürfen wir uns mit keiner leichtfertigen Ansicht darüber, was das denn heißen soll, zufriedengeben. „Vom Leiden frei zu sein“, bedeutet nicht, dass wir uns vom Leiden abtrennen; es heißt, dass wir *in* unserem Leiden befreit und frei werden. Durch die Praxis erfahren wir für uns selbst, dass sich Nirwana nicht außerhalb von uns oder unserem täglichen Leben befindet. Die Befreiung ereignet sich inmitten von Samsara – inmitten von unserem Schmerz, unserer Trauer, Wut, Verwirrung und Furcht – wenn wir dazu fähig sind, mit unserer Erfahrung völlig eins zu sein. Nirwana ist, völlig frei sein zu leiden.

Der Buddha lehrte, dass der Mittlere Weg der Pfad ist, um das Leiden zu beenden: die vierte Edle Wahrheit. Der Mittlere Weg überschreitet die Dualität. Er reicht jenseits von Vorstellungen über ich und du, wir und die, gut und böse, dies und das. Unser Leben ist der Mittlere Weg; wir verkörpern das ganze Spektrum. Jeder von uns ist zu Gutem und Bösem fähig, und alles Böse, was jemand anrichten kann, steckt zugleich auch in jedem und jeder von uns. Wir können den Feind nicht einfach ins Außen projizieren; wir müssen erkennen, dass derselbe Feind in uns steckt. Unsere Praxis besteht darin, Licht ins Dunkel zu bringen, an die düsteren Orte in uns selbst und in der Welt.

Wir befinden uns im Krieg. Die ganze Welt liegt im Krieg mit der Zeit und mit unserem Hang, in Täuschung und Unbewusstheit zurückzufallen. Natürlich wird jeder und jede von uns Zweifel hegen, ob wir die Fähigkeit besitzen, es anzugehen und weiterzumachen, besonders wenn die Probleme der Welt so unüberwindbar erscheinen. Doch soweit es mich betrifft, gibt es keinen besseren Moment, in Zazen zu sitzen, als gerade jetzt. Jeder und jede von uns hat eine Rolle zu spielen, eine Aufgabe zu erledigen. Unsere Aufgabe besteht nicht nur darin, auf unser eigenes Erwachen und das Vertiefen unserer Weisheit hinzuarbeiten, sondern auch darin, anderen bei dieser Entwicklung zu helfen und uns gegenseitig zu unterstützen. Es ist an der Zeit, dass wir uns zusammenfinden – als Paare und Familien, als Gemeinden und Sanghas, als Nation und Welt –, dass wir gemeinsam beten und gemeinsam meditieren, dass wir unsere Meditation und deren Verdienste sowie unsere Rezitation der Sutras und Gebete gemeinsam darbringen. Indem wir zusammentreffen, stärken wir die Wirkungen unseres Bemühens, die Negativität der Welt auszugleichen. Das Leben führt uns ständig vor Augen, dass es wirklich keine Grenzen oder Beschränkungen gibt, warum sollten wir dann unsere Praxis einschränken?

Manchmal fühlen wir uns entmutigt und zweifeln an unserer Fähigkeit, einen Unterschied in der Welt bewirken zu können. Aber wir sollten die Kraft nicht schmälern, die wir mit unserem Zazen anbieten. Bodhidharma ging nach China, weil er dort eine Aufgabe zu erledigen hatte: Er hatte sich verpflichtet, den Menschen dort den Dharma zu bringen. Zu diesem Zeitpunkt war er der einzige Dharma-Halter, die einzige Person auf der Welt, die ermächtigt war, ihn zu vermitteln. Trotzdem erhielt er nur eine einzige Audienz beim Kaiser, bevor man ihn als Hochstapler davonjagte. Aber hat er aufgegeben? Niemals! Bodhidharma fand eine Höhle und saß neun Jahre lang in Zazen, bis endlich jemand kam, der den Dharma hören konnte. Es saß nicht in Zazen, um einfach nur die Zeit totzuschlagen. Bodhidharma besaß vollständiges Vertrauen in die Kraft seiner Meditation. Während Bodhidharma neun Jahre lang alleine in seiner Höhle saß, übermittelte er die Lehre durch sein Zazen! Und dank der Stärke seines Vertrauens existiert die Lehre auch heute, nach 1 600 Jahren, immer noch.

Da Zazen unsere Praxis ist, können wir sie stets der Welt und allen Wesen darbringen. Jedes Mal, wenn wir sitzen, können wir das Verdienst und die positive Energie, die wir erzeugen, darbringen. Wenn wir uns dazu bereit fühlen, können wir auch die fortgeschrittenere Praxis namens *Tonglen* in unsere Meditation einfließen lassen. Die tibetisch-buddhistischen Traditionen haben spezielle Techniken und Leitfäden für die Tonglen-Praxis entwickelt; doch kurz gesagt besteht die Aufgabe darin, die negative Energie der Welt einzuatmen und die positive Energie wieder auszuatmen, die wir aufbauen, indem wir in Samadhi sitzen. Anstatt also Schutzmauern des Widerstands gegen den Schmerz und das Leiden der Welt zu errichten, dehnen wir uns selbst aus, um sie zu umfassen und zu verwandeln. Auf diese Weise können wir der Welt die Weisheit und das Mitgefühl darbringen, die wir durch unsere Praxis kultiviert haben.Wenn wir die Verdienste unseres Sitzens mit allen Lebewesen teilen, teilen wir das Licht des Dharma mit der Welt. Wir werden zu Transformatoren des Negativen ins Positive, zum Wohle aller Wesen.

Natürlich ist es ebenfalls wichtig, für die Vertiefung unserer eigenen Verwirklichung zu praktizieren, und wenn wir uns dies zum Ziel gesetzt haben, dann bedeutet das nicht, dass wir gegen das Bodhisattva-Gelübde der Selbstlosigkeit verstoßen. Tatsächlich ist *dana paramita* der direkteste Pfad zur Realisation und zu der Weisheit und dem Mitgefühl, die mit der Realisation einhergehen. *Dana* heißt „geben", „großzügig sein". *Paramita* bedeutet „zum anderen Ufer übersetzen". *Paramita* impliziert auch, den Fluss bereits überquert zu haben. Es ist ein Paradox. Der schnellste Weg zur Erkenntnis, dass wir uns bereits am anderen Ufer befinden, besteht darin, uns selbst zu geben – unser ichbezogenes Selbst aufzugeben, damit sich unsere wahre Natur enthüllen kann. Der direkteste Weg zu dieser Erkenntnis ist, uns ganz unserer Meditation hinzugeben. Die Buddha-Natur reicht weit über unser ichbezogenes Selbst hinaus; sie ist eins mit dem gesamten Kosmos.

Wenn wir diesen Herz-Geist für uns selbst verwirklichen, dann erkennen wir, dass auch wir eins mit dem Kosmos sind. Dieses Leben, das jedem und jeder von uns als individuelles Leben erscheint, ist eine Manifestation des Buddha, des Ungeborenen. Unsere wahre Natur ist gänzlich unfassbar und sich kontinuierlich verändernd. Wir werden in jedem Augenblick geboren, und wir sterben in jedem Augenblick. Es gibt kein

Selbst, an das wir uns halten könnten; dies zu erkennen, ist die Befreiung. Endlich können wir die Anhaftung and das Selbst loslassen, die illusorischen Ideen eines dauerhaften Selbst.

Die unruhigsten Zeiten sind meist auch die fruchtbarsten, was unsere Praxis betrifft, weil sie es uns unmöglich machen, weiterhin zu verleugnen, dass das Morgen wahrhaft unvorhersehbar ist. Wir können nicht länger so leben, als ob jeder einzelne Tag bloß ein weiterer Tag wäre, und wir können nichts mehr als gegeben hinnehmen, einschließlich der Vorstellung, dass die anderen immer da sein werden. Es ist, als ob unsere Welt auf den Kopf gestellt wäre. Wenn wir am Rand des Unbekannten leben, wird jeder Moment zum Weckruf. Wir werden wachgerüttelt und herausgefordert, in jedem einzelnen Augenblick präsent zu sein. Jeden Tag können wir uns wieder unserer Praxis verpflichten – dazu, unser Verständnis der Lehre zu vertiefen und unser Mitgefühl in allem, was wir tun, zu manifestieren. Die Praxis ist im Hier und Jetzt, und es liegt an jedem und jeder von uns, die Weisheit zu leben, die wir erfahren haben.

Die Probleme der heutigen Welt sind beispiellos. Die Zukunft des gesamten Planeten ist ungewiss, also ist jetzt nicht die Zeit für Selbstgefälligkeit. Nichts ist verlässlich oder von Dauer. Das ist eine schreckliche Wahrheit, aber sie anzunehmen, ist die von uns gesuchte Befreiung. Tatsächlich ist das, was wir *dai kensho*, den „großen Tod“, nennen, einfach nur, diese Wahrheit völlig anzunehmen. Und wenn uns dann das Leben fragt: „Hey, Boss, bist du da?“, können wir wie Zuigan antworten: „Ja, das bin ich!“

Anmerkungen

1. Zenkei Shibayama, *The Gateless Barrier: Zen Comments on the Mumonkan*, Übersetzung von Sumiko Kudo, Boston: Shambala Publications, 2000, S. 134.
   Deutschsprachige Ausgaben dieser Koansammlungen sind: Yamada Koun Roshi, *Die torlose Schranke – Mumonkan*, München: Kösel, 1997; ders. *Hekiganroku, die Niederschrift vom blauen Fels,* München: Kösel, 2002.
2. *Big Mind* ist auch der Name eines angeleiteten Prozesses, der von Genpo Roshi entwickelt wurde, um Individuen einen Zugang zum Big-Mind-Gewahrsein zu eröffnen. In diesem Kapitel werden die Leserinnen und Leser durch eine Reihe von Fragen geführt, die sie in Big Mind einführt und ihnen einen Vorgeschmack von dem ausführlicheren Big-Mind-Prozess gibt. Der Prozess selbst kombiniert Methoden aus Zen und dem Dialog mit inneren Stimmen (Voice Dialogue). Er ist besonders nützlich, um das Ego zur Zusammenarbeit zu gewinnen, so dass der ungeborene und grenzenlose Geist des Buddha erweckt wird und im offenen Dialog für die Selbsterforschung eingesetzt werden kann. Genpo Roshi leitet an verschiedenen Orten in Europa und den USA Workshops und bildet Facilitators im Big-Mind-Prozess aus. Siehe auch: Dennis Genpo Merzel Roshi, *Big Mind, Großer Geist – großes Herz*, Bielefeld: Aurum Verlag, 2008.
3. Genpo Roshi bezieht sich hier auf Shunryu Suzuki Roshis mittlerweile zum Klassiker gewordene Buch *Zen-Geist, Anfänger-Geist: Unterweisungen in Zen-Meditation*, Berlin: Theseus Verlag, 2000 (überarb. Ausgabe).
4. Eihei Dogen, *Shinjin Gakudo – Moon in a Dewdrop: Writings of Zen Master Dogen*, Hg. Kazuaki Tanahashi, New York: North Point, 1985, S. 88.

Glossar

Achtfacher Pfad. Der Pfad, der vom Leiden befreit; die vierte edle Wahrheit, die von Shakyamuni Buddha gelehrt wurde. Der Achtfache Pfad besteht aus: rechte Sichtweise, rechtes Denken, rechte Rede, rechtes Handeln, rechter Lebenserwerb, rechte Bemühung, rechte Achtsamkeit und rechtes Samadhi.

anuttara-samyaksambodhi (Sanskrit). Höchstes, vollkommenes Erwachen. *Siehe* Satori.

Avalokiteshvara. Siehe Kanzeon.

Baso (709–788) (chinesisch, Ma-tsu Taoi-i). Chinesischer Zen-Lehrer, der für seine vielen verschiedenen Trainingsmethoden bekannt ist. Er hatte 139 Nachfolger und viele seiner Aussagen und Begebenheiten mit ihm haben in zahlreichen Koans Eingang gefunden.

Bassui (1327–1387) (japanisch, Bassui Tokusho). Japanischer Zen-Meister der Rinzai-Schule, der für seine Betonung der eigenständigen Zazen-Praxis bekannt ist und für das persönliche Koan „Wer ist der Meister?“.

Big Mind. Auch Buddha-Geist. Der ursprüngliche oder wahre Geist eines jeden Menschen. Big Mind hat weder Anfang noch Ende, ist grenzenlos, formlos und farblos, und trotzdem manifestiert er sich als alle Dinge. Der von Genpo Roshi entwickelte Big-Mind-Prozess ermöglicht Zugang zu Big Mind und benutzt diese Perspektive zur Betrachtung des eigenen Lebens.

Bodhidharma (um 470–550). Der 28. Dharma-Nachfolger von Shakyamuni Buddha, hat Zen nach China gebracht, wo er als erster chinesischer Patriarch bekannt wurde. Der Überlieferung zufolge praktizierte er neun Jahre lang Zazen in einer Höhle, bevor er den Dharma auf Eka übertrug.

Bodhi-Geist (Sanskrit, wörtl. „erwachter“ Geist). *Auch* Buddha-Geist, ungeborener Buddha-Geist. Der Geist, in dem das Bestreben nach Erleuchtung erweckt worden ist.

Bodhisattva (Sanskrit, wörtl. „erwachtes Wesen"). Jemand, der oder die den Weg des Buddha praktiziert und mitfühlend auf die endgültige Erleuchtung verzichtet, um anderen zu helfen, ebenfalls erleuchtet zu werden.

Buddha (Sanskrit, wörtl. „der Erwachte"). Ein Begriff, der wechselweise für den historischen Shakyamuni Buddha, eine erleuchtete Person, welche die Buddhaschaft erreicht hat, und für die wahre Natur aller Wesen gebraucht wird. *Siehe* Buddha-Natur, Shakyamuni.

Buddha-Dharma. Auch Dharma. Allgemein die Lehren des Shakyamuni Buddha und der Pfad, dem wir folgen, um Erleuchtung zu erlangen. Im Zen ist Buddha-Dharma die Realisation der eigenen wahren Natur; sie überschreitet konzeptionelles und intellektuelles Verständnis und erwächst direkt aus der eigenen Erfahrung. Buddha-Dharma wird direkt von Shakyamuni Buddha übermittelt, von Buddha zu Buddha, von Herz-Geist zu Herz-Geist, außerhalb von Worten und Buchstaben.

Buddha-Geist. Siehe Bodhi-Geist.

Buddha-Natur. Auch wahre Natur, wahres Selbst, das Ungeborene. Die vollständige und vollkommene Natur, die allen Wesen innewohnt.

Buddha-Weg. Siehe Tao.

Dai Kensho (japanisch, wörtl. „großer Tod"). Große Erleuchtung oder Satori; völliges Erblicken der eigenen wahren Natur, jenseits aller Zweifel; die Erfahrung, völlig zweifelsfrei in die eigene wahre Natur zu blicken. *Siehe* Kensho, Satori.

Dana Paramita (Sanskrit, sinng. „Großzügigkeit"). *Siehe* Paramita.

Dharma (Sanskrit). Zentraler Begriff im Buddhismus, der verschiedene Bedeutungen hat: (1) das kosmische Gesetz, die Wahrheit, Wirklichkeit; (2) die Lehren des Shakyamuni Buddha, die buddhistische Doktrin; (3) der generelle Zustand des Daseins, die Manifestation der Wirklichkeit, ein Ding, Phänomen.

Dharmadhatu (Sanskrit, wörtl. „Reich des Dharma"). Die nichtverursachte und unwandelbare Totalität, in der alle Phänomene entstehen, verweilen und vergehen.

Dharmakaya (Sanskrit). Erster von drei Aspekten der Buddha-Natur, auch bekannt als *Trikaya* („Drei Körper"). Dharmakaya verweist auf die absolute Wahrheit hinter aller Unterscheidung und Konzeptualisierung; die Einheit Buddhas mit allen Wesen. Der zweite Aspekt, *Sambhogakaya*, bezieht sich auf die Buddhas, welche die Kräfte manifestieren, die aus der vollkommenen Erleuchtung erwachsen. Der dritte, *Nirmanakaya*, ist die Buddha-Natur in menschlicher Gestalt, die zum Wohl der empfindungsfähigen Wesen handelt.

Diamant Sutra (Sanskrit) (*Vajrachchedika-Prajna Paramita-Sutra*, wörtl. „Sutra vom Diamantschneider der Höchsten Weisheit"). Ein unabhängiger Teil der *Prajnaparamita Sutra*, im Zen hoch angesehen, worin die Doktrinen von *Shunyata*, Leerheit, Leere, und *Prajna*, Weisheit, dargelegt sind. Der sechste Patriarch erlangte Erleuchtung, als er eine Strophe dieser Sutra vernahm.

Dogen Zenji (*1200–1253*) (japanisch, Dogen Kigen oder Eihei Dogen). Japanischer Zen-Meister und Dharma-Nachfolger von Tendo Nyojo, der die Tradition der Soto-Schule von China nach Japan brachte; Zenji etablierte Eiheiji als Hauptkloster für das Soto-Training in Japan; sehr bekannt ist auch seine Essaysammlung über den Dharma, das *Shobogenzo*. *Siehe* Genjokoan.

Drei Gifte. Gier, Wut und Unwissenheit oder Ignoranz. Im Zen gilt Unwissenheit (Verblendung) als die Basis der anderen beiden. Wenn eine Person ihre wahre Natur und innewohnende Ganzheit ignoriert, kommen Anhaftung (die Wurzel der Gier) und Abneigung (die Wurzel der Wut) in ihr auf, wodurch die Illusion des Selbst aufrechterhalten bleibt. *Siehe* Verblendung.

Drei Schätze. Auch Drei Juwelen. Die drei essenziellen Bestandteile des Buddhismus – Buddha, Dharma und Sangha – die auf unterschiedlichen Ebenen verstanden werden können. Siehe ausführlichere Beschreibungen bei den einzelnen Begriffen.

Drei Zeichen (Sanskrit, *trilakshana*). Die drei Aspekte der konditionierten Existenz: Vergänglichkeit, Leiden und die Abwesenheit eines unabhängig existierenden Selbst; gelten als die drei Kennzeichen des Buddhismus.

Dualistisches Denken. Denken, das auf Dualität beruht, der Glaube an unsere getrennte Existenz; ein Denken, das durch die Trennung von Subjekt und Objekt charakterisiert ist. *Siehe* Verblendung.

Duhkha (Sanskrit, Leiden). Unsere grundlegende Unzufriedenheit, Entfremdung, Einsamkeit und unser Leiden; nicht im Frieden mit sich selbst sein; die erste Edle Wahrheit, die von Shakyamuni Buddha gelehrt wurde. *Siehe* der Achtfache Pfad, Nirwana.

Eka (*487–593*) (chinesisch, Hui-k'o). Der zweite chinesische Patriarch, Dharma-Nachfolger von Bodhidharma. Eka ist berühmt für seine unerschütterliche Entschlossenheit, Schüler Bodhidharmas zu werden.

Empfindungsfähiges Wesen. Allgemein eine Person oder ein Lebewesen, das Bewusstsein besitzt. Weiter gefasst: alle Dinge, alles Dasein. Im Buddhismus ist ein empfindungsfähiges Wesen eines, das noch nicht zur wahren Natur erwacht ist (im Deutschen findet man auch oft den Begriff „fühlendes Wesen“ Anm. d. L.). *Siehe* Verblendung.

Erleuchtung. Die Erfahrung der Leere, Leerheit, die wahre Natur aller Dinge, in der Dualität und Getrenntheit verschwinden; die direkte Erfahrung der eigenen innewohnenden Ganzheit und vollkommenen Verbundenheit mit allen Dingen. Wird häufig synonym für *Dai Kensho* und *Satori* verwendet. *Siehe* Erwachen, Kensho.

Erwachen. Das Bewusstwerden der wahren Natur (Leerheit) aller Dinge, einschließlich des eigenen Selbst. Ein alternativer Begriff für das Sanskritwort *bodhi* (wörtl. „erwacht“). *Siehe* Erleuchtung, Kensho.

Fünfter Patriarch (*601–674*) (chinesisch, Hun-jen; japanisch, Gunin oder Konin). Der fünfte chinesische Nachfolger nach Bodhidharma; Lehrer von Hui-Neng. *Siehe* sechster Patriarch.

Ganto (828–887) (japanisch, Ganto Zenkatsu; chinesisch, Yen-t'ou Chuan-huo). Einer von Tokusans Nachfolgern und enger Dharma-Bruder von Seppo. Gantos lauter Schrei bei seinem Sterben wurde für viele Nachfolger zu einem wichtigen Koan.

Gatha (Sanskrit). Ein kurzer Vers, der in buddhistischen Zeremonien verwendet wird.

Geist. Auch Buddha-Geist, Ein Geist. *Siehe* Big Mind.

Genjokan (japanisch, wörtl. „Der Weg des Alltäglichen Lebens"). Ein Abschnitt aus Dogen Zenjis *Shobogenzo*, der sich mit der Praxis und Erleuchtung im alltäglichen Leben beschäftigt.

Hakuin Ekaku Zenji (1686–1769). Der Patriarch des japanischen Rinzai-Zen, von dem alle heutigen Rinzai-Lehrer ihre Herkunft ableiten. Er systematisierte das Koanstudium, wie wir es heute kennen.

Harada Roshi (1871–1961) (japanisch, Daiun Sogaku Harada). Einer der wichtigsten Zen-Lehrer des modernen Japan, der in der Soto- und der Rinzai-Tradition unterwiesen wurde; Lehrer von Yasutani Roshi.

Herz-Geist (japanisch, *shin*). *Auch* Buddha-Natur, wahre Natur. Basiert auf der japanischen Ableitung (*shin*) des chinesischen Schriftzeichens *hsin*, das als „Herz, Geist, Bewusstsein, Seele, Verstand, Gedanke" übersetzt werden kann. Herz-Geist bezieht sich auf das eigene gesamte Bewusstsein, das ganze Sein (Körper-Geist) oder die wahre Natur, die den Unterschied zwischen Geist und Materie übersteigt.

Herz-Sutra (Sanskrit) (*Mahaprajnaparamita-hridaya-sutra*, kurz „Herzstück der *Prajnaparamita Sutra*"). Kurzer Abschnitt des *Prajnaparamita Sutra*, das im Zen für den prägnanten Ausdruck der Erfahrung der Leerheit (*Shunyata*) hoch geschätzt wird.

Hekiganroku. Siehe Koan.

Hui-Neng. Siehe Sechster Patriarch.

Ignoranz. Siehe Verblendung, Täuschung.

Indras Netz. Ein Bild aus dem *Avatamsaka Sutra*, das ein kosmisches Netz darstellt, welches an jedem Knotenpunkt ein Juwel besitzt, das alle anderen Juwele widerspiegelt. So wie jedes einzelne Juwel alle anderen beinhaltet, enthält jeder Moment des Gewahrseins die Einheit, die Unterschiedlichkeit und die Verbundenheit von allem.

Jijuyu-Zanmai (japanisch, wörtl. „freudvolles, selbsterfüllendes Samadhi"). Das Kennzeichen des Zen, das durch Zazen von Buddha zu Buddha übertragen wurde. *Siehe* Samadhi.

Joshu (*778–897*) (japanisch, Joshu Jushin; chinesisch, Chao-Chuo Ts'ung-chen). Einer der größten Zen-Meister des alten China. Viele Koans stammen von Joshu, unter anderem das Koan „Mu". *Siehe* Mu.

Kanzeon (japanisch, auch Kannon; Sanskrit, Avalokiteshvara; chinesisch, Kuan–yin) (wörtl. „Eine, die die Rufe der Welt vernimmt"). Eine der wichtigsten Bodhisattvas in der buddhistischen Tradition des Zen; sie verkörpert großes Mitgefühl. Während sie normalerweise in weiblicher Form dargestellt wird, nimmt Kanzeon jede benötigte Form an, um auf die Nöte aller Wesen einzugehen.

Kapleau, Philip Roshi (geb. 1912). Autor von *The Three Pillars of Zen* (New York: Weatherhill, 1965) (dt. *Die Drei Pfeiler des Zen*, München: Barth Verlag, 1981) und Gründer des Zen-Meditations-Zentrums in Rochester.

Karma (Sanskrit). Das Prinzip der Kausalität, welches besagt, dass es für jede Wirkung eine Ursache gibt. In Bezug auf den menschlichen Bereich drückt Karma folgendes Prinzip aus: Mit unseren Handlungen bestimmen wir unsere Lebensqualität und beeinflussen das Leben der anderen.

Kensho (japanisch, wörtl. „in die eigene Natur schauen"). Eine Erfahrung der Erleuchtung bzw. ein erster Einblick. Allgemein bezieht sich *Kensho* auf eine frühe oder unvollständige Erfahrung der Erleuchtung, während *Satori* synonym mit *Dai Kensho* oder „großer Erleuchtung" gebraucht wird.

Koan (japanisch, wörtl. „öffentliches Dokument"). In der Zen-Tradition eine Aussage, Frage, Anekdote oder ein Dialog, welche/r nicht intellektuell verstanden oder aufgelöst werden kann. Die Meditation über ein Koan führt zur Überschreitung des Intellekts und der Erfahrung der nichtdualistischen Natur der Wirklichkeit. Koans werden von Zen-Lehrern gegeben, um die Schülerinnen und Schüler zur Realisation zu führen und ihr Verständnis zu klären. Etwa 1 700 Koans aus chinesischen und japanischen Quellen sind überliefert. Viele Koans berichten von einem Austausch zwischen Lehrer und Schüler oder von der Erleuchtungserfahrung eines Meisters. Sie erscheinen in unterschiedlichen Sammlungen, zu den bekanntesten zählen: das *Mumonkan* („Das Torlose Tor"), das *Hekiganroku* („Niederschrift vom blauen Fels"), das *Shoyoroku* („Buch der Gelassenheit") und das *Denkoroku* („Buch der Weitergabe des Lichtes").

Koryu Osaka Roshi (*1901–1985*). Japanischer Rinzai-Meister und Laienlehrer, von dem Maezumi Roshi 1972 seine Bestätigung (*Inka*) erhielt.

Leerheit, Leere (Sanskrit, *Shunyata*). Die fundamentale Natur aller Erscheinungen; die Abwesenheit einer innewohnenden Existenz.

Lotus-Sutra (Sanskrit, *Saddharmapundarika-sutra*). Eines der wichtigsten Sutras des Mahayana-Buddhismus; es enthält die Lehre der transzendentalen Natur des Buddha und der Möglichkeit einer universellen Befreiung.

Maezumi Roshi (*1931–1995*) (japanisch, Hakuyu Taizan Maezumi). Einer der großen Zen-Meister, die Zen in den Westen brachten; der erste Abt des Zen-Centers von Los Angeles und des Zen Mountain Centers und Gründer von vielen weiteren Zen-Zentren überall in den Vereinigten Staaten. Er gab Dharma-Übertragung an zwölf Nachfolger – der erste ist Bernie Tetsugen Glassman und der zweite Dennis Genpo Merzel. Maezumi Roshi hinterließ seine Frau, Ekyo, und drei Kinder.

Mahakashyapa (Sanskrit). *Auch* Kashyapa. Ein bedeutender Schüler und Nachfolger des historischen Buddha; wird als der erste Nachfolger des Zen in Indien betrachtet, nachdem er die wortlose Übertragung des Buddha-Dharma erhielt, als Buddha Shakyamuni eine Blume hob und zwischen den Fingern drehte.

Maitreya (Sanskrit, wörtl. „der Liebende"). Der Buddha der kommenden Ära, die Verkörperung der allumfassenden Liebe.

Mandala (Sanskrit, wörtl. „Kreis"). Eine symbolische Repräsentation der kosmischen Kräfte des Universums. Die äußere Welt oder das eigene Bewusstsein; das ganze Dasein und der Körper können ebenso als Mandalas betrachtet werden.

Manjusri (Sanskrit). Der Bodhisattva der Weisheit, oft auf einem Löwen reitend und das Schwert der Weisheit schwingend dargestellt, mit dem er die Täuschung, Verblendung, durchschneidet. Er ist im Zen hoch angesehen; Manjusri Bodhisattva ist die Hauptfigur auf einem Zendo-Altar.

Der *Meister*. Der Zustand oder die Verfassung, in dem oder der wir Meister (oder Herr) des eigenen Lebens sind, anstatt bloß die karmischen Wirkungen zu erleiden. So wie Genpo Roshi diesen Begriff in diesem Buch und in *Big Mind* benutzt, bezieht sich *der Meister* auf einen Aspekt des Selbst, der die Kluft zwischen dem Gewahrsein des Buddha-Geistes und dem konventionellen Bewusstsein überbrückt; er befähigt Menschen, sich Situationen von einer selbstlosen Perspektive aus zu nähern, anstatt die gewohnte selbstbezogene Sichtweise einzunehmen.

Der *Mittlere Weg*. Im Allgemeinen der Weg des Shakyamuni Buddha, der die Vermeidung aller Extreme lehrt. Im Speziellen das Leben des alltäglichen Daseins im Gewahrsein der wahren Natur der Wirklichkeit (Leerheit).

Mu (japanisch, wörtl. „nichts, nicht, Nichtsein"). Wird oft synonym für *Leerheit, Leere,* gebraucht. Im Zen wird das Wort *Mu* benutzt, um direkt auf die Wirklichkeit hinzuweisen, und besitzt keine kontextuelle Bedeutung. Dieser Gebrauch des Wortes *Mu* geht auf Meister Joshu zurück, der, als er von einem Mönch gefragt wurde: „Besitzt ein Hund Buddha-Natur?", mit „Mu!" antwortete. Diese Begebenheit wurde als erster Fall des *Mumonkan* festgehalten und ist häufig das erste Koan für Zen-Schüler. *Siehe* Koan.

Mudra (Sanskrit, wörtl. „Siegel, Zeichen"). Eine Geste oder Haltung mit symbolischer Bedeutung, oft bezogen auf Aspekte der buddhistischen Lehre. Manchmal werden Mudras in der Meditation oder beim Rezitieren gebraucht, um bestimmte innere Zustände auszudrücken.

Mumon (*1183–1260*) (japanisch, Mumon Ekai; chinesisch, Wu-men Hui-k'ai). Chinesischer Zen-Meister, der die im Westen bekannteste Koansammlung zusammenstellte, das *Mumonkan*. *Siehe* Koan.

Mumonkan. *Siehe* Koan, Mumon.

Nagarjuna. Einer der wichtigsten Philosophen des Buddhismus und Begründer der Madhyamika-Schule, der die Bedeutung der Leerheit und ihrer Erkenntnis betont, vor allem durch den Gebrauch der logischen Negation.

Nangaku Ejo (*677–744*) (chinesisch, Nan-yueh Huai-jang). Chinesischer Zen-Meister und Nachfolger des sechsten Patriarchen (Hui-Neng); Lehrer von Baso. *Siehe* sechster Patriarch, Baso.

Nansen (*748–835*) (japanisch, Nansen Fugan; chinesisch, Nan-ch'uan P'u-yuan). Berühmter chinesischer Zen-Meister der Tang-Dynastie, der für seine lebendigen Ausdrucksweisen und den Gebrauch von Paradoxien in seiner Lehre bekannt ist; Nansen war der Dharma-Nachfolger von Baso und der Lehrer von Joshu.

Nirwana (Sanskrit). Nichtdualistischer Zustand jenseits von Leben und Tod. Die ursprüngliche Bedeutung von *Nirwana* „erlöschen oder ausbrennen, weil kein Brennmaterial mehr vorhanden ist" impliziert die Erschöpfung von Verblendung und Verlangen und das Erlangen völliger Klarheit. Spezifischer wird der Begriff *Nirwana* benutzt, um den Zustand der vollkommenen Erleuchtung von Shakyamuni Buddha zu bezeichnen. *Siehe* Vier Edle Wahrheiten.

Obaku-Schule. Zen-Schule, die im 17. Jahrhundert von Yin-yuan Lung-ch'i (japanisch, Ingen Ryuki) gegründet wurde. Die Obaku-Schule ist eine Nebenlinie der Rinzai-Schule und, gemeinsam mit der Rinzai- und der Soto-Schule, eine der drei in Japan noch erhaltenen Zen-Schulen.

Oryoki (japanisch, sinngemäß „genau die richtige Menge enthaltend"). Ein Satz Essschalen, die im Zen bei zeremoniellen Mahlzeiten benutzt werden, die in Schweigen eingenommen werden; im Speziellen die größte dieser Schalen, die auch als „Buddha-Schale" bekannt ist.

Paramita (Sanskrit, wörtl. „zum anderen Ufer übersetzen"). Die sechs Vollkommenheiten, die von einem Bodhisattva praktiziert werden, gipfelnd in der *prajna paramita* („vollkommene Weisheit"), welche die anderen fünf durchdringt. Die *paramitas* sind ein natürlicher Ausdruck des erleuchteten Geistes, dem Geist der Meditation. Die sechs *paramitas* sind Geben (*dana*), Richtlinien oder Moralität (*sila*), Geduld (*kshanti*), Bemühung oder Lebenskraft (*virya*), Meditation (*dhyana*) und Weisheit (*prajna*). Manchmal werden auch vier weitere hinzugefügt: nützliche Hilfsmittel (*upaya*), Entschlossenheit (*pranidhana*), Stärke (*bala*) und Wissen (*jnana*).

Der *Pfad*. *Auch* Buddha-Weg, der Weg. *Siehe* Tao.

Patriarch. *Auch* Vorfahre, Dharma-Nachfolger. Der Empfänger der formellen Übermittlung des Buddha-Dharma. Ausgehend von Shakyamuni Buddha verläuft die Traditionslinie der Dharma-Übertragung über 28 Generationen von indischen Vorgängern hin zu Bodhidharma, dann über sechs Generationen von chinesischen Vorfahren bis hin zu Hui-Neng und weiter bis in die heutige Zeit. Seit dem sechsten Patriarchen in China (Hui-Neng) ist die Dharma-Übertragung nicht mehr bloß auf einen Nachfolger beschränkt, und jeder, der die formelle Übertragung erhielt, ist ein Nachfolger. *Siehe* Übertragung.

Prajna (Sanskrit). Erleuchtete Weisheit; Weisheit, welche die Dualität von Subjekt und Objekt überschreitet.

Realisation. Allgemein die Einsicht in die wahre Natur aller Dinge (Leerheit). Realisationserfahrungen können in Klarheit und Tiefe variieren, vom flüchtigen Einblick bis hin zur vollkommenen Erleuchtung. Im Verlauf der Zen-Praxis kann eine Person viele verschiedene Realisationserfahrungen machen.

Rinzai Gigen (*gest. 866–867*) (chinesisch, Lin-chi I-hsuan). Einer der großen chinesischen Zen-Lehrer der Tang-Dynastie und Gründer der Rinzai-Schule, die für ihre Betonung der Erleuchtung und ihren energischen Gebrauch von Koans in der Zazen-Praxis bekannt ist. Rinzai war ein Dharma-Nachfolger von Obaku (chinesisch, Huang-po Hsi-yun).

Roshi (japanisch, wörtl. „alter Lehrer"). Ein Ehrentitel, der zur Anrede eines Zen-Meisters genutzt wird.

Samadhi (Sanskrit, wörtl. „etablieren, festigen"; japanisch *Zanmai*). Ein Geisteszustand, der durch einsgerichtete Aufmerksamkeit charakterisiert ist; ein nichtdualistischer Zustand der Wahrnehmung, in dem keine Trennung von Subjekt und Objekt erlebt wird.

Samsara (Sanskrit, wörtl. „Fluss des Werdens"). Die Erfahrung, dass Leiden aus Unwissenheit (Verblendung) entsteht, so wie es in der zweiten Edlen Wahrheit dargelegt ist. Samsara spiegelt sich im Zustand unseres täglichen Lebens wider, in dem wir die Illusion eines getrennten Selbst (Ego) weiterführen. *Siehe* Verblendung, Duhkha.

Samyak (Sanskrit, wörtl. „richtig, perfekt, vollkommen"). Maezumi Roshi und Genpo Roshi gebrauchen *samyak*, um einen Zustand der Ganzheit oder Vollkommenheit zu beschreiben, und die Weisheit, die aus der Erfahrung des Einsseins entspringt.

Sandokai (japanisch, „Identität von Relativem und Absolutem"; chinesisch „Ts'an-t'ung-chi"). Gedicht des chinesischen Zen-Meisters Shih-t'ou Hsi-ch'ein (japanisch Sekito Kisen) über den erleuchteten Geisteszustand, der sämtliche Dualität übersteigt. Dieses im Zen hoch geschätzte Gedicht wird täglich in Soto-Zen-Zeremonien rezitiert.

Sangha (Sanskrit). Ursprünglich bezog sich der Begriff auf die Gemeinschaft von buddhistischen Nonnen und Mönchen; später umfasste er zudem die Laiengemeinschaft. Im Zen bezeichnet *Sangha* auch die harmonische Verbundenheit aller Wesen, Phänomene und Ereignisse, die Untrennbarkeit und das harmonische Funktionieren des Buddha-Dharma.

Satori (japanisch). Die Erfahrung der großen Erleuchtung. *Siehe* Erleuchtung, Kensho.

Seppo (*822–908*) (japanisch, Seppo Gison; chinesisch, Hsueh-feng I-ts'un). Einer der wichtigsten Zen-Meister des alten China; Dharma-Nachfolger von Tokusan und Dharma-Bruder von Ganto.

Sesshin (japanisch, wörtl. „den Herz-Geist sammeln"). Ein intensives Zen-Meditations-Retreat, das auf Zazen konzentriert ist und üblicherweise sieben Tage andauert.

Shakyamuni (Sanskrit, wörtl. „Weiser des Shakya-Klans"). Titel, der sich auf Siddhartha Gautama nach seiner Erleuchtung bezieht, auf den historischen Buddha.

Shikan (japanisch, wörtl. „einfach nur"). Genpo Roshi benutzt *shikan*, um zu betonen, dass etwas vollständig getan wird, aus ganzem Herzen.

Shikantaza (japanisch, wörtl. „nur sitzen"). Zazen-Praxis ohne unterstützende Übungen wie das Zählen des Atems oder Koan-Studium. Dogen Zenji zufolge die reinste Form des Zazen; er beschrieb es als Ruhen im Zustand des wachen, nichtdiskursiven Gewahrseins.

Shobogenzo (japanisch, „Schatz des wahren Dharma-Auges"). Meisterwerk von Dogen Zenji; eines der subtilsten und tiefgründigsten Werke der buddhistischen Literatur; Sammlung von Teishos und Schriften Dogen Zenjis, die sich mit einem weiten Spektrum buddhistischer Themen beschäftigt.

Siddhartha Gautama (Sanskrit). Der Name des historischen Buddha vor seiner Erleuchtung. *Siehe* Shakyamuni.

Sechster Patriarch (*638–713*) (chinesisch, Hui-neng; japanisch, Eno). Der sechste chinesische Patriarch nach Bodhidharma. Traditionell heißt es, dass er Analphabet war und bereits als Laie erleuchtet wurde, während er eine Rezitation des *Diamant-Sutra* hörte. Alle existenten Zen-Traditionslinien lassen sich auf Hui-neng zurückführen. Seine Lehre, im *Plattform Sutra* dargelegt, betont die „plötzliche Erleuchtung" (im Gegensatz zur „allmählichen Erleuchtung", die von der Nördlichen Zen-Schule gelehrt wurde) und die Identität von Meditation (*dhyana*) und Weisheit (*prajna*). Hui-Neng war in großem Maße für die weite Verbreitung des Zen in der Tang-Dynastie verantwortlich.

Soto Schule. Zusammen mit der Rinzai-Schule eine der zwei wichtigsten Zen-Schulen in Japan. Die Soto-Schule wurde im neunten Jahrhundert von den chinesischen Zen-Meistern Tung-shan Liang-chieh (japanisch, Tozan Ryokai) und Ts'ao-chan Pen-chi (japanisch, Sozen Honjaku) gegründet. Der japanische Zweig wurde von Dogen Zenji und Keizan Jokin gegründet, der die Koan-Sammlung *Denkoroku* zusammenstellte.

Sutra (Sanskrit, wörtl. „ein Faden, auf dem Juwelen aneinandergereiht sind"). Buddhistische Schrift. Sutras enthalten niedergeschriebene Dialoge und Lehrreden von Shakyamuni Buddha und verschiedenen anderen buddhistischen Lehrern.

Suzuki, D. T. (*1870–1966*) (Daisetz Teitaro Suzuki). Im Westen einer der bekanntesten und meistgelesenen Interpreten des Zen. D. T. Suzuki übte Zen als Laie und war hauptsächlich an der intellektuellen Interpretation der Zen-Lehre interessiert.

Suzuki, Shogaku Shunryu (*1905–1971*). Autor von *Zen-Geist, Anfänger-Geist* und Gründer des Zen Centers von San Francisco, dem Zen Mountain Center und dem Tassajara Kloster.

Tao (chinesisch, wörtl. „Pfad, Weg"). *Auch* Buddha-Weg, der Weg, der Pfad. Im Zen wird der Begriff *Tao* benutzt, um den Weg der Erleuchtung oder zur Erleuchtung zu beschreiben; auch Buddha-Natur. Weil Zen die Vermählung von indischem Buddhismus und chinesischem Taoismus ist, hat das Wort *Tao* starke historische Bedeutung.

Tathagata (Sanskrit, wörtl. „so kommend, so gehend"). Ein Titel der sich auf den Buddha bezieht; allgemeiner: ein Zustand der vollkommenen Erleuchtung (auch „Soheit").

Teisho (japanisch). Ein direkter Ausdruck oder eine Präsentation der Erleuchtung eines Zen-Lehrers, manchmal als formeller Kommentar eines Koans oder eines anderen Zen-Textes. Im eigentlichen Sinn bezeichnet *Teisho* eher eine nichtdualistische Präsentation als eine diskursive Lehre oder Lektion.

Tendo Nyojo (*1163–1228*) (chinesisch, T'ien-t'ung Ju-ching). Chinesischer Zen-Meister und Lehrer von Dogen Zenji.

Theravada (Pali, wörtl. „Lehre der Alten"). Eine Schule des Buddhismus, die sich auf die frühe Lehre des Buddha beruft und in Südostasien weit verbreitet ist.

Tokusan (*781–867*) (japanisch, Tokusan Senkan; chinesisch, Te-shan Hsuan-chien). Einflussreicher Zen-Meister, von dem mehrere wichtige Zen-Lehrer ihre Dharma-Übertragung erhielten, einschließlich Ganto und Seppo. Nachdem er viele Jahre in Zurückgezogenheit verbrachte, akzeptierte er schließlich die Position als Abt eines Klosters, wo er einen gefürchteten Ruf für seine mitfühlend strenge Schulung erwarb, später allgemein als „Tokusans dreißig Hiebe" bekannt.

Tozan (*910–990*) (japanisch, Tosan Shusho; chinesisch, Tung-shan Shou-chu). Chinesischer Zen-Vorfahre, der für seine „Ein-Wort-Schranken" oder Koans berühmt wurde. Dharma-Nachfolger von Ummon.

Übertragung. Auch Dharma-Übertragung. Das „Siegel der Anerkennung", das von Buddha an Mahakashyapa weitergegeben wurde und danach von jeder weiteren Generation Vorfahren bis heute. In der Übertragung wird der Buddha-Geist von Buddha zu Buddha gereicht. Menschen, die ihre Dharma-Übertragung von einem authentischen Linienhalter erhalten, werden mit unterschiedlichen Titeln bezeichnet, einschließlich Vorfahre, Patriarch und Dharma-Nachfolger.

Ummon (*864–949*) (japanisch, Ummon Bun'en; chinesisch, Yun-men Wen-yen). Einer der wichtigsten chinesischen Zen-Vorfahren und einer der ersten, der die Lehren vorangegangener Zen-Lehrer in die Zen-Schulung einbezog. Viele seiner eigenen Lehren wurden in den großen Koan-Sammlungen aufgezeichnet.

Upaya (Sanskrit). Nützliches (oder „geschicktes") Hilfsmittel oder sinnvolle Methode von Bodhisattvas genutzt, um Lebewesen zur Befreiung hinzuführen; Geschick in der Erläuterung der Lehre, vor allem in Übereinstimmung mit den Bedürfnissen der Schülerinnen und Schüler.

Verblendung. Der Mangel an Bewusstheit für die wahre Natur aller Dinge, welche Leerheit ist; der Glaube an die getrennte, objektive Existenz der Dinge; das irrtümliche Zuschreiben inhärenter Existenz der Welt der Erscheinungen, was wiederum zu Anhaftung und Leiden führt. Im Buddhismus wird das Wort *Verblendung,* auch Täuschung, synonym mit *Ignoranz,* Unwissenheit, verwendet.

Vergänglichkeit. Die Unbeständigkeit der bedingten Existenz. *Siehe* die Drei Zeichen.

Vier Edle Wahrheiten. Die Grundlage der buddhistischen Lehre. Die erste Edle Wahrheit – das Leben ist Leiden – bezieht sich auf unsere grundlegende Unzufriedenheit, Entfremdung und Einsamkeit. Die zweite Edle Wahrheit spezifiziert die Ursache unseres Leidens: Begehren und Verachten, Anhaftung und Abneigung, welche der Unwissenheit entstammen (Verblendung). Die dritte Edle Wahrheit sagt, dass die Befreiung von aller Anhaftung zu völligem Frieden führt, Nirwana. Die vierte Edle Wahrheit beschreibt den Achtfachen Pfad, der zu dieser Befreiung führt.
Siehe Verblendung, Achtfacher Pfad.

Vier Große Gelöbnisse.
„Zahllos sind die Lebewesen,
Ich gelobe sie alle zu retten.
Unerschöpflich sind die täuschenden Gedanken,
Ich gelobe sie alle zu lassen.

Grenzenlos sind die Dharmas,
Ich gelobe sie alle zu sehen.

Unübertrefflich ist der Weg des Buddha,
Ich gelobe ihn zu verkörpern."

Diese Gelöbnisse werden von Zen-Praktizierenden als Ausdruck ihrer Bestrebungen rezitiert.

Vipashyana (Sanskrit, wörtl. „Einsicht, klares Sehen"). Eine Form der Meditation, welche die analytische Untersuchung der Natur der Dinge betont und zu der Einsicht führt, dass Leerheit deren wahre Natur ist.

Vorfahre. Jeder, der ein Dharma-Nachfolger ist, der also die formelle Dharma-Übertragung des Buddha-Dharma erhalten hat. *Siehe* Patriarch, Übertragung.

Der *Weg*. *Auch* der Pfad, Tao. *Siehe* Tao.

Yamada Roshi (*1911–1989*) (japanisch, Koun Yamada). Dharma-Nachfolger von Yasutani Roshi.

Yasutani Roshi (*1885–1973*) (japanisch, Hakuun Ryoko Yasutani). Einer der ersten authentischen Zen-Meister, die im Westen gelehrt haben. Er wurde gleichermaßen in der Rinzai- und der Soto-Zen-Tradition geschult.

Zazen (japanisch, wörtl. *za* „sitzen" und *zen* „Absorption, Samadhi"). Zazen, die traditionelle Form der Zen-Meditation, enthält zugleich Sitzen und Konzentrieren, aber keine von beiden Methoden umfasst das Ganze des Zazen.
In seiner reinsten Form, Shikantaza, ist Zazen das Verweilen in einem wachen Zustand, der frei von konzeptionellem Denken ist. Der Zen-Tradition zufolge ist Zazen der direkteste Weg zur Erleuchtung. Mit den Worten Dogen Zenjis: „Der Weg der Buddhas und Patriarchen ist nichts anderes als Zazen!"

Zehn Ochsenbilder. Eine alte Bildersammlung, welche die unterschiedlichen Stadien der Realisation in der Zen-Praxis darstellt. Es gibt viele Versionen dieser Bilder. Die bekannteste geht auf Zeichnungen des im zwölften Jahrhundert lebenden chinesischen Zen-Meisters K'uo-an Chih-yuan zurück.

Zen (japanisch). Eine Schule des Buddhismus, deren Kennzeichen Zazen ist, oder die „Sitzmeditation". Das japanische Wort *Zen* stammt von dem chinesischen *ch'an*, das von dem Sanskritwort *dhyana* hergeleitet ist, was „Meditation" oder „Konzentration" bedeutet. Allgemein wird der Ausdruck „Zen" benutzt, um auf die Meditation mit all ihren Aspekten hinzuweisen, anstatt einfach nur auf Konzentration oder Samadhi.

Zendo (japanisch, wörtl. „Zen-Halle"). Ein Ort, welcher der Zazen-Praxis vorbehalten ist.

Zenji (japanisch, wörtl. „Zen-Meister"). Ein Ehrentitel, der das Oberhaupt einer Zen-Schule bezeichnet.

Zuigan (japanisch, Zuigan Shigen; chinesisch, Jui-yen Shih-yen). Chinesischer Zen-Vorfahre des neunten Jahrhunderts, über den nur sehr wenig bekannt ist. Dharma-Nachfolger von Ganto. „Fall 12" des *Mumonkan* erzählt von Zuigans persönlicher Meditationspraxis, bei der er sich selbst fragte: „Meister, seid Ihr da?", um sich daraufhin selbst zu antworten: „Ja, das bin ich!"